冯 圆◎著

浙江省哲学社会科学规划重点课题（20JDZD075）
浙江理工大学线下一流课程建设项目（11210033322107）

数字化改革背景下的财务政策配置与会计工具创新研究

SHUZIHUA GAIGE BEIJINGXIA DE
CAIWU ZHENGCE PEIZHI
YU KUAIJI GONGJU CHUANGXIN YANJIU

中国财经出版传媒集团

经济科学出版社
Economic Science Press

图书在版编目（CIP）数据

数字化改革背景下的财务政策配置与会计工具创新研究／冯圆著．-- 北京：经济科学出版社，2022.8
ISBN 978 - 7 - 5218 - 3904 - 3

Ⅰ. ①数…　Ⅱ. ①冯…　Ⅲ. ①企业管理 - 财务管理 - 研究 ②企业管理 - 管理会计 - 研究　Ⅳ. ①F275

中国版本图书馆 CIP 数据核字（2022）第 136416 号

责任编辑：杜　鹏　胡真子
责任校对：隗立娜
责任印制：邱　天

数字化改革背景下的财务政策配置与会计工具创新研究
冯　圆　著
经济科学出版社出版、发行　新华书店经销
社址：北京市海淀区阜成路甲 28 号　邮编：100142
编辑部电话：010 - 88191441　发行部电话：010 - 88191522
网址：www. esp. com. cn
电子邮箱：esp_bj@163. com
天猫网店：经济科学出版社旗舰店
网址：http://jjkxcbs. tmall. com
固安华明印业有限公司印装
710×1000　16 开　17.25 印张　260000 字
2022 年 12 月第 1 版　2022 年 12 月第 1 次印刷
ISBN 978 - 7 - 5218 - 3904 - 3　定价：89.00 元
（图书出现印装问题，本社负责调换。电话：010 - 88191510）
（版权所有　侵权必究　打击盗版　举报热线：010 - 88191661
QQ：2242791300　营销中心电话：010 - 88191537
电子邮箱：dbts@esp. com. cn）

前　言

数字化改革是数字经济时代的必然选择，是我国经济进入新发展阶段的一项重要举措。《中华人民共和国国民经济和社会发展第十四个五年规划和2035年远景目标纲要》明确提出"加快数字化发展，建设数字中国""加快建设数字经济、数字社会、数字政府，以数字化转型整体驱动生产方式、生活方式和治理方式变革"。2021年3月24日，财政部颁布的《会计改革与发展"十四五"规划纲要（征求意见稿）》提出"切实加快会计审计数字化转型步伐，为会计事业发展提供新引擎、构筑新优势""相较于数字化发展要求，会计审计工作信息化仍需提高""会计审计数字化转型，包括会计工作数字化转型、审计工作数字化转型、会计管理工作数字化转型三个方面"。当前，数字化改革正在推动"数字浙江"进入新阶段。浙江省以"数字化改革"为主线，研究出台了相关政策文件，如《浙江省数字经济促进条例》《浙江省"未来工厂"试点工作方案》等一系列促进数字经济发展为主题的地方性法规，全面引领数字经济新产品、新模式、新业态、新就业、新消费、新生活方式。

数字化改革背景下的企业数字化改革推动了企业经营模式与商品业态的创新，改变了企业的交易方式。基于数字技术的交易可视化和快速化，优化了内部流程和内部职能协同，使企业以更低的成本生产更高质量的商品和服务。数字化改革促进了会计工作的数字化转型，使企业的商业生态与商品体验成为财务政策配置与会计工具创新的"平台"。基于生态的经营模式成为企业未来发展的一种主要行为选择，商品体验所形成的情境产品将作为智能化发展的重要经营成果，以协同与共享机制的方式推动会计创新持续向前迈进。张瑞敏（2021）提出，"传统管理范式已经失灵，主要体现在四个方面：一是古典管理理论已不适应时代；二是古典管理理论衍生出的经典管理模式也已不适应时代；三是古典管理理论下的企业宗旨是错误的；四是传统管理范式表现出的结果是传统品牌，而传统品牌也不适应时代要求了"。

企业必须抓住机遇、及时实现数字化转型，并从会计理论基础与工具方法入手进行创新驱动。本书以数字化改革为背景，围绕企业数字化转型下的财务政策配置与会计工具创新，从概念范畴、数字价值发现以及成本驱动机制、组织与成本管理创新等视角，展示数字经济时代会计管理工作的内容特征及其客观规律。诚然，数字化改革促进合作各方相互信任，降低了交易成本、生产成本、技术成本与社会成本等企业数字化转型下的各项费用。然而，数字化时代的会计管理边界将变得更加模糊，财务政策的内涵与外延必须随之改变，以更好地顺应时代的要求。数字化意味着能够更加高效、便捷、及时且低成本地进行数据搜集，并自动地加以处理。在数字化改革不断推进的当下，"数据互通，信息共享"使信息获取成本大大降低，能够对数据进行高效整合与多维度利用，进而形成数字资产。这种会计边界的扩展，不仅促进了会计管理效率的提升，而且也在为决策层提供完善、准确决策信息的同时，促进了企业效益的提升。"双循环"时代的企业数字化转型有助于各种信息技术与会计信息化软件相互融合，使会计信息支持系统功能更加全面，且高效、便捷。数字化改革下的企业管理具有内部化倾向，即公司自主治理的管理控制系统功能增强，公司治理的效率与效益大大提升。

浙江省具有数字经济发展的丰富经验。2003年1月，浙江省十届人大一次会议上，时任省委书记习近平同志率先提出建设"数字浙江"。同年 7 月，"数字浙江"上升为"八八战略"，并被写入《数字浙江建设规划纲要(2003—2007 年)》。"数字浙江"对于提高浙江人民的生活质量、促进社会经济发展等有着积极作用。从浙江经济的总体发展看，尤其以 2017 年提出的"数字经济 1 号工程"为标志，浙江已成为全国数字经济的先行省，数字经济的核心产业增加值也从过去的不足 3 000 亿元发展到 2020 年底的 7 020 亿元，发展速度惊人。当前，数字化改革正在推动"数字浙江"进入新阶段，是浙江数字经济的一次拓展和升级，也是浙江立足"双循环"、贯彻新发展理念、构建新发展格局的重大战略举措。我们课题组能够在这一大背景下开展此类项目的研究，深感荣幸与骄傲。本书作为课题的主题报告，主要是以规范性研究为主导而完成的相关研究内容，其他（相关）的一些研究内容曾经以《成果要报》等的形式向浙江省规划办指定的刊物或国家有关报刊等进行过投稿，比如《关于构建数字技术特派员制度的建议》《浙江省数字化改革的财经政策配置及优化建议》等。

尽管我们对数字化改革的理解与研究不及计算机与信息化管理方面的相关专家有深度，但我们凭借热情和执着，已经进行了两年多时间的研究，也取得了一些阶段性的研究成果，后续的一系列论文将会以课题组的名义（包括老师及研究生）陆续发表。最后，我们要感谢浙江理工大学人文社科学术专著出版资金项目的资助，感谢在本课题研究过程中得到的各方的关心与帮助。此外，书中肯定会有各种不足和欠完善之处，我们将在今后的学术研究中加以弥补；同时，衷心希望得到专家们的批评与指正。

冯　圆

2022 年 3 月 15 日

目　录

| 第一章 |

绪　　论

随着数字经济时代的到来，数字化改革正在成为一种发展的必然趋势。企业要么是原生数字型企业，要么就是数字化改革后的后生型数字化企业，即数字化转型企业。数字化改革是一种借助于数字技术对企业实施转型升级的重要路径或外生导入的变迁机制。企业数字化转型借助于数字技术的创新驱动，改造企业生产力和生产关系，并以数字化产品或服务等方式形成新模式或新业态，以提高企业价值创造与价值增值的效率与效益，并保持企业可持续性的成功。

第一节　研究背景

数字技术下的生产要素及其概念范畴变迁，促进了会计要素内涵与外延的扩展。会计作为一种生产力，同时也是生产关系的体现。面对数字经济时代的数字化改革潮流，在企业数字化转型的同时，加快会计工作数字化转型，通过财务政策的有效配置，以及会计工具的创新驱动，最大限度地提高企业的生产效率，并在供给侧结构性改革与需求侧管理的共同配合下，优化产品结构，提高企业在产业链中的地位与作用，实现企业的价值创造与价值增值。

一、问题的提出

数字化改革不仅是一种供给侧思维，同时也是一种需求侧的思考。随着产业集群区域迅速普及和应用数字化技术，企业数字化转型的动力明显提升。或者说，欲提高数字化改革的效率与效益，必须兼具供给侧与需求侧的双重理念。狭义的财务政策是指财务与会计中的货币、存货等政策以及管理活动中的预算与成本等的具体应用政策。然而，广义的财务政策则是对企业数字化转型中可能遇到的各种数字经济政策、产业发展政策、财政金融与税务政策以及狭义财务政策等的内容进行综合组合与演进。财务政策（即广义的财务政策，以下均直接用"财务政策"一词）的有机组合及其行为选择可以构建"供给创造需求、需求牵引供给"的企业高质量发展的制度安排。数字化改革中的会计工具主要是指财务会计与管理会计工具，有时也包含财政金融工具的内容，本书对会计工具开发与利用进行研究，目的是更好地推广和普及数字化技术。企业结合自身的成本效益原则，合理地选择数字技术的种类或实施企业转型的方式，是一种权变性选择现有资源的利用或对资产等会计要素的改造升级行为或过程。或者说，会计工具的数字化改造以及商品业态的数字化设计与制造转型，使企业经营模式发生根本性的革命（戴璐，2013）。比如，企业的生产流程和相关的销售与服务环节等会发生激进式的变迁等。企业正是在这种动态平衡的数字化改革推进下，沿着"数字化改革—数字技术应用—企业数字化转型"的路径向前发展。

从区域或产业布局上考察，数字经济对我国经济的影响可以从宏观、中观与微观三个不同层面加以思考与认识；若从协作与生产上观察，则一般只会涉及宏观与微观两个层面。区域布局上的政策与工具组合，是有不同需求的。宏观的数字经济政策，是一种推动国内各组织，如下属地区或中观的产业集群或行业单位等，主动围绕数字经济政策的引导进行转型升级；是一种概括性、统领性的制度规范。然而，行业或产业集群则需要结合数字经济可能带来的数字技术革命的深度与广度，思考这种数字技术对本地区或行业或产业集群可能带来的经济利益以及区域之间的协调与发展。中观层面往往也会发布一些政策，如企业孵化器政策、产业开发区政策等，同时也会利用财政、税收等工具加以引导。微观层面的企业，则需要选择在各种不同区域或产业进行产业链布局或价值链的协同安排。当然，也可以将这种区域或产业布局下的数字化改革路径推进视为供给侧结构性改革的政策配置或工具组合。从协作与生产而言，由于布局已定，对企业来说，其主要任务就是开展数字化的生产或运营，各种政府的宏观政策或者行业或产业集群的政策等均是一种由上而下的制度安排，可以视同为宏观政策或工具。企业作为行动主体，对微观政策的依赖性表现得更强。亦即，在市场竞争中必须凭借自身的经营能力，通过核心竞争优势来获得理想的收益。从这个角度讲，也可以将这种过程理解为执行性动因视角的需求侧管理。

从供给侧与需求侧融合的层面来看，数字化改革是前提，是一种制度型开放政策下的经济改革导向。从外部环境看，各种不确定性与不稳定性正在对全球经济产生深远影响。首先，据国际货币基金组织（International Monetary Fund，IMF）测算，2020 年全球经济萎缩约为 3.3%，发达经济体预计在 2022 年才能回到疫情前水平，新兴市场经济体和低收入发展中国家预计到 2023 年后期才能复苏（冯巧根，2021）。其次，国际贸易大幅萎缩。据世界贸易组织（World Trade Organization，WTO）数据，2020 年全球货物贸易量同比下滑 9.2%。最后，国际投资下滑剧烈。联合国贸易与发展会议的数据显示，2019 年全球外国直接投资流量回落至 20 世纪 90 年代水平，降至 8 590 亿美元，降幅达 42%。习近平主席在亚太经合组织领导人非正式会议上的重要讲话中指出：“全球数字经济是开放和紧密相连的整体，合作共赢是唯一正道，封闭排他、对立分裂只会走进死胡同。”要加强数字基础设施建设，促进新技术传播和运用，努力构建开放、公平、非歧视的数字营商环境（洪银兴，2020）。这些政策为我们发展数字技术及其相关产业、促进全球数字合作指明了方向、提供了遵循。

数字技术应用是一种需求侧主导的行为选择，必须施以供给侧结构性管理为主的制度安排。数字技术应用有很大的空间，从中观层面看，数字平台汇聚大量的生产服务提供商和使用者，可以智能匹配供需双方甚至多方，极大地提高数字服务的效率和品质，提高业务的生产效率。"十四五"规划和2035 年远景目标纲要提出："支持数字技术开源社区等创新联合体发展，完善开源知识产权和法律体系，鼓励企业开放软件源代码、硬件设计和应用服务。"这是促进数字化改革的宏观政策，它对于扩大中观层面的数字技术应用等有重要意义。开源技术已经跨越软件开发应用，向传统制造、新型制造、绿色环保、医疗卫生、3D 打印等领域拓展，大大提高了创新效率（Acemoglu & Restrepo，2018）。数字技术开源有助于促进产业集群的发展，并对基于产业集群引领的我国经济高质量发展有重要的价值。挖掘技术开源的成本动因，形成有助于扩大开源的财务政策指引，是数字化改革背景下会计工作的重要的抓手。客观地讲，技术开源和产业开放彼此衔接、相互支撑，全产业链合作模式和无边界的产业生态圈正在形成新兴产业组织形态的开源技术。换言之，在数字化改革背景下，数字技术应用能够为加快构建以国内大循环为主体、国内国际双循环相互促进的新发展格局释放新动力，为我国全面建成社会主义现代化强国提供新支撑。明确以开源技术平台为支撑的数字化建设，不仅是数字经济时代大平台合规建设的需要，而且也是包含科技伦理规范与道德建设在内的合规体系建设的必然追求。

企业数字化转型是企业在数字化改革背景下，结合产业集群或行业的数字化技术引领，主动选择数字技术的过程，是一种成本效益原则基础上的创新机制应用。企业数字化转型需要对现有组织结构进行拆解，然后围绕数字技术进行重组，在重组的过程中产生新事物。同时，分工协作的方式因数字化改革而发生革命性变化，许多新技术新产品从初始研究设计阶段的打造分工制造体系开始，已经在全球范围寻求各种零部件最适宜的制造地点，以确保相关的技术水平最高和产品品质最好。依托数字技术和网络平台的相互连接，各个零部件制造商也得以全程相连、实时互动、同步演进推动产业快速迭代进步。研究企业数字化转型的内涵和机制，预测企业的成本结构性动因与执行性机制的变化，分析企业数字化转型与"双循环"新发展格局的联系，对于企业合理利用宏观与中观成本管理等的财务政策、把握数字经济时代会计工具发展的新机遇、发挥产业集群区域数据资源丰富的比较优势以及实现企业的价值创造与价值增值目标等，均具有十分重要的意义。企业数字化有两种类型，即原生型的数字化企业和数字化转型企业。在原生型数字化企业方面，需要依托政府的政策制度，提升平台的核心技术研发能力。然而，实施开放平台的共享与创新以及积极履行企业社会责任等，自然而然地使原生型数字企业成就一种历史使命或重任，政府还是应该积极以引导为主，调动这些企业主体的自觉性与主动性。其中，有关数字化技术如何与区域内企业的数字化改革情景相匹配，尤其是加快中小企业的数字化转型步伐。我们建议制定数字技术特派员制度，并借助数字工具软件开发以及智能化手段的进步等方式，提高中小企业数字化改革的积极性，进而巩固其在区域经济发展中的地位与作用；同时，强调对数字型原生企业的管制与引导，防止技术或资本的无序扩张，尤其是损害中小企业利益等的现象发生。在企业数字化转型的过程中，企业要主动投身于国家的未来产业，加大数字技术应用的力度，通过平台的合理选择以及主动与数字化原生企业的交流与合作，推动企业生产与营销流程或商品业态等的进一步创新发展，加快数字化转型的效率与效益，提高企业的价值创造与价值增值能力。

二、研究的主题

在国内与国际环境不确定性的现状下，数字化改革是未来一个时期中国经济发展的"助推器"或"加速器"，数字经济所带来的新型生产力正在推动社会生产方式向数字化转型拓展。本书重点研究如下三大主题。

（一）数字经济推动数字化改革

从"双循环"视角看，数字经济通过"内循环"给国内传统行业赋能，加快产业转型升级，促进创新发展。从"外循环"分析，数字经济和数字技术的迅速发展能够使我国从供给侧结构性改革的视角出发，寻求解决我国高新技术"卡脖子"等难题方法，进而提升我国企业在全球价值链中的地位。

1. 数字经济时代的数字技术具有天然的成本优势。数字经济推动着数字化改革，数字化改革不仅体现为具体场景应用的企业变革要求，更在于企业层面的数字技术应用。即通过加快推动企业生产方式、工艺流程、管理方式等的基础性、整体性和全局性的工作内容（Burnham et al.，2003），实施企业数字化转型。这是一种从质变出发的改革，而不是量变的过程。数字技术与实体经济的结合是"双循环"新发展格局的内在要求。2017 年 10 月，党的十九大报告明确提出"要推动互联网、大数据、人工智能和实体经济深度融合，培育新增长点"。从产业层面来看，这种数字化改革是对"工业 3.0"瓶颈的认知与突破，属于"创造性破坏"的熊彼特新概念，能够为我国经济发展提供新动能。数字化改革背景下的企业数字化转型必须以成本驱动机制为主导，强化企业转型升级的"情境满意"，并体现成本效益原则，实现企业的可持续性成功。这是因为数字经济发展以扩大内需为战略核心，是立足于"内循环"的现代经济体系建设的客观反映。数字化改革要为国内大循环释放更多动力，应充分考虑各项政策与工具的效率与效益。将数字技术应用于企业转型升级，需要依赖智能化的管理与控制手段，优化会计的管理控制系统，要在算力、算法和数据上花费大的力气。一方面，它能够为产业全要素的互联互通提供有力支撑，消除经济循环中供需错配等问题，降低交易成本，促进数据要素市场的优化配置。另一方面，数字经济的高质量发展和数字技术的不断创新，推动我国产业链、供应链现代化水平不断提升，提高经济质量与企业效益，通过核心竞争力促进企业的价值创造与价值增值。

2. 数字化改革的价值功能体现在成本驱动机制的功效上。数字化改革从组织机构的改革入手，强化宏观与中观层面对企业数字化转型的引导。中国信息通信研究院发布的《中国数字经济发展白皮书（2021）》（以下简称《白皮书》）显示，2020 年我国产业数字化增加值规模达 31.7 万亿元，占 GDP 的比重为 31.2%，占数字经济的比重已达 80.9%（易露霞等，2021）。它表明，未来的企业向数字化方向转型是必然趋势。《白皮书》显示，2020 年国内数字经济总规模已达到 39.2 万亿元，较 2019 年增加 3.3 万亿元，占 GDP 的比重为 38.6%；数字经济增速高达 9.7%，是我国同期名义 GDP 增速的

3.2 倍多（殷群、田玉秀，2021）。数字经济的发展离不开数字基础设施的建设以及数字化设备的投入，需要对数字化专业人才加大培育力度，使数字技术尽快普及并应用于企业的转型升级过程之中。数字技术通过对多部门生产过程的数据进行系统集成和系统优化，大大降低了大规模跨部门过程创新的成本，推动过程创新的产能呈现爆发性增长，极大地提升了数字技术开发商、数字技术装备供应商、数字技术与装备使用商的市场份额和利润水平。同时，随着数字经济的快速发展，数字化改革情境下的国际贸易模式正在向数字化方向转型：一是在贸易方式上。传统贸易方式对大数据与人工智能的应用尚不充分，贸易方式的转型就是嵌入智能化系统形成数字化贸易。比如，跨境电商平台将商品信息、支付流程线上化，助力国际贸易降低固定成本。二是在贸易的对象选择上。服务和货物等贸易对象由于数量大、范围广，聚焦服务往往存在一定的困难（Baker et al.，2016）。随着 5G、人工智能、云计算等信息技术的应用，数据传输效率大幅提升，从而促进数据形式的商品和服务可贸易性显著提高，服务对象的数字化转型成为可能。三是贸易网络化成为趋势。无论是国内或国际，在"双循环"背景下，中国就是国际大市场。《中国互联网发展报告（2021）》显示，截至 2020 年底，我国网民规模达 9.89 亿人，互联网普及率达到 70.4%，我国 5G 网络用户数超过 1.6 亿人，约占全球 5G 总用户数的 89%（田高良等，2021）。这为数字支付和各个数字平台带来海量数据，这些数据催生出众多新模式、新业态，将创造更多需求，进一步刺激消费。

（二）嵌入数字技术的企业转型升级

数字技术是以"大智物移云"与"区块链"为主要内容的方法组合，嵌入数字技术的企业转型升级目标是智能化。比如，通过机器学习、移动机器人和人工智能等结合以形成新的生产力，或者为人类永久增长提供技术劳动的替代手段。企业欲实现可持续性的成功就必须实施数字技术的开发与利用，尤其是实现人工智能环境下机器人技术水平的不断扩展。

1. 数字技术的构成及其生产力功效。数字技术的构成。随着人工智能、大数据、云计算等新一代数字技术的广泛运用，远程办公、在线教育、远程医疗、电子商务等新兴数字经济业态蓬勃发展，并从根本上提升技术创新水平，全面激发经济增长潜能。本书研究的数字技术，其内容可以通过以下公式体现：数字技术 = 大智物移云 + 区块链。其中，"大智物移云"是指大数据、人工智能、物联网、移动技术、云计算等数字技术，"区块链"则是以区块链为主要内容的数字技术。数字技术与实体经济相结合，主要是通过企业的数字化转型，并借此带来产品业态的创新，从而开发和生产出更多的新产品或提供更新的服务及体验。当前，我国制造业形成的新业态如电子信息制造业、信息通信业、软件服务业、互联网业等就是数字技术嵌入制造业所带来的经营模式创新。换言之，数字技术推动着产品和服务逐步向高质量方向转变，促进产品业态的不断创新，为打造中国特色的新兴数字产业提供技术支撑，促进我国制造业在全球价值链的高端攀升中更上一层楼。其次，生产力的功效。从"数字技术 = 大智物移云 + 区块链"的构成看，它们之间体现的是生产力与生产关系的内在联系。"大智物移云"促进了生产力的提升，即通过数字技术为传统产业调结构、转方式、促升级，提升企业的现代化水平。比如，产业结构调整使企业制造由大规模转向定制化、个性化等生产方式，通过产业升级强调速度质量取胜，引导服务对象和产品向以客户为中心的方向转变，组织层面则强调扁平化、分权化、共享化，竞争方式由过去的人、财、物与产、供、销环节的竞争向信息、知识的竞争转变，企业特征由劳动/资源密集型向数据密集型转换，竞争方式由单一企业竞争向生态、平台组织竞争转变。由此可见，数字技术嵌入企业转型过程之中，不仅改造了旧有生产力，而且焕发了新的生产力，进一步赋能企业价值创造，激发生产流程转型以及商品业态的升级，加快企业价值增值进入新的发展格局。从财务政策配置与工具创新角度看，基于物联网的智能化产品给企业收入带来了多次确认的机会与可能，成本核算规则与控制方式需要制度重塑与再造，等等。比较有代表性的是"数据"。"数据"正在成为经济社会发展的新生产要素，通过互联网、计算机等现代信息网络载体，与土地、劳动力、资本等传统生产要素深度融合，促进经济效应倍增。

2. 数字技术创新对企业转型升级的促进。即通过数字技术创新从供给侧结构层面完善企业成本管理体系并引导执行性动因的优化升级，提升企业转型升级的现代信息技术水平。企业数字化转型既要面向国内大市场开拓新的产品业态，并创新企业经营模式，也要利用全球的丰富资源和高级要素实施外部的大循环，以国内国际双循环的发展格局来促进企业高质量发展。亦即，企业经营管理的高水平和产品或服务质量的高保证离不开数字化技术的创新，必须在国内大循环的同时搞好企业的"外循环"，积极促进国际贸易中的数字化转型。从全球范围看，国际贸易方式已经发生改变，数字服务贸易比重已占全球服务贸易的 52%，中国数字贸易的比重也接近 50%。所以在各种贸易形态中，数字化交付的贸易是增长最快的一部分（曾德麟等，2021）。要理解和正确认识网络交易及其会计管理的性质，加快财务政策配置与会计工具创新在数字贸易中的推动作用。近年来，随着中国互联网用户的增加，互联网空间的服务内容或业务将发生新的"增量"突破。对于广大的中小企业而言，网络交易活动的虚拟性似乎近在咫尺，但数字技术应用的缺乏或管理控制系统的不足，往往也会带来企业的管理困乏的状态。必须紧紧抓住数字化改革的时机，加快企业数字化转型步伐，积极投身到数字贸易等的经济全球化中去。即借助于数字技术创新，增强企业的全球化理念，主动拥抱互联网，并使"互联网 +"变成"互联网 ×"。

现实情况是，面对外部环境的不确定性与不稳定性，管理当局如果不能有效引导企业进行数字化转型，不仅产能过剩问题会越发严重，企业效益、职工就业、财政收入和经济增长等也会被波及。数字化改革已成为中国经济发展的重要战略，必须下大力气搞好这项工作。数字化改革的基础就是企业数字化转型、数字技术创新及其应用，主体是企业，关键在于政策及相关工具的有效且带来收益（阮坚等，2020）。要纠正那些不利于新经济时期中国经济发展战略的政策或制度，及时调整和转换已经落后的工具手段或管理方式，要为全面建设社会主义现代化强国目标提供助力。随着中国经济社会进入"双循环"的新发展阶段，国内价值链势力比全球价值链发挥出更加基础性、战略性的功能作用。此时，若企业不能及时主动地实施数字化转型，就会影响其竞争力。此外，如果国内企业不能在增强"内循环"的同时搞好"外循环"，并以此形成强大的国际竞争力，中国经济的高质量发展战略也会落空。因此，推动企业数字化转型是极为重要的工作，它体现了以国内"大循环"为主体的全球化发展需求，是中国经济可持续发展的保证。

在促进企业数字化转型的组织保障方面，江浙两省采取的方式有所不同，江苏采取的是"科技副总"的方式支持企业数字化转型。其做法是从全国高校院所等中挑选专家教授带着技术、成果、团队，到江苏省各地企业兼任技术副总或副总工程师。作为产学研合作的一种模式，"科技副总"深入一线，真正接触到企业发展过程中技术、管理等方面的痛点、难点，为企业突破科技创新瓶颈精准"把脉下药"的同时，也使高校科研方面"有的放矢"。浙江采取的是向欠发达农村地区派遣科技特派员，依靠科技加快欠发达农村地区经济社会发展，是新时期解决"三农"问题的重要途径和新举措。2020 年 8 月，为进一步贯彻全国科技特派员制度推行二十周年总结会议和浙江省科技特派员工作十五周年总结表彰会的有关精神，推进科技特派员工作在全省乡村振兴战略实施和"重要窗口"建设进程中发挥的积极作用，浙江省科技厅发布了《关于进一步深化科技特派员制度的实施意见》。其中，对数字技术特派员的内容有所体现。比如，"聚焦企业技术需求和地方产业发展需要，向企业、产业创新服务综合体、科技企业孵化器等选派一批工业科技特派员，协助企业开展技术攻关、成果转移转化或提供技术难题解决方案，支持企业通过创新实现转型升级和高质量发展"。提出"制定全省统一的科技特派员登记制度，探索建立急需人才面向全国、全球选派的工作机制，树立'立足浙江、服务全国、辐射一带一路'的科技特派员服务大格局。充实科技特派员队伍，实现科技特派员选认工作全省域、全领域、全产业链覆盖，分别建立科技特派员'专家库'和'需求库'，按照科技特派员岗位需求量的 1.5 倍以上建立科技特派员专家库，充分保障优势人才供给"。

（三）企业数字化转型与会计数字化转型的相关性

企业数字化转型需要考虑自身的情境因素，财务政策配置与会计工具创新在数字技术应用时，不仅应注重影响成本、收入等的各项政策因素，还要对会计数字化转型的形成时间、风险和信用等因素加以综合考虑。

1. 企业数字化转型是数字化改革的必然结果。企业数字化转型是"双循环"新发展格局下的内在需要，它是"数字化改革—数字技术应用—企业数字化转型"路线图中的终端。即通过数字化改革，以数字技术为核心，将数字技术嵌入企业的转型升级活动之中，进而增强企业价值创造与价值增值的能力；通过企业数字化转型，实现企业经营模式与商品业态的创新，为"双循环"释放内部市场动力，促进国内经济高质量发展以及高水平对外开放。在制度型开放背景下，企业数字化转型可以通过全球研发平台寻求项目设计的合作者，形成国内国际双循环相互促进的新局面。即借助于数字技术手段募集全球各地的研发者，在共享的研发设计平台上，开发设计项目所需的多种产品。比如，设计一个新的智慧档案系统，项目按产业链结构要求分成若干部分，每个部分配备一名负责人（如项目经理），然后在平台上寻找最擅长价值链增值部分的国内外的技术人员，国内国外的人员都在同一个平台上同步讨论、同步迭代、同步匹配（冯圆，2021）。这种基于数字化手段的项目组织，项目终结团队就自行解散，这对提高人员效率、减少企业组织成本意义重大。要充分挖掘宏观层面的数字经济政策，并合理运用产业组织政策促进不同规模企业、不同所有制企业在产业链上下游形成竞争与合作关系，鼓励各类企业在法律允许范围内进行兼并重组，从而形成强大的产业链网络。随着数字经济时代的到来，企业经营模式发生转换，企业经营和全球产业链与价值链分工也发生剧变，技术经济的范式面临重构，必须重塑国内价值链的治理结构，优化和改善国内企业在价值链中的资源和价值分配格局。对数据的治理，国内外讨论集中在以下方面：一是个人隐私保护；二是算法伦理；三是信息全面真实；四是社会价值；五是国家安全（陈冬梅等，2020）。一般而言，数据治理有以下几层意思：一是能够用数据进行治理。从宏观的国家治理、社会治理到企业治理，形成一个完整的治理秩序。二是对数据进行整合。围绕数据治理，进行数据的转换，合理选择恰当的数据资源，减少拥有方可能对数据使用不当的情境，避免损害公众利益。三是数字社会中的共同治理。数据的共享、共治无论是数字经济时代，或者是传统的工业经济时代，其基本理念是一致的，必须树立数字经济时代新的价值观（胡继晔，2021）。在数字经济背景下，要围绕"变革融合、提质增效"这个中心，一方面，借助数字化技术，实施财务政策的有效配置；通过会计工作数字化转型，对内更好地与微观主体经营管理有机融合，对外更好地与宏观经济管理、财政管理有机融合。另一方面，通过聚焦企业数字化转型中价值发现与控制中的短板弱项，提高会计工作质量，以满足经济社会发展对高质量会计工作的迫切需要，在会计工作质量提升的同时，注重增强会计管理效能，为提升国家治理体系和治理能力现代化水平作出应有贡献。比如，会计工具创新为数字化转型的突破提供着保证，现行的会计基本指引和 34 项应用指引系列，能够促进企业内部控制制度建设的日益完善，数字化改革要通过财务政策组合与行为优化持续强化企业的转型升级。

2. 会计数字化转型体现了数字资产等价值实现的内在要求。数字化改革背景下的企业数字化转型面临数字资产化、市场化、产业化发展模式的创新驱动。首先，要打造数字资产的产业链，建立基于数字资产管理、交易、服务的产业生态。其次，围绕"数据源—数据流—数据应用"，促进数据服务产业发展，打通数据要素交易、流通、市场化的壁垒，推动数据开放共享（吴非等，2021a、2021b）。最后，构建数据共享与交易制度，加快构建以数据确权为前提、数据估值为关键、数据交易为基础和数据隐私为底线的生产管理体制机制，释放数据要素价值，保障数字安全。要完善数字资产市场化、产业化的路径选择，比如，建设与数据要素相匹配的分配关系、市场理念以及政策工具，提升数据要素的配置与利用效率，赋能经济高质量发展（刘志彪等，2021）。要加强服务数据生产的数字化基础设施，促进数据要素价值激活数据交易平台的发展，通过高价值数字资产的集聚，形成数据资源汇聚共享、数据流动安全有序、数据要素市场化配置、数据价值优化整合与高质量应用的良性发展格局（谢文，2016；吴勇毅，2018；易加斌等，2021）。必须借助财务政策组合来明确数据权利的配置，包括数据收益分配、个人隐私保护、企业利润获得、公共数据安全等一系列问题；同时，通过会计工具的开发与应用，构建数据跨境运营平台、贸易平台、金融服务平台、营商监管平台于一体的综合性数据要素市场平台。

数字技术与实体企业的深度融合催生了以智能制造为代表的新型制造技术，促进了经营模式与商品业态的创新，企业生产环节的产品种类、流程管理、制造装备等进一步转向数字化。虽然数字经济下的成本与收入实现方式与传统经济方式下有很大区别，但不能因此否定新古典经济学的理论基础功能，比如，其主流分析模型——成本收益分析模型，仍然是值得应用的决策依据（李心合，2021）。即便暂时可能有点偏离，但长期来看，成本效益原则是必须坚守的底线。企业数字化转型给全球产业链中的制造环节赋能，围绕价值链的创新功能、增值能力和要素投入明显发生改变。一个客观趋势是，谁先实施数字化改革，哪些地区或产业集群区域率先完成企业数字化转型，将对企业价值创造与价值增值带来竞争优势，进而提高了我国企业在全球价值链中的影响地位（殷群、田玉秀，2021；赵宸宇，2021）。这种数字化的合作方式给会计带来了挑战，会计数字化转型势在必行。2021 年 3 月 24 日，财政部颁布的《会计改革与发展"十四五"规划纲要（征求意见稿）》提出，"相较于数字化发展要求，会计审计工作信息化仍需提高""要启动企业财务报表数据财税共享试点工作，逐步建立跨平台、结构化的会计数据库""会计审计数字化转型，包括会计工作数字化转型、审计工作数字化转型、会计管理工作数字化转型三个方面"。其中，会计管理工作数字化是数字治理的重要基础。会计职能对内对外拓展，包括对内提升微观主体管理能力和对外服务宏观经济治理两个方面。

第二节　研究目的与意义

数字化改革下的数字技术与制造业深度融合是我国经济高质量发展的内在要求，研究数字技术驱动的企业转型升级以及其对财务政策与工具创新的内在逻辑，将对我国经济在"双循环"新格局下的发展产生深远影响。

一、研究目的

本书以数字化改革为背景，围绕企业数字化转型下的财务政策配置与会计工具创新，从概念范畴、数字价值发现以及成本驱动机制、组织与成本管理创新等视角，展示数字经济时代会计管理工作的具象特征及其内在规律。研究目的是优化数字化改革背景下的财务政策配置与会计工具创新，提高企业数字化转型的效率与效益。具体的研究目标主要包括以下内容。

1. 挖掘企业数字化转型的价值增量。从企业转型升级视角看，随着数字技术和制造技术的融合，企业生产效率与效益得到显著提升。企业数字化转型的具象特征是：全程智能化的制造技术正在趋向稳定或成熟，数字化改革背景下的企业研发、设计和制造走向高度一体化，传统的"线性"创新过程转变为"并行"创新过程等（杨佩卿，2020），其结果是数字化价值成为价值创造的重要来源。财务政策的有效配置使企业价值创造有了主动性与积极性，数字化的会计工具服务于数字制造技术，并对智能化产品的收入确认等发挥重要的保障作用。企业数字化转型使企业具备了发掘价值增量的潜能，使存量的价值通过制造环节的升级得到回报。正因为如此，企业数字化转型的价值内涵及其在全球价值链中的功效被重新审视。

2. 赋予财务政策更丰富的内涵和外延。数字化改革使数据成为企业生产环节重要的生产要素，以数字资产为代表的要素投入使生产环节的知识、技术和资本密集度提升，劳动密集度则在降低（杨卓凡，2020）。传统的财务政策制度已不适应数字经济时代的内涵与外延的要求，加快数字化改革背景下的经济共享与技术合作，迫切需要调整并优化现行的会计核算与监督体系，并重新赋予财务政策的内涵与外延，优化会计工具的创新驱动（Tang & Zhang，2017），为国内国际双循环的发展提供最佳的路径选择。

3. 探讨智能化条件下的会计数字化转型。2021 年 3 月 24 日，财政部颁发的《会计改革与发展"十四五"规划纲要（征求意见稿）》提出："切实加快会计审计数字化转型步伐，为会计事业发展提供新引擎、构筑新优势。"

智能化代表了数字经济时代的发展方向，随着智能制造技术的广泛应用，智能设备替代低技能劳动，使得制造环节对劳动成本的敏感度大大降低，传统的成本结构发生深刻变化（杨志波，2017）。在数字化改革背景下，依据先进的人工智能技术从事模仿和学习活动，使技术开发的效率与效益大大提升，研发人员可以更专注地从事发明和创新活动。在这种情况下，嵌入数字技术的产品创新和品牌营销等使经营业态发生改变。通过智能化的利益协调机制构建，会计核算与监督的路径与环境发生了革命性的变革，会计数字化转型势在必行。

二、研究意义

本书的研究有助于探讨数字化改革背景下财务政策与工具创新的结构性动因与执行性动因，引导企业数字化转型向智能化与可持续性成功的方向变迁。

1. 理论意义。数字经济时代的数字化改革面临许多新问题的探讨，通过企业数字化转型下的财务政策配置与工具创新的研究，可以实现理性思考和价值判断，努力引导数字技术联结下的群体提高工具理性与价值理性融合的主动性与自觉性，使"情境满意"与"商品体验"等实现理论升华。数字化改革下的基础性作用及其会计上的收入与成本的确认与计量等交易行为，需要财务政策合理予以配置并理性地加以规范。针对价值理性中存在的偏差，现行的财务会计核算与监督方法一时难以得到有效整合，"数字化改革—数字技术应用—企业数字化转型"的路线图有助于提炼出本书中的"财务政策"，进而对资产要素的内涵与外延加以引导，如采取"数字资源—数据资产—数据资本"的运行规律加以规范等。即借助财务政策配置与会计工具创新归纳整理出促进数字技术更有效地造福人类的理论内涵，为"人类命运共同体理念"添砖加瓦。

2. 现实意义。通过数字技术的选择与应用使企业生产流程、成本管理等进一步优化，企业内外的信息共享与经营协作更加高效，减少或规避了传统产业发展模式对数字化改革带来的制约影响，促进了"双循环"下区域经济或产业发展，提高了中国企业应用财务政策的水准，并树立自身在全球同行中的声誉和形象。在数字化改革背景下，围绕企业数字化转型确定财务政策配置的重点和会计工具创新的管理边界，鼓励并积极推广数字技术应用与企业绿色环保相结合，特别是应用与碳中和、碳达峰相关的碳减排数字技术工具，使更多企业能够有效利用数字技术为我国的碳减排活动贡献力量。研究数字化改革下的会计工具创新，有助于产业互联网领域吸引中小企业主动参与现有的共享组织，促进相关的平台体系构建，形成商业生态与商品体验结合的区域数字产业园区，更好地发挥财务政策配置对企业价值创造（如数字化产品开发等）和价值增值（实现数字经济红利的分享等）的信息支持和管理控制的系统化优势。

第三节　研究方法、技术路线与结构安排

一、研究方法

本书中的研究方法主要有以下三种。

1. 文献演绎。围绕数字化改革、企业数字化转型等的有关研究成果，在文献阅读和理论知识梳理的前提下，提出财务政策配置及工具创新等的学术思考。

2. 案例研究。针对企业数字化转型的现实背景和情境假设，结合"长三角"区域的代表性企业进行数字化转型的财务政策配置与工具创新进行比较分析及案例研究（一些成果正在陆续形成中，目前正处于修改完善环节）；同时，围绕企业数字化转型中的数字技术工具，如"算法推荐（recommendation algorithm）""数字映射（digital twin）"等进行会计改造，使这些互联网新工具能够在会计工具整合中发挥积极作用。

3. 理论归纳分析。本书应用经济学、管理学、社会学等相关理论进行模

型构建，一方面结合现行的会计工具测试企业数字化转型的成本效益比值；另一方面，通过理论分析、逻辑推论等规范研究方法，归纳、提炼出适合企业数字化转型的框架结构，并在此基础上探讨财务政策配置及其工具创新的内在逻辑及其发展规律。

二、技术路线

本书的研究路线如图 1-1 所示。

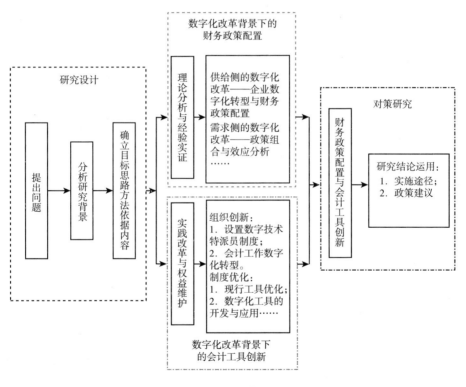

图 1-1 研究路线

三、结构安排

本书围绕数字化改革背景下企业数字化转型这一主线，在财务政策配置与会计工具创新的价值观指引下，寻求数字技术与经营业务、生产流程等融合的具体实践和经验做法。主要结构安排如下。

第一章绪论。阐述本书的研究背景和研究意义，确立研究主题和研究思路，明确本书的内容梗概和创新点。

第二章数字化改革下的会计管理概念组合与演进。数字化改革涉及的概念众多，如数字经济、数字治理、网络效应、数字化、数字化改革、平台、资本扩张等。为了提高企业数字化转型的产业链创新和整体生产网络的效率，需要对概念之间的关系加以厘清，并予以正确认识。针对数字化改革后催生出的大量新业态、新模式、新增长点，企业要在数字化转型的演进中加以识别，并通过财务政策或工具创新加以引导。比如，一些产业的跨界发展，已经形成了不同类别的跨界产业，如能源互联网、互联网金融、车联网、生物芯片等。

第三章数字化价值的发现机制与实现路径。数字化改革使数字技术越来越成为一种通用技术，带动微观主体的企业组织之间更紧密的联系，数字化价值通过降低部门之间的阻碍，带来产品创新、消费扩展等的网络式整合与发展。会计的沟通能力使得数字技术成为价值创造与价值增值的创新源泉之一。数字化改革正在给企业赋能，使企业数字化转型的价值贡献大大提升。

第四章企业数字化转型的财务政策配置及其行为优化。从数字化改革到数字技术应用，宏观与中观层面的政策制度亟须从价值层面上加以提炼与综合；数字技术在企业中的应用大大降低了部门间的技术创新成本，推动生产过程创新的产品业态呈现多样化的发散性增长，极大地提升了数字技术开发商、数字技术装备供应商、数字技术与装备使用商的市场份额和利润水平。数字基础设施的大量建设、数字化设备的大量增加以及数字化专业人才的大幅培育迫切需要综合性的政策工具加以引导，本章从广义的"财务政策"入手，对上述相关的各种政策予以组合并对其行为加以优化，以提高企业数字化转型的效率与效益。

第五章企业数字化转型的成本驱动机制与路径选择。政府宏观层面的"降成本"政策以及行业层面的数字技术引导，使过去隐性化的、没有充分利用的知识编码转化为数据，实现显性化和结构化，并与已编码化数据聚合，扩充数据再配置能力，提升生产率。同时，这一行为也成为平台经济企业低成本扩张的新动力。数字化生态圈的形成，将提高数据在经济系统中采集、流通和注入的效率，进一步降低中小企业参与的成本代价。因此，可以考虑从供给侧视角、需求侧视角与市场视角分别设计具体的成本驱动路径。

第六章数字化改革背景下会计工具开发与应用。会计工具的精心设计促进了数字交互的快速发展及量的扩大，各种结构化的信息交互又使数字化交易行为变得扁平与高效，使数据和生产、经营、组织惯例等持续融合并不断地资本化。会计工具作为数字化改革下的管理要素促进了经济增长，提高了生产效率与效益，比如引发劳动力和资本在企业间、行业间动态再配置，作为"结构红利"促进了企业商品业态的增长等。加快数字化改革背景下的会计工具创新，将有助于提高市场交易的规模，并使各项会计活动更明智、更有效、更完整，信息不对称性大幅减少，交易成本持续降低。

第七章数字化改革背景下的组织创新与成本管理实践。本章是对上述章节的总结，重点就企业数字化的组织选择与行为优化展开探讨。数字化改革中的"数据"是连接真实世界和虚拟世界的桥梁，创新链、产业链、价值链全过程的数字化，是数字化转型的主线。从成本管理实践考察，数字化转型后的大企业和小企业之间形成长期交易关系，小企业存续时间延长，创新动机更强，成果更加丰富。同时，小企业进入大企业的生产网络，由于技术能力的积累并与大企业绑定，技术水平提高更加迅速，长期下来与大企业生产率趋同，成本得到持续的下降。

第八章企业数字化转型的转换与升级成本："情境满意"的行为特征。企业数字化转型的"情境满意"意味着任何转型后的数字化企业都可以连接到其他数字化企业。因此，"情境满意"使数字化企业在全球范围内可以更便捷地相互沟通和使用，从根本上降低了交易成本，也极大地扩展了数字化后的各经济主体，包括个人、企业、组织和政府相互操作等的转换成本和数据共享的升级成本的管理与控制。

第九章结论与展望。企业数字化转型为企业经营活动实现优质、高效和多样化，提供了网络化、开放化、协同化等的创新空间，推动生产方式实现模块化、柔性化、社会化。从财务政策配置来看，数字化改革通过改变企业的市场行为、推动消费升级、培育出口优势等来扩大企业的价值创造与价值增值。会计管理活动嵌入诸如机器学习、移动机器人和人工智能等将使企业发展突破地理空间限制，形成以高能级企业为核心的全球化产业圈、以高等级科研机构为核心的全球化创新圈以及以高容量市场为核心的全球化消费圈。这些圈层之间相互作用，进一步带动了数字化企业的平台共享与发展。

为加深对本书结构安排的认识，将上述内容概括为表 1 - 1。

表 1 - 1   论文框架

本书的研究流程	本书的章节安排
确立研究主题，明确本书的内容梗概、研究意义与方法步骤	第一章绪论
概括提炼文章中涉及的相关概念及其内在关联，结合会计概念的组合与演进加以讨论	第二章数字化改革下的会计管理概念组合与演进
探讨数字化改革的价值源泉与价值实现路径，凝练研究主题的政策配置与工具创新需求	第三章数字化价值的发现机制与实现路径
构建广义财务政策的理论框架，为企业数字化转型奠定基础	第四章企业数字化转型的财务政策配置及其行为优化
在上述章节的基础上，提出适应成本政策变迁的"成本驱动机制"，并就相关路径展开探讨	第五章企业数字化转型的成本驱动机制与路径选择
结合上述内容，提出会计工具开发与应用对企业数字化转型的重要性与实践应用效应	第六章数字化改革背景下会计工具开发与应用
对上述章节的深入。即构建数字技术特派员制度，强化企业数字化转型中的成本管理创新	第七章数字化改革背景下的组织创新与成本管理实践
进一步以"情境满意"为企业数字化转型的目标要求，对基于数字化改造中的成本管理创新进行阐述	第八章企业数字化转型的转换与升级成本："情境满意"的行为特征
总结文章的主要内容，提出存在的不足，并对未来发展进行展望	第九章结论与展望

第四节　研究创新与不足

本书主要关注企业数字化转型下的财务政策配置路径以及会计工具优化

的行为选择问题。比如，将数字技术以"大智物移云"和"区块链"这两大块内容来加以表达，欲借助会计管理控制系统和信息支持系统来实现数字化改革的生产力与生产关系的协调与发展问题，且在比较研究与案例研究的基础上对企业数字化转型中的理论与方法等进行规范研究，提出有益的对策建议。

一、研究创新

具体可以概括为以下三点。

1. 丰富了企业数字化转型的理论内涵。围绕数字化与信息化来理解企业数字化转型的必然性。数字化和信息化是一脉相承的。数字化是对信息化的全面升级，具有信息编码化、惯例显性化、数据可溯化等特点（许冠南，2019）。数字技术包括"大智物移云"与"区块链"等内容，前者由大数据、人工智能、物联网、移动计算技术与云计算等构成，后者是一种支持信用的数字技术。数字技术能够给企业经营活动提供实时数据采集，互联网通信、网络安全等的高效数据传输，数据存储技术、数据清洗技术等复杂数据运算技术，人工智能技术、深度学习技术等大数据分析技术，运营管理技术、生产工艺技术等业务相关技术，以及智能控制硬件技术等反向伺服技术，包括了信息感知、分析、行动、反馈等各个环节（王永贵、汪淋淋，2021）。将企业数字化转型中的"数字技术"聚焦于"大智物移云"和"区块链"，有助于从财务政策配置与会计工具创新视角研究数字化改革，丰富企业数字化转型的理论内涵与外延。

2. 突出了数字化改革下会计的决策功效。21 世纪初的智能化产品开发与应用是以物联网为基础展开的，由此而形成的智能互联产品使会计的确认、计量以及相关的财务政策与工具应用面临冲击。物联网是数字技术中全方位感知的载体，已经向云计算与大数据结合的方向转变（王开科等，2020）。技术推动了供需信息的透明化，降低了交易成本，使市场参与者更紧密地联系在一起，具有显著的网络效应。所有用户都可以从网络规模的扩大中获得更大的价值。全过程的数字化编码是瞬时决策的基础（韦斯特曼等，2015）。在数字技术的支撑下，企业、产业的"感知响应周期"逐步缩减，从过去的数月、数周到现在的数天、数小时，甚至缩减到1小时以内。未来，数字技术的发展将支撑大范围的"瞬时决策"成为可能。数字技术将过去隐性、未充分利用的知识、惯例等显性化、要素化，并以极低的成本推动这些数据要素的积累、交流和扩散，有力地促进了包括会计工具在内的创新活动广泛展开。

3. 提出了企业数字化转型的领先效应——构建数字技术特派员制度。率先实现数字化转型的企业将获得市场竞争中的领先效应，即通过市场竞争和产品集中度的把握，及时获得价值增值的最大化（叶康涛，2019；刘淑春等，2021）。随着国家反垄断力度的提高，对网络交易的管制也正在不断加码，数字技术的垄断维持时间缩短，经济体系的竞争性将大大加强，这对广大中小企业而言是福音。它有助于提高社会福利水平，经济发展的总体是必须推动企业实现数字化转型（李礼辉，2019）。数字化转型带动了覆盖各个领域的数据要素的收集和流通，推动了信息透明化，降低了交易成本，实现了价值链中链主企业与配套企业交易的"准内部化"（蒋德嵩，2020），形成了共生共荣的数字化大生态圈，从而使数据真正为经济系统的各个部分所接受和采用，成为推动经济增长的重要投入要素。对此，构建数字技术特派员制度具备了环境因素的保证，它对提高我国整体的经济质量具有重要的现实意义。

二、研究不足

本书的不足之处主要表现在以下两点。

1. 实证检验尚需完善。面对数字化改革背景下企业转型升级的新事物，相关资料的获取需要一定的时间并且也存在短时期内可靠性不充分等问题，致使本书暂时未将实证研究的成果纳入其中（有几篇论文已经在国内期刊发表）。相关的数据检验正在由课题组的其他成员加紧进行研究，期望能够在高水平期刊上发表系列论文。当然，我们的研究成果，无论在经验线索或变量选取等方面均与现实的企业数字化转型特征存在一定的差异，或者说，可能存在某种主观性与内生性等问题，这些不足我们将在后面的研究中单独加以阐述并尽力加以克服。

2. 研究内容仍需强化。表现在：一是企业数字化转型的领先效应与实现的具象特征上需要进一步结合宏观的数字经济政策、中观的行业产业政策及微观的财务管理政策等进行思考，比如围绕广义的"财务政策"展开定量方面的研究等。二是企业数字化转型中的会计工具创新需要与现行的财务政策进行匹配并从理论上作出进一步的提炼与升华等。以上我们将通过典型案例研究等加以弥补，同时坚持"将论文写在中国大地上"也正是我们课题组未来需要努力把握的方向。

第二章

数字化改革下的会计管理概念组合与演进

　　数字化改革是我国进入"双循环"新发展格局下的一项重要战略举措，从数字化改革到数字技术的普及与应用是一个漫长的过程。在这一过程中，许多概念尤其是数字技术与会计相关的概念需要从工具理性与价值理性综合的视角加以组合与应用，并正确地加以引导与演进。数字化改革背景下的企业转型升级，需要数字化技术的引领，并且撬动、赋能企业的生产力与生产关系。产业数字化与数字产业化需要综合施策，应积极构建数字经济的制度环境，通过产业集群区域传导数字化改革的紧迫性，企业要主动开展数字化转型，并成为数字化改革背景下集各种优势转换和潜力激发的载体。企业数字化转型要注重会计概念的组合与演进，加大并鼓励以创新为导向的会计工具开发与数字技术的推广应用。

第一节　数字化改革背景下的概念变迁

　　发挥数字化改革、数字技术应用与企业数字化转型的政策与工具的匹配效应，增强会计概念组合与演进的融合力度，使数字化改革背景下的"业财融合"在财务政策配置与工具创新方面呈现出新格局。

一、数字化改革的相关概念

面对企业经营模式、组织活动、人员管理以及业务流程等诸多领域的数字化改革，企业应结合市场环境重塑自身形象，有序推进数字化转型。

1. 数字化改革与数字经济。数字化改革促进了基于数字经济支撑的产业或行业快速发展，使宏观与中观的经济政策与微观企业政策之间有了转换与匹配的制度创新空间。数字经济是以数字化技术为手段或增长动力的社会制度体系，它以社会治理模式创新和基础保障为支撑，以促进我国经济高质量发展为目的。根据两化融合服务联盟、国家工业信息化安全发展研究中心的《中国两化融合发展数据地图（2020）》，2020 年我国两化融合水平达 56.0，"十三五"期间实现 10.5% 的跃升①。制造业数字化、网络化、智能化取得明显进展，新产品、新技术、新模式、新业态不断催生新的增长点。作为一种新的社会制度体系，数字经济对于推动经济高质量发展、提升效率、转变动力等发挥着积极的作用，并在全球范围转化为价值链攀升的产业发展靶向以及促进实体经济振兴的新动能。数字化改革使传统的生产、交换、消费等各种经济活动转向以计算机、互联网、移动通信、云计算和人工智能技术等为基础进行运作（江鸿、贺俊，2016）。数字化改革离不开数字经济的完善与发展，尤其是建立在数字技术基础上的"新基建"和"新管理"等的机制保障。数字经济加快产业或企业数字化转型的步伐，比如融入数字化的思维战略、开展数字化资源的整合及其工具的创新驱动。通过重构数字经济下的产业链、价值链机制，可以降低企业的交易成本，提供相应的数字化激励。具体表现出四个核心特征（祝合良、王春娟，2021）：一是"数字资

① 2020 年 9 月，中国信息通信研究院发布报告，"2019 年，全球数字经济规模达到 31.8 万亿美元，占全球经济总量比重已经达到 41.5%；在经合组织（OECD）36 个成员国的商业研发投入中，用于数字经济研发投入占比 33%，很多国家用于研发数字经济的投入已经超过了本国 GDP 的0.5%"。2021 年 4 月，中国信息通信研究院发布报告，"2020 年我国数字经济规模达到 39.2 万亿元，占 GDP 的比重为 38.6%，同比名义增长 9.7%，数字经济在逆势中加速腾飞，有效支撑疫情防控和经济社会发展。"

产"将成为资产要素的重要内容之一；二是供求信息精准匹配成为商业模式创新的动力；三是产业互联网成为数字化改革的基础；四是"区块链＋供应链"成为产业协同的技术保障。

2. 产业数字化与数字化产业。产业数字化是传统产业进行数字化改革的一种客观体现。即通过构建数字化相关的闭环（如数据采集、数据传输、数据存储、数据处理和数据反馈），对产业、业态与经营模式进行创新，以提高生产流程效率与经营效益的过程（肖旭、戚聿东，2019）。产业数字化带来了组织结构的变革，促进了数字技术的普及与应用。产业数字化的特征是：（1）以数字化技术为基础。突出数字（数据）的核心地位，利用诸如人工智能等的管理和控制手段。（2）构建数字化平台。对数字化相关的各环节进行整合，形成数据积累和互联的平台。（3）产业、业态与模式创新。通过数字化平台，一方面，提高顾客服务效率，如精准交付产品，延展产业的服务链，创造新的价值增长点；另一方面，触发产品与服务的迭代创新，增强产业生态、经营业态与用户的交流体验，促进产业数字化下的经营模式创新。数字化产业需要加强政府宏观与行业中观层面的数字化制度供给，围绕产业对大数据、人工智能、物联网、区块链等数字技术的应用开展需求侧管理。数字化产业是我国新产业发展的机遇，国家"'十四五'规划和2035年中长期战略"明确要求，推动数字经济和实体经济深度融合，打造具有国际竞争力的数字产业集群。即通过"产业数字化＋数字化产业"制度创新，促进政府数字化服务效率与质量的提升。产业数字化转型模式包括社会动因主导的倒逼模式和创新动因主导的增值服务模式（杨卓凡，2020），是提高我国产业链、供应链自主稳定的重要保证，应从企业、行业、园区三个层面寻求产业数字化转型的路径（吕铁，2020）。数字化产业的普及与推广为企业转型升级提供了动力。我国一些产业（如纺织服装业）探索规模化生产、个性化定制、云制造模式，强化产品设计与关键工序等的智能化技术应用，已实现数字化转型发展（黄群慧等，2019）。

3. "双循环"与企业数字化转型。"以国内大循环为主体、国内国际双循环相互促进的新发展格局"（以下简称"双循环"）是数字化改革的战略依据。企业数字化转型是以自身核心竞争力为导向，企业内外利益相关者共同努力的一个嵌入数字化技术的创新过程。"双循环"下企业数字化转型的特征是：（1）以信息化为基础。企业一般要经历"信息化—数字化—数字化转型"等不同阶段。当前，企业数字化转型要以"内循环"为主导，突出数字化改革的执行效率。（2）以创新驱动为指引。企业嵌入数字化技术使"定制＋服务＋网络协同"常态化，生产环节智能化成为内在要求，并且一定程度上促进了企业集群发展。比如，原来昂贵的数据使用成本，伴随数字化改革的推进，数字成本已得到大幅度的降低。企业数字化转型是一个从管理到运营、从生产到销售、从领导到员工，涉及信息化、人力资源、业务模式以及经营模式等创新的、综合的、全方位的转变过程（马赛、李晨溪，2020）。基于"双循环"的企业数字化转型涉及的需求侧包括：（1）研发需求。需要考虑两个问题：一是企业如何获取相关的应用数据，比如是进行由企业自身研发团队开发还是外包给第三方机构或合作伙伴完成；二是企业应该采用开放还是封闭的数字化研发系统。（2）制造需求。涉及以下几个方面：一是对于数字化技术，企业应选择哪一类的功能与特色进行生产应用；二是产品嵌入多少数字化技术功能，有没有必要全面推进智能化、定制化与柔性化生产。（3）用户需求。一是企业借助于数字化技术消除信息不对称性，降低对接消费者、满足时效性等的交易成本；二是对于分销渠道或服务网络，企业如何重构用户的消费业态，是否需要采取全渠道、交互式、精准化的营销战略。（4）协同需求。一是企业对协作生产的产品怎样进行联结整合，如何保持上下游组织间的交流互动；二是企业是否需要适时变革自身的运作模式，进而打造更具生命力的全产业生态系统。

二、相关概念的内在联系

数字经济是数字化改革的社会制度体系，产业数字化是对以产业链为主体开展的数字化改造，而数字化产业是对现有产业进行的数字化改革，产业数字化与数字化产业是一个事物的两个方面，是数字化改革在产业领域或企业组织的全面嵌入或推进。

1. 数字化改革要服务于"双循环"战略。"双循环"推进着产业数字化和数字化产业的发展，企业需要结合新时代的会计特征（周守华，2019），合理选择数字化技术的种类并权变性地应用。比如，可以结合技术创新的不同等级，按照"跟跑""并跑""领跑"的情境特征来观察数字化改革的应用场景（安同良等，2020）。一是跟跑型企业。典型的应用是结合企业情境嵌入人工智能与数字营销技术等。比如，小米造车是数字化技术的"跟跑"应用，其核心竞争力是营销，即小米的卖车渠道会给行业带来冲击。汽车行业从燃油车到新能源车，从"发动机 + 变速箱"转变为"电机 + 电池"，这一过程意味着投入成本、技术门槛在发生巨大的变化，过去制约汽车的发动机、变速箱技术成本已经失去竞争力。在"内循环"为主的市场环境下，一旦小米组合"渠道数量 + 体验 + 低成本"的汽车产品进入，中国的汽车行业可能发生巨变。二是并跑与领跑型企业。这类企业往往具有自身的产业互联网基础，数字化技术平台的搭建也基本完成。当前，这类企业的重点是立足国内、调整结构，使数字化改革围绕着国内需求加以推进，最终目标是"以内带外"，延长产业链、优化供应链，积极攀升全球价值链的中高端。数字化改革使现代经济活动更加灵活、敏捷、智慧，要结合并跑与领跑企业的情境特征，重构全球数字化价值链。通过打造数字产业链条，培育数字产业集群以及相关的创新联盟等，进一步释放数字化改革对产业带来的乘数效应。

2. 数字化改革：分层、特征与应用。围绕数字化改革的结构性动因，可以探寻宏观、中观与微观不同层面、不同应用情境的概念特征，具体如表 2 - 1 所示。

表 2 - 1　　　　　　　　数字化改革下的概念关联

分层	特征	实践应用	代表文献
宏观	"数字经济"与"数字化改革"的双向互动	（1）2013 年以后，我国数字经济进入成熟期，带动数字技术应用和业务模式转型速度加快。 （2）宏观的数字化改革要引导和鼓励制造业企业在研发设计、加工制造、品牌营销、售后服务等环节积极应用数字技术，推动制造业向价	（Joshi & Nerkar, 2011）； （朱嘉明，2021）； （吴勇毅，2018）； （祝合良、王春娟，2020）； （童有好，2015）；

续表

分层	特征	实践应用	代表文献
宏观	"数字经济"与"数字化改革"的双向互动	值链高端的跃升。 （3）政府要加快推进数字技术的基础设施建设，补齐数字经济的发展短板，重点关注中小民营制造业企业的数字化转型。 （4）要结合数字经济环境，加强政府规制，保障劳动者、消费者和中小企业的合法权益。防止与算法（algorithm）紧密结合的资本与劳动的对立，科技平台与消费者的对立，大企业与中小企业的对立，以及由此带来的各种社会经济问题	（李春发等，2020）； （刘飞，2020）； （汪寿阳等，2019）
中观	"数字技术应用"下的产业数字化与数字化产业	（1）产业数字化的理想状态一定是生态性的、开放性的。未来的重点产业包括云计算、大数据、物联网、工业互联网、区块链、人工智能以及虚拟现实和增强现实等。 （2）建设工业互联网体系，调整产业服务结构，加速新旧动能转化，促进产业高质量发展。 （3）数字化产业就是要开展以用户为中心的个性化定制和按需生产，支持制造业企业发展服务型制造，推动企业由制造向"制造＋服务"转型升级。 （4）提高产业链、供应链的稳定性和竞争力。通过产业数字化完善跨国企业回归产业链、价值链的重构机制	（Relich，2017）； （何小钢等，2019）； （郭淑芬等，2020）； （陈冬梅等，2020）； （焦勇，2020）
微观	"企业数字化转型"下的成本动因与驱动机制	（1）加快数字技术应用与业务模式转型，重视企业数字化转型中的多因素互补机制，促进企业生产效率与效益提升。 （2）企业数字化转型并不是指购买某个产品或某种解决方案，而是通过技术和文化变革来改进或替换现有的资源（比如产品的升级等）。 （3）企业数字化转型的本质是提升企业各个流程间的效率以及互联互通，面向客户以最好的服务来实现流程高效和资源配置高效。 （4）企业数字化转型涉及数字化转换与数字化升级，从成本结构角度分析，可以形成如下方程式："转型成本＝转换成本＋升级成本"	（Hess et al.，2016）； （刘飞，2020）； （陈劲等，2019）； （陈剑，2020）； （王宇等，2020）； （易露霞等，2021）； （冯圆，2021）

结合表2-1中的数字化层次结构特征，重点把握以下要点。

（1）宏观层面："数字经济"与"数字化改革"的双向互动。数字化改革要以国家战略为指引着力推进中观层面的数字技术应用与微观企业的数字化转型。数字经济体系由数字产业化、产业数字化、数字化治理和数据价值化等构成一个完整框架。2021年4月19日，国家发改委新闻发言人孟玮在新闻发布会上提出："我国将加强顶层设计和统筹协调，提前布局并积极培育发展未来产业。"她指出，未来产业发展的特征可概括为四"新"。即依托新科技、引领新需求、创造新动力、拓展新空间。这正是"'十四五'规划和2035年远景目标纲要"对数字经济发展的客观体现。2021年5月22日，李克强总理在《政府工作报告》中明确指出，"加快数字化发展，打造数字经济新优势，协同推进数字产业化和产业数字化转型……"。在数字经济时代，几乎所有的经济现象都包含着国家的战略构想，企业的财务政策配置与工具创新必须与宏观经济政策相协调，使各行各业能够更全面、深入地开展数字化改革，加快促进企业数字化转型。诚然，本书中的"财务政策"体现的是企业会计准则、行业规范、国家产业与经济制度等的概括性产物，其配置具有一定的特殊性。比如，能够以货币为单位进行计量、政策面广阔等特征，涉及宏观的降本增效政策①、中观的产业数字化政策及微观的企业财务政策等。即通过财务政策配置，结合数字化工具创新，制定数字经济下的企业转型标准，并在示范引领与核心技术突破的基础上，营造良好的数字化改革氛围。即构建数字经济时代新型的生产关系，维护社会经济活动中的公平正义，打造数字经济新优势。数字经济发展呈现"引领""改革""创新"的新特征，并成为引领高质量发展的主要引擎，以及深化供给侧结构性改革的主要抓手、增强经济发展韧性的主要动力（胡拥军、单志广，2021）。数字化改革本质是一种数字技术的普及行为，能够增强数字技术的通用化程度，使经济学中可占用的准租金得到降低。数字化改革的成功具有重要的现实意义，它表明数据禀赋丰富程度极高的中国将会在全球数据资源的利用方面占据领先地位。通过数字经济与数字化改革的互动，使数字化转型中的数据聚变、技术转化、扩能效应等变得更加显著，准确把握机遇，促进数字化改革下的企业数字化转型落到实处，这些关系我国经济高质量发展水平的提高以及会计数字化改革与发展的成功与否。

（2）中观层面："数字技术应用"下的产业数字化与数字化产业。"十四

---

① 这方面，比较典型的是2016年8月，国务院发布的《降低实体经济企业成本工作方案》提出"6＋2"的成本工作指引。2021年5月，国家发展改革委、工业和信息化部、财政部、中国人民银行联合印发的《关于做好2021年降成本重点工作的通知》提出8个方面19项重点任务。

五"时期是我国新兴产业发展的关键时期，越来越多的数字技术将进入产业集群区域化，并开展商业化应用。2018 年中国产业数字化部分占数字经济比重由 2005 年的 49% 提升至 2018 年的 79.5%，占 GDP 的比重由 2005 年的 7% 提升至 2018 年的 27.6%，产业数字化部分对数字经济增长的贡献度高达 86.4%（郑江淮等，2021）。实践中，数字经济中的产业数字化占比高于数字产业化占比，表明中国已进入数字技术、产品、服务加速向各行各业融合渗透的阶段，正进入数字化转型的中期。对此，必须合理引导产业集群数字化改革。首先，产业集群数字化改革要增强适用性与有效性，应明确区域内企业的短板弱项，合理定位数字化发展战略。其次，制定产业集群的数字化政策与标准。客观评价产业集群组织对企业数字化转型的供给能力，优化数字化转型的服务质量，提高数字化改革的效度与信度。从财务政策配置角度看，产业集群数字化改革使区域经济环境、产业创新资金、市场进入门槛和贸易规则发生巨大的变化，使产业链中的"资产"空间布局，价值链中的"收入"与"成本"规则、会计工具的内涵与外延、商业模式或经营业态的可持续发展等战略更紧密地与数字化生态系统相联结。要结合"双循环"的新发展格局，优化产业集群区域的营商环境①，引导大型科技企业主动降低数字技术的应用成本，为产业集群区域的企业数字化转型提供发展动力。产业集群数字化改革成功与否的关键在于制造业是否能够深度挖掘和提升数据价值链，从而更大限度地提升潜在经济增长率（安筱鹏，2019）。产业集群数字化改革离不开平台的构建，平台经济是创新的产物，主导企业应持续引领和推动其创新发展，而不是阻碍和终结创新。互联网等科技创新类企业作为平台经济的重要主体要积极承担社会责任，避免潜在的垄断风险以及资本无序扩张对实体经济产生的负面影响。此外，要开展数字化安全的伦理教育与相关培训，强化数字安全与保密。

（3）微观层面："企业数字化转型"下的成本动因与驱动机制。从成本

---

① 2020 年开始已经正式生效的相关制度有《中华人民共和国外商投资法》《优化营商环境条例》等，它标志着我国营商环境建设已经进入到法治化的新阶段。

动因理论考察，数字化转型带来持续的技术进步和交易成本降低，导致资产专用性、合同不完备性发生改变，企业生产网络组织实现半内部化，产业在更高水平实现稳态增长，有助于促进广大中小企业的数字化转型。企业数字化转型的前提是将软硬件系统嵌入产品生产环节，构建数字技术一体化的制造体系。比如，借助于仓库、工厂的智能化升级，实现降本增效；通过组织创新，设立诸如首席技术官、首席数据官、首席创新官等职位助力企业数字化转型（冯圆，2016）。当前，驱动企业数字化的转型机制有两种观点：一是技术观，强调数字技术的重要性。这是一种以成本为导向的思维。即注重不同技术条件下的价值链整合，提高企业效率并降低成本。二是价值观，围绕数字技术改进组织方式与收益模式，比如利用物联网、人工智能等创新企业经营模式等。对于企业来说，数字化转型是企业情境特征与数字化技术整合的制度安排，目的是嵌入数字化技术提高生产效率与效益。企业数字化转型具有开源性的显性特征，财务政策配置的市场价值易于捕捉。从我国的现实情况看，大量中小企业数字化转型面临技术与资金的考验。对此，优化财务政策配置，积极创新基于商业模式与经营业态的会计工具，构建数字技术特派员制度等，是中小企业数字化转型的客观保证。

第二节 会计管理概念组合与演进的必然性

数字化改革借助于数字技术对企业经营模式实施创新驱动，将会计工作的实践具象与数字技术的抽象概念进行方法层面的重组与改造，且由此将数字技术嵌入会计演进的具体活动之中。

一、会计管理概念组合与演进的内在价值

不同的认知视角、费用分配方式的创新等是会计或成本核算等概念组合与演进的集中映显。从一般的会计概念上升为会计理论知识和工具方法融合

的系统离不开相关会计概念的组合与演进以及在此基础上的整合。

1. 实施成本驱动政策需要会计管理概念的支撑。数字技术有广义与狭义之分，狭义的数字技术是一种纯技术的概念，而广义的数字技术则是包含数字化、网络化、人工智能和大数据以及区块链等一系列数字技术的总称（Tucker & Parker，2014）。数字技术的普及与应用，尤其是在广大中小企业的推广，必须构建成本驱动的有效机制。政府"减税降费"与定向扶持政策的推进，促进了宏观层面数字化改革背景下会计概念组合的应用效度。如何结合产业或行业会计工作的实践，加速会计概念的形成与发展，需要对会计概念实施动态的调整或重新归集，并以整合创新的方式加以范式转变，以形成更多、更具针对性的会计概念组合，这也是高质量会计管理体系建设的客观需要。2021 年 3 月 24 日，财政部颁布的《会计改革与发展"十四五"规划纲要（征求意见稿）》提出，要加快"会计审计数字化转型，包括会计工作数字化转型、审计工作数字化转型、会计管理工作数字化转型三个方面"。其中的"会计管理工作数字化转型"就是要在数字化概念的组合与演进中实现会计工作的现代化、信息化与系统化，提高会计工作整体的数字化水平。在数字经济背景下，围绕"变革融合、提质增效"这个中心，上述"征求意见稿"提出，要强化"会计职能对内对外拓展，包括对内提升微观主体管理能力和对外服务宏观经济治理两个方面"。对内拓展会计职能，是基于企业内部传统要素禀赋优势减弱和外部环境发生复杂变化的新形势提出的，企业要重视数字化改革的新机遇，强化数字技术与制造业生产企业的深度融合，顺应新型制造技术发展的大趋势，从成本驱动机制视角重塑参与全球价值链分工的产业集群区域企业的竞争优势，推动产业集群持续开展数字化转型升级（顾夏铭等，2018；郭阳生等，2018；郭淑芬等，2020）。以智能化为核心的企业数字化转型，使企业的经营模式或商品业态有可能发生颠覆性或激进式的创新，其成果所包含的商品业态促进了大量新产品、新模式和新业态的生成与发展。即通过成本驱动机制形成一批新兴产业或新的商品种类，成为企业数字化转型的标志，并为企业发展提供强大动能。特别是在新型制造技术催生的新兴产业领域，后发国家与发达国家处于大致相同的起跑线上，这为后发国家提供了"换道超车"的机遇（Arrfelt et al.，2015；切萨布鲁夫和范哈弗贝克，2016；戴水文等，2018）。会计概念的组合与演进不仅丰富和完善了会计理论与方法体系，而且对财务政策配置与管理工具创新发挥出积极的助推作用。将"互联网+""智能+"等数字技术概念嵌入会计的概念组合之中，是会计工具理性的客观追求，也是会计概念演进和不断整合创新的现实需要。

2. 会计管理概念及其有机组合是通过演进予以实现的。会计概念的组合、演进是在不断的整合过程中相互促进的，它对于会计理论与方法体系的形成与发展具有重要的现实意义。基于"数字化改革—数字技术应用—企业数字化转型"的成本管理创新路径，便于总结与提炼会计概念组合与演进的价值规律。改革开放40多年来，随着国外成本管理概念、工具与方法的引进、吸收与消化，我国的成本管理通过中外概念的组合、演进与整合得到了进一步的繁荣与发展。当前，实体经济的"降成本"与虚拟经济的"零成本社会"正在交替地影响着人们的认知神经（里夫金，2014）。学术界涌现的成本管理创新概念与实务界产生的纷繁细碎的方法应用，使成本管理概念组合与演进需要加快整合的速度。换言之，如何结合我国企业成本管理的实践需求，将各类成本管理概念组合以及演进后的实施效果进行整合研究，已成为中国特色成本管理体系建设的现实需要。会计概念组合的本质是概念扩展的外在反映，会计概念演进是概念组合在数字技术应用的"过程映射"（冯圆，2018）。会计概念组合与演进所形成的数字化转型框架结构只有建立在企业情境特征吻合基础上的整合创新，才能发挥出应有的功效或作用。以现代化的成本管理概念组合为例，成本管理体系既要注重企业的成本节约额、成本节约率等概念指标，也要考虑"成本、效益"之类的比较概念，并进一步体现出成本约束机制中的正向功能。或者说，需要充分发挥经营权控制与剩余权控制在成本管理概念组合中的嵌入效果，努力使反馈控制向着与前馈控制相结合的控制机制方向转变。数字化改革背景下的概念演进体现出的是一种整合发展的客观需求。比如，构建战略会计管理的概念组合可以使企业在数字经济时代认清企业面临的新形势与新挑战；体现智能制造情境特征的成本管理概念组合有助于包容企业对外投资的新内涵；嵌入生态文明的环境成本管理概念组合能够使企业始终坚守"绿水青山就是金山银山"的新理念，并借助于清洁生产和绿色经营实现企业的价值创造和价值增值（巴雷特，2009；洪银兴，2017）。

二、会计管理概念组合与演进的研究意义

依托低成本比较优势，我国在全球价值链中的制造环节具有显著优势（稻盛和夫，2009；道尔，2013），在研发、设计、销售、品牌和售后环节则相对薄弱，向全球价值链两端延伸是提升我国制造业国际竞争力的重要方向。加强数字化改革，将数字化概念主动与产业链相衔接，通过数字技术完善全球价值链的布局，实现会计中的收入、成本以及资产概念与数字贸易、电子商务等概念的有机组合，并在不断演进的过程中实现企业的价值创造与价值增值。这种基于数字化改革的概念组合与演进研究具有重要的理论价值和积极的现实意义。

1. 理论意义。从数字化改革角度观察，通过对会计概念的形成规律以及概念组合、演进的制度化整合，可以抽象出这些数字技术应用环节中的共性要素，并使传统概念上升为管理工具，实现财务政策配置与工具创新的协调与整合。反过来，基于工具理性的会计管理概念组合与演进又有助于提炼企业数字化转型过程中会计要素之间的内在联系。不同认知视角体现出的会计思维意识、成本效益理念是会计概念组合的前提，费用分配创新视角的概念组合是基于降成本与谋发展的一种低成本扩张战略，是成本驱动机制形成的数字化会计管理概念组合依据。环境的不确定性与动态不稳定性使会计管理概念的整合创新主动与数字化改革下的信息技术创新概念相组合，并演进为理论与工具层面的具象表征。或者说，会计管理概念的组合、演进与优化整合等需要从会计核算、成本控制的本源上加以思考与探索，进而从根本上实现基于结构性动因与执行性动因需求的"会计工作数字化转型"的目的。

2. 实践意义。从实践角度讲，通过对企业数字化转型实践中会计与数字

化技术等概念的组合与演进规律的认知，为寻求理想的经营管理模式提供了适用范本。重视会计管理概念的组合、演进与整合是企业数字化转型中会计意识等的内在要求，比如会计管理概念中的成本管理强调合理的成本耗费，从选择开发项目种类、规模起就必须注入成本思考；坚信短期的成本费用增加是为了更好地进行成本改善（徐政旦、陈胜群，1998），借助于数字技术中的"互联网＋""智能＋"等方法，主动与企业的工艺、生产工序等概念组合，可以借助于数字技术的嵌入优化会计的管理控制系统，即维持控制、改善控制与革新控制。实践中，许多会计管理的新概念是通过诸如"时间流""创造流"等的技术概念组合而进行演进的，会计管理概念的整合提示我们，单纯的成本降低概念，必须结合会计、技术与组织特征，寻求匹配的新组合，比如基于利速链的会计筑入概念以及嵌入成本节省的成本避免等的新概念。同样，嵌入"互联网生态"的数字技术与会计概念的组合通过扩展信息支持系统的功能系统，积极布局和抓住互联网、云计算、大数据、人工智能等数字技术环境下的价值创造与价值增值机遇，可以形成诸如"组织间资本共享"等的会计新概念，实现会计工作的数字化转型（Porter，2014）。

第三节　数字化改革下的会计管理概念组合

数字化改革对会计概念的影响涉及"信息化会计—数字化会计—会计数字化转型"的不同发展阶段。正确理解和认识会计概念的组合特征与运行规律，是提高数字化改革效率与效果的重要途径。

一、多元认知视角下的会计管理概念组合

近年来，一些发达国家以智能化作为"再工业"的发展方向，围绕数字化改革形成了资本、技术、市场、品牌、网络、人力资源等方面的竞争优势，促进了制造业的多元发展。这对会计概念及其组合的新思考与认识提供

了实践素材。

1. 管理者视角对会计管理概念的认知。实际上，会计管理概念本身就是多元的（Simons，1995；Sheilds，1997）。比如，从"核算与控制"角度加以归集与组合，会计管理中的成本概念可以有目标成本、物料作业成本、生命周期成本与排污作业成本等（Onishi et al.，2008）；从"环境保护"角度加以归集与组合，成本概念可以按环境成本、排污成本、投入产出物料成本等进行分类（渡边岳夫，2003；葛建华，2012；Katherine et al.，2014；程博，2019）。因此，结合企业数字化转型研究成本形成之类的会计概念，对于提升数字化转型效率以及优化成本管理行为等具有积极的现实意义。成本是收益的基础，成本形成的合理性与有效性倍受企业管理当局的重视。企业作为责任主体，成本管理是其不可或缺的重要工作，成本管理针对的行为对象一般都是可控的（陈良华，2016）。从成本形成视角看，由于成本管理概念的归集与组合，一系列超越传统的管理工具和方法开始于 20 世纪 80 年代末 90 年代初，比如作业成本、成本企划等，由这些概念组合而形成的成本管理工具丰富了传统会计手段与方法的不足，使会计的相关性问题得到了有效解决（Wayeru，2008；Takeda & Boyns，2014）。这一时期，适时制、质量成本管理与计算机集成制造系统等的导入，加速了作业成本与成本企划等概念在全球的普及与推广应用。了解成本管理或会计的演进特征，应用会计的"二元观"，即管理控制系统和信息支持系统，发挥其在企业数字化转型中的积极作用，正是在成本概念组合与演进需要倡导的"控制协同系统"的体现。或者说，正是由于成本管理对会计的重要支撑，才使多年来所坚守的会计"决策支持观"转向了"管理控制与信息支持的融合观"，并对当前的数字化改革产生重要的影响。管理者视角对会计管理概念组合与演进的认知是联结会计数字化转型的关键，起着承上启下的作用，具体如图 2-1 所示。

图 2-1 表明，从管理者认知需求出发，会计管理概念组合要超前于数字化转型的实践，这对人们认识数字化转型的规律性具有重要的现实意义。企业升级数字技术必须权衡成本与效益之间的关系，会计管理中成本概念的形成既有来自产品制造过程中的料、工、费等生产成本，也有企业承担的增

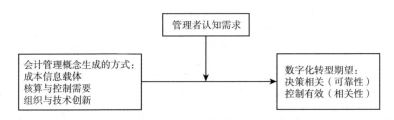

图 2 - 1　管理者视角的会计管理概念认知

值税和佣金等成本费用，数字化转型下还需要考虑新技术与旧技术之间的替代效率与效益。仅仅就成本而言，管理者与会计工作者的认知是存在差异的。管理者认为，这些都是"直接成本"；同时，管理者还将企业的房租、水电、保险、通信、培训、库存、折旧、应酬等组合的成本概念以及体现在所得税等方面的税费成本视为"间接成本"，并在成本决策中加以综合考虑。然而，会计人员视角的成本管理概念分为两类组合：一是传统的成本管理概念，如标准成本、预算成本、质量成本等；二是现代的成本管理概念，如数字化转型成本、战略成本、成本企划、作业成本、网络成本、核心竞争力成本等。会计学成本概念的主要特征是：（1）所提供的成本信息是可以用货币计量的；（2）成本信息具有可靠性和相关性；（3）成本信息是有用的，能够支持所有类型的管理决策。从多元视角进行成本管理相关的概念归集与组合，对于认清当前的国际、国内新环境以及协调好会计人员与管理者对会计概念的不同认知有积极意义。近年来，随着数字化改革步伐的推进，资产的分类也呈现出多元化认知的触角，即除了传统的按固定性分类，即划分为固定资产与非固定性资产（流动资产）外，还可以按照数字化转型程度不同进行资产性质的分类，比如，分为数字资产与非数字资产。换言之，传统会计管理概念已经难以满足管理者对会计信息的需求。从组织层面看，会计管理中的成本只注重生产过程的成本核算和成本控制，对信息反映过分追求量，而忽略质，且往往是企业短期的成本信息揭示，缺乏战略管理所需的成本信息。从技术层面看，数字化改革下的人工智能等技术的广泛应用，传统的成本结构中相关的机器折旧与研发费用会进一步增加，成本控制中的责任中心与数字经济时代的组织变革不协调，业绩评价标准也与数字经济时代的要求相差甚远（黄世忠，2015）。目前，会计管理概念组合正在向以智能化会计等所体现的技术因素方面演进与整合。

2. 会计管理概念组合的形成与情境特征。随着社会经济的发展和企业管理要求的提高，会计中的相关概念组合正在演进中不断完善和发展。我国经济面临全球价值链高端攀升过程中遭遇的发达国家制造业回流趋势渐强的影响，我国产业集群已呈现出"块状"结构，即那些有竞争力的高技术产业和产品面临与发达国家重叠加深的状况，此时的竞争可能转变为同一产业链、价值链环节的正面竞争关系（贾康、苏京春，2014；黄静如、刘永模，2020）。对此，加强企业数字化转型，权变性地配置相关的财务政策与工具，在"双循环"新形势下以国内大市场为循环主体，加快形成我国主导的产业链，促进价值链上下游的分工协作体系，已成为会计概念组合中的新趋势。对此，本书使用了"财务政策"的组合概念，即通过财务政策的配置与会计工具的创新来适应产业链与全球价值链变迁的新情境。亦即，会计管理概念的组合有一个重要特征，就是其内涵不断丰富，外延不断扩大。早期的会计管理概念主要局限于成本领域，比如英国会计实务公报（SSAP）将成本定义为在企业正常经营过程中为使产品或劳务达到现在的位置和状况所发生的各种支出（Simmonds，1981）。美国会计学会（AAA）所属成本概念与标准委员会对成本的定义是：成本是指为达到特定目的而发生或应该发生的价值牺牲，它可以用货币单位加以衡量。上述定义不仅包括了产品成本、劳务成本，还将工程成本、开发成本和资金成本、质量成本以及环保成本等都包括在其中（Shank & Govindarajan；1993）。近年来，经济学家对成本的定义进一步放宽，认为凡是经济资源的牺牲都是成本，比如将成本定义为：在某种制度环境中，当事人采用给定的交换方式获取某一商品而消耗的资源（货币、时间和商品等）的机会成本（斯密德，2002；何涛、查志刚，2015）。这一趋势表明，成本管理概念已经从单纯的生产成本向生产成本与交易成本、机会成本、环境成本、技术成本与文化成本等组合的方向拓展与演进。数字化改革背景下，数字技术对成本结构进行重塑，有助于提高企业资源利用效率，促进"存量"与"流量"的优化配置。当前，在企业纷纷升级数字化的情境下，产业集中度有增强的趋势，即大型企业的比例变高。这种成本收益效应的持续推进，使传统会计管理概念结构发生改变。比如，在阿根廷，员工超过100名的企业对工业3.0与工业4.0数字化制造技术的采用率比所有企业平均采用率高出20%（郑江淮等，2021）。亦即，数字化转型带来的工艺升级和产品优化，将推动大企业进一步巩固竞争优势、加强单体能力以及提高产能。

随着数字化转型逐渐深入，"以我为主"的全球价值链将演化成以各国数字技术、数字服务、数字产品在全球价值链上的集成和转移。从资产管理角度讲，降低交易成本就是要提高资产利用效率，并实现一定的收益（效益），在盘活"存量"资产的同时，用"增量"来带动"存量"（Shank & Govindarajan，1993；Teece，2010）。由此可见，管理者的认知不仅取决于管理控制系统，如工具方法本身等，还会受到外部环境因素的影响，需要重视信息支持系统的功能作用（Spector，2011）。由于企业数字化转型本身的动态性特征，加强数字化改革背景下的会计管理概念的整合研究变得十分必要。需要明确的是，会计管理概念的组合与演进有两个基本特征始终不变：一是会计管理中诸如成本概念等的形成是以某种特定目的为对象的。目标满足于管理需要，可以是有形或无形的产品，也可以是某种特殊的服务。二是成本是为实现某特定目的而发生的消耗，没有目的的消耗是一种损失，不能被称为成本。数字化改革正冲击着传统会计管理的概念组合，从网络平台视角对会计管理概念进行演进与整合是构建高质量会计理论与方法体系的在内在要求（课题组，2018）。数字经济时代的会计管理概念组合与创新的重要性体现在：一是能够促进会计工作数字化转型，提高会计管理的效率与效益；二是增强会计工作实践的有效性和可操作性；三是有助于会计工具指南或指引的建设，提升企业实践活动中的价值创造能力。

3. 会计管理概念组合的应用价值。《中华人民共和国国民经济和社会发展第十四个五年规划和2035年远景目标纲要》提出，要立足国内大循环，协同推进强大国内市场和贸易强国建设，促进国内国际双循环。数字化转型在这一进程中将发挥重要作用。结合"双循环"对会计概念加以组合与演进等是探寻数字经济时代会计概念特征与发展趋势以及丰富会计工作数字化新模式的客观需要。其应用价值具体包括：（1）促进产业转型与技术融合，提高技术产品产值和劳动生产率。即通过组织与数字技术创新形成符合企业情境的现代化会计管理工具和方法体系（陈东玲，2017；汪德华，2018）。（2）将人工智能与大数据等数字技术嵌入企业会计的实践创新之中，实现企业生产从大规模标准化向大规模个性化转变。（3）借助于新一轮技术革命，采用诸如清洁运输和智能电网等技术降低企业成本，使环境经营与环境成本等的概念组合等得到深入的贯彻与落实。

当前，会计管理概念组合与演进要抓住国际上新技术革命和产业变革的有利时机，尽快建立联结政府与企业、企业与企业、企业与消费者之间的跨区域跨部门综合信息共享平台，推动数据资源开放共享，为跨地区跨行业合作创新创造条件。一方面，结合国内大数据、"智能＋"等的新兴工业化时机，引导会计管理（如财务政策配置等）在产业结构优化升级和全球价值链重塑的过程中设置合理的结构性动因与执行性动因；另一方面，要结合组织创新，研究战略导向下会计概念组合的演进方向与重点，同时，加强政府与企业间的沟通与交流，尽快丰富和完善我国的会计管理工具，比如修改和制定成本核算条例等，尤其是分行业的成本核算制度，并与国际会计准则保持协调与一致，力争融入国际财务报告准则的单项准则之中。此外，要结合我国政府在"六稳""六保"基础上提出的"双循环"经济发展思路。即"以国内大循环为主体、国内国际双循环相互促进的新发展格局"（李旭红，2020）。其中的"内循环"以扩大国内需求为战略基点，目的是解决当前我国经济运行中存在的一系列矛盾。即以内循环来稳定中国经济的整体循环。不可否认，这种内向化的循环战略可能会导致国内经济增速的暂时下滑，但其在稳定内资不外流方面有积极功效。或者说，即便因此而使价值创造空间收窄，这种应对外部环境复杂性的内循环，仍然是有价值增值功效的，比如具有稳外资的目的（何小钢等，2019）。强调以内循环为主体，突出的是制度执行的效率，即在一定程度上促进企业成本管理在政策配置过程中发挥微观主体的影响力和能动性。此外，在全球产业链收缩的情境下，会计管理的概念组合需要结合组织创新与技术创新谋求经济的高质量发展。受贸易保护主义政策影响，中国的出口经济受到限制，并对中国的企业经营者带来了新的风险，迫使中国经济加快向内（内循环）开展结构性调整（洪银兴，2017）。由于巨大的经济体量，中国经济结构的调整与转型会迫使全球劳动力成本发生改变（郭淑芬等，2020）。会计管理的概念组合需要与全球供应链、产业链以及价值链等的数字贸易等概念相整合，使企业成本管理在"双循环"的过程中发挥出更积极的作用。

二、分配创新视角下的会计管理概念演进

数字化改革背景下的共同富裕以及由此而派生出的"公平""效率""优先""三次分配"等概念（洪银兴，2021），对会计传统的分配概念体系会带来一定的冲击。

1. 费用分配视角的概念组合与演进。费用分配是成本与收益对比下的概念演进，费用分配创新是一种客观需求（哈默，2002），比如传统人工小时分配已失去相关性，必须引入作业成本、资源消耗成本等的概念组合；同时，信息技术、人工智能等推动了企业成本管理手段的创新，费用分配结构或方式相应发生改变，比如人工智能下的产品设计等会使传统的成本结构发生变化等。从数字化投入的成本动因考察，在数字化环境下，数据可以分散采集，但是，与之相反，技能倾向于集中。随着知识活动集中的物理障碍消失，数字化甚至可以进一步加强地理集中的趋势。技能型人才集聚，新型基础设施发达的顶尖城市正在成为许多数字创新的实验室。瞬态大规模数据的处理能力成为这些城市的核心优势（何帆、刘红霞，2019）。这些城市实际上变成了数字化产业集群，也成为驱动更大范围区域经济发展的动能来源。从"费用分配"的视角考察，会计管理中的成本概念组合可以包括标准成本、作业成本、资源消耗成本和时间作业成本等；费用分配需要考虑"应用环境"的成本管理特征，比如面对突发事件（如新冠肺炎疫情等）的新形势，费用分配视角要结合组织创新与技术创新，围绕成本管理效率与效益组

合一系列的新概念，如企业配合政府"减税降费"政策，通过发放消费券、线上线下消费结合，转变经营和服务方式，调整和优化消费环境等增加有关稳定预期方面的成本管理概念（洪银兴，2020）以及数字化技术应用的转型成本等（韩践、关怡茜，2020）。同时，要结合政府数字化改革的重点及推进秩序提高会计管理概念演进的内涵与外延，提高实体经济（以中小企业的数字化转型为帮扶重点）的资金利用效率与效益。针对经济处于危难时机，会计管理概念的演进要聚焦在机会的寻找方面，比如在组织管理上，可开展结构调整；在技术手段上，可以开展设备更新换代等数字化转换成本的概念组合与演进活动。企业则需要通过情境选择与组织学习等培育自身的核心竞争力，具体如图 2-2 所示。

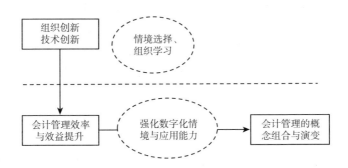

图 2-2　创新视角的会计概念组合与演进

图 2-2 表明，会计管理的概念组合与演进不仅需要有战略眼光，更需要权变性地把握企业内外部环境的变化，积极寻求解决的对策。中央领导人在不同场合多次强调，要逐步形成"以国内大循环为主体、国内国际双循环相互促进的新发展格局"（孙满桃，2020）。提升产业链、供应链现代化水平，大力推动科技创新，加快关键核心技术攻关，是打造未来"双循环"发展新局面的重要保证。主动调整企业的"应用环境"要素，通过数字化转型不断丰富企业管理的内涵与外延，使会计的概念组合为价值管理理论、经济组织理论等提供完善与发展的实践素材，或者说，努力使"国内大循环"与数字化转型成为企业价值创造的一对重要概念。"双循环"经济发展模式需要借助组织创新与技术创新实现经济的高质量发展。要结合数字技术的应用

尽快找到适合企业发展的智能化产品业态；立足国内，调整结构，压缩出口产品的生产。从企业管理内部的分配概念进行考察，尽管会计不对外部市场提供利益分配的制度供给，但内部的利益协调及管理也具有相应的经济后果。以转移定价为例，由于转移定价直接改变了集团企业内部的资金流向和集团内部各公司的盈利水平，因此，转移定价的实施，既会影响集团企业的整体战略，也会影响集团内部各方的业绩和利益。

2. 分配创新视角下会计管理概念演进的路径。从费用分配视角考察，数字化改革下的新适时制（just in time，JIT）提高了成本维持的效率，并结合"零成本"试图谋求库存成本管理的零机制。然而，单纯的事后成本控制，或局限于微观主体的成本降低往往存在明显的"约束"。对此，寻求新的成本管理概念组合变得十分必要。从成本控制概念着眼，约束理论（theory of constraints，TOC）可以和 JIT 进行概念组合，毕竟 JIT 已经表现出各种被约束的情境（Spector，2011）。TOC 认为，任何组织的业绩都受到各种约束条件的限制，它是一种替代性控制方法，或许还是一种互补性的方法。TOC 方法的魅力在于除了能保护本期销售额外，还能通过提高质量、减少反应时间以及降低经营成本等手段，努力提高未来的销售额。约束理论重点从三个概念考察组织的业绩：完工效益（赚钱的速率）、存货和营业费用。完工效益提高、存货数量最小化以及营业费用降低后，三个概念指标会受到影响，即净收益和投资报酬率将提高，现金流量将增加。相比传统观点，约束理论和 JIT 一样，都将存货管理置于更为重要的地位，体现出它的突出作用。约束理论认识到，存货水平下降，能降低储存成本，进而节约经营费用，增加净收益。而且，约束理论还认为，通过比较低的价格出售更好的产品和对顾客需要作出快速反应，将存货保持在较低水平，有利于公司形成竞争优势。面对企业数字化改革的新形势，TOC 理论也将在数字技术的冲击下发生变革，即约束理论的内涵与外延将发生变化，进而再次推进 TOC 理论与其他概念的组合与演进。

倡导战略性的权变会计管理，就是要将"权变"嵌入会计管理的概念组合之中，使会计中的决策成本和管理成本在演进的同时留有权变的空间，使企业的经营和管理拥有主动性（Quinn，2014）。以"双循环"为例，一方面通过内循环更有利于市场的精益化管理和企业制造环节的主动研发；另一方面则会使企业会计管理概念的非市场化组合演进而增加投入，并且提高进入某一行业或产业的门槛（Relich，2017）。同时，会计管理概念的演进还会借助于企业的集聚或市场的不稳定性传导出对中小企业数字化转型的迫切性。结合权变性的概念组合研究"内循环"与数字化改革的会计演进，就是拟将这种应对当前国际形势的经济战略化作自身的机遇，通过国内大市场的内循环积累与数字化转型进一步增强攀升全球价值链高端的动力。在数字化改革背景下，企业为了提高市场反应速度，其重心在转向内部价值链的同时，仍然要胸怀全世界，关注全球供应链，结合会计管理的概念组合与演进，权变性地对时间、资源和技术进行快速整合，实现企业会计管理的持续增值（一种正向机制）。此外，以数字化改革为战略导向的会计管理必须充分利用大数据与移动通信技术，把互联网和包括传统行业在内的各行各业结合起来，促进平台组织的共享机制，使互联网与各产业开展融合创新。企业数字化转型下的会计管理概念组合具备整理、分析、传播信息的综合能力，以及将廉价信息技术遍布于各个组织并且跨越国境，这些技术手段的普及使企业传统的会计管理概念组合，借助于路径与机制等的概念演进而改变变迁的动因。数字化改革下的权变会计管理使"通过数据找规律，通过规律提效率"的目的得以实现。

第四节　数字化改革下的会计管理概念演进

数字化改革直接推动着数字资产等会计概念的形成与演进，并对原有财务政策组合与工具管理系统带来影响，迫使会计制度体系实施变革。

一、会计管理概念组合与演进的整合效应

在会计管理概念组合与演进的过程中，整合效应体现在"会计理念—会

计观念—概念组合—工具创新"的路线图之中，从会计理念转化为工具创新是有规律可循的。即会计理念体现在一系列的概念之中，它具有层次性且包容性强，具有宽广的延展性等特征。

1. 会计管理概念的创新与组合。在数字化改革背景下，将数据与会计概念进行组合，促进"数字资源—数字资产—数字资本"与会计管理概念的演进，使资产概念在内涵与外延上发生明显的变化。数据资产属于数据资源，但数据资源不一定是数据资产（侯彦英，2021）。强化数据与会计概念的组合与演进，能够获得数据资源转化为数据资产的条件。比如，具有清晰的所有权或控制权、非依赖性、可交易性及动态性。数据资产的进一步整合，可以有广义数据资产、管理学或统计学意义上的数据资产和会计学意义上的数据资产之分（马丹、郁霞，2020）。数据资产亦即数字资产，它具有给企业带来价值创造与价值增值的潜力，这种数字技术与会计概念组合的创新概念对于财务政策配置与会计工具创新具有十分重要的理论价值与积极的现实意义。在企业数字化转型情境下，会计管理中的成本概念创新与组合是在组织与技术要求下开发出的符合企业特征的独特观念，或者是具备某种特定功能的成本核算与控制方法。工具是方法的具体载体，但方法不一定就是工具。工具的创新驱动是将概念组合按组织创新和技术创新路径进行演进，并纳入成本控制系统与成本信息支持系统之中的完整过程。若将"成本企划、成本改善、成本维持"应用于数字化转型的成本管理概念组合的演进之中，那么在以反馈控制与前馈控制或者战略控制与经营控制的坐标轴中，将呈现出由成本理念向工具创新不断攀升的一种行为过程。它符合制造阶段的短期部分控制的成本维持以及制造环节的短期整体控制的成本改善，以及开发设计阶段的长期整体控制的成本企划不断递进的客观规律。不同的是，传统的成本管理概念局限于"成本与成本核算"的约束，概念组合与演进面临整合的难题。随着基于云计算等数字化高性能计算机和数据库、在线适时分析（OLAP）、图形用户界面（GUI）等信息技术的普及与应用，现在已经能够以低廉的成本取得或实现成本管理的目标，使现代成本管理概念组合得以灵活地加以演进与整合应用。传统的成本思维意识，主张供应链的资产整合能力，面对当前全球产业链回缩，全球供应链中断的现实，必须转变观念，强调成本管理概念中的互联网组织生态的组合与演进。或者说，互联网生态已经成为一种新的会计管理概念（Boland et al.，2007；刘根荣，2017），在"双循环"的格局下，组织间与产业集聚区域的企业成本管理，可以借助于互联网生态重新进行跨组织设计与实践，一些会计管理的新概念将会形成。同时，人工智能生态已经逐步应用于社会，以"天猫精灵"为代表的人工智能产品大大提高了人们的消费热情，未来的会计管理概念组合应该将互联网生态与人工智能生态放进互相嵌入式的综合体之中，使会计管理的链式组织概念向网式组织概念转变。

　　高质量的会计管理需要与人工智能等数字技术概念进行相互组合并进一步演进，会计管理中的成本管理概念组合的边界也在持续扩展。智能互联产品的出现与广泛应用（Porter，2014），使会计管理概念组合实现了边界的演进，从会计确认与计量来看，传统设备出售后的会计收入要素由于工业软件与人工智能的组合应用，现在收入确认可以实现多次的会计配比，企业收入来源将成为一项企业实现可持续成功的保证。为了更好地理解和应用智能互联产品提供的数据，企业需要配置一些新的工具，比如使用"数字化映射（digital twin）"①概念，并且与现行的会计管理概念进行组合，比如实施数字化适时的成本控制映射等，这种概念由于可操作性强，符合工具理性的特征，未来有可能从会计管理概念组合转变为风险控制工具组合，并对企业的IT 系统优化、系统集成和流程管理等概念组合产生影响，进而整合为一种应对风险控制的有效工具（Bruce et al.，2017）。以"双循环"为例，强调以内循环促进内外循环共生发展的新格局能够为新型的产业链体系赋予新动能，企业数字化转型要在新的商业模式和经营业态上进行渗透式演进，不断推进数字化技术工具与会计管理工具的整合创新，形成以智能互联产品为载体进行企业联合或产业整合的新组合。这种合作关系，一方面能够降低因相

---

　　① 数字映射是数字世界中物理资产的实时表示。它是物理事物或由物理事物组成的系统的软件模型。可以把它想象成一个实时的 CAD 程序，高德（Gartner）预测"在三到五年内，数十亿的事物将由数字映射来代表。"

互不信任导致的交易成本；另一方面可以通过信息共享、共同合作来全方位降低产品生命周期成本、挖掘成本潜力，以达到会计管理概念的最佳组合。

2. 会计管理概念演进：工具理性的视角。数字化改革中的数字技术概念本身也是不断演进的，仍然以"数字映射"这个概念为例，早期的应用是以物联网下的工具理性为思维基础的，焦点在于其可以确认准确的位置等方位信息。然而，随着大数据技术与云计算技术的应用，这种"数字映射"概念的内涵与外延已经得到扩充，即除了可以定位外，还可以计量或判断出其在从事什么活动等。升华会计管理的概念组合有助于探寻管理工具的演进规律，倡导会计管理的工具理性有助于拓展会计管理概念整合的功能作用（Blahová et al.，2012）。如何结合企业的情境特征开展会计管理概念的组合与演进研究，是提高会计管理概念方法的实践有效性及其工具理性本身的内在反映。为了实现会计管理工具理性与价值理性的有效匹配，会计管理概念组合需要不断优化，并结合会计管理概念演进中的价值理性进行有机整合。换言之，通过概念演进与工具整合突出会计管理的工具理性，也是为了体现会计管理概念组合价值理性的内在需求。工具理性使会计管理概念组合增强了目标导向性，通过价值理性的概念演进，会计管理概念组合被纳入制度建设的框架，使会计管理的理论内涵与价值属性得到统一。工具理性要求会计管理概念组合不断演进，通过整合满足企业实践合理性、可操作性的需求，从而丰富和完善会计管理的制度建设。同时，会计管理概念演进体现出的工具"自由"发展的价值属性，强调对事物本质的理解，注重管理效率与效果的提升，这对提高会计管理概念上升为理论知识的价值理性具有重要的现实意义。

在数字化改革背景下，会计管理概念组合中的现金支出方式的合理性等也是成本决策概念演进的重要内容，通过将成本管理概念与其他相关概念进行整合，是工具理性的内在要求（Bharadwaj et al.，2013）。以"时间流"概念为例，这一概念是有关成本控制问题"意义构建"中的认知新话题，它对于成本管理的工具理性有很大的帮助。"时间流"（timeflow）涉及成本管理概念组合中现金支出等的心理预期，它是一种借助于行为体验来定义时间的动态性的认知理念（Woermann & Rokka，2015），是企业或组织对某种经营事项或管理活动能够感知的行为体验的时间流速（长度）。传统会计管理中的成本概念组合，以沉没成本、机会成本等概念与"时间流"概念进一步整合，以促进成本管理概念的加速演进。行为体验的时间过程包含五个具体的维度：一是外部情境的设置。组织在实践活动中时间体验的效果好坏与这一外部场景密切相关，尤其是在环境氛围和设备完备与否的情况下，环境氛围对时间最为敏感，它是直接导致成本管理实践中正面或负面情绪形成的原因之一。二是成本管理行为的配合。降低成本与谋求发展的时间流长度是不同的，如何正确引导事关成本管理概念整合的优化状况。三是行动规则的初步感知。企业的成本管理制度与成本管理自信等对成本控制的时间理论与把握是不同的。四是目标情感群体的逐渐融入。参与式成本管理与被动式成本管理的不同组合，对于成本管理中的时间概念理解是不相同的。五是文化喻义的深入联想。这是一种"意义构建"的过程，熟练的成本管理者与陌生的管理者对时间流动的长度理解往往不同。将"时间流"概念与成本控制等概念进行组合，电子支付手段下的刷卡支付比现金支付时间体验的感觉要弱，这样当企业面临大额现金支付时，通过设置某种控制手段，比如提示或限制等就变得十分重要且迫切。

理性地讲，数字经济时代的零成本社会形成，也会使"时间流"的体验趋近于零，因此，会计管理需要加强对现有创新概念的整合，对于概念组合中出现的负面激励或负能量的新概念或新组合，要加以抑制，通过演进的战略描述，思考会计管理整合的路径与机制（Otley，2016）。要结合企业情境特征对会计管理概念组合进行工具理性的改进，体现会计管理概念优化中的"本土化"情节（杜金岷等，2020）。在具体的整合过程中，会计管理概念组合要在以下方面体现工具理性的内在要求：一是管理者认知层面，积极宣传各种新概念及新方法对会计管理概念的影响以及对会计管理工具的整合效果；二是会计人员认知方面，引导会计管理活动由情境嵌入向情境依赖的概念组合推进。

3. 会计管理概念的整合效应。诚然，会计管理的概念组合必须在"双循环"的经济格局下合理选择企业数字化转型的信息技术种类与技术要素配置，进而优化相关概念结构，保持企业行为的可持续性（谷方杰、张文锋，2020）。同时，通过对会计管理概念的演进，厘清产业或行业转型中存在的"结构优化与升级不尽合理"的现象，通过负面清单等概念工具的创新驱动改善数据资源结构，进一步推动数字化改革背景下会计管理概念演进的结构性效应，并围绕数据的市场化特征进行会计概念的整合，以此来提高财务政策配置与会计工具创新的效率与效益。比如，"大数据技术"本身就是一个庞大的概念组合，包括大数据、数据挖掘、文本挖掘、数据可视化、异构数据、征信、增强现实、混合现实、虚拟现实等众多概念，这些大数据技术的概念必须借助于会计概念组合实现整合效应；同时，积极实施清洁生产等环境经营新模式或新业态，响应政府的"碳中和"与"碳达标"任务，体现环境管制效果，通过企业转型中的数字化技术选择与应用，提高企业会计管理概念组合与演进的整合效应，满足企业实现可持续性成功的内在要求。具体的实施过程及相互关系如图 2 – 3 所示。

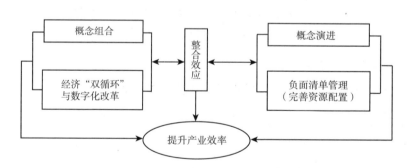

图 2 – 3　会计管理概念的整合效应

图 2 – 3 表明，在会计管理概念组合及其演进的过程中，围绕产业的转型升级来整合会计管理概念，是一种有效的路径选择。同时，借助于供给侧结构性改革完善会计的管理控制系统和信息支持系统，如结合行业产品成本核算与控制的概念组合推进成本管理概念的演进，并借助于成本管理概念框架体系的建设，可为成本管理制度体系建设提供理论与方法方面的支持（Cooke et al., 2000）。面对当前的国际新形势，中央政府提出逐步形成以国

内大循环为主体、国内国际"双循环"相互促进的新发展格局，是我国经济在新形势下确立的发展战略。这种战略在会计管理概念整合中的体现是宏观上以减负为重点，中观上以提高产业效率为抓手，微观企业则是围绕成本管理概念的组合与演进来"谋发展"。数字化改革是"双循环"的重要基础，企业在宏观层面"双循环"的指引下自觉且主动地开展数字化转型，是实现产业效率提升以及发挥"双循环"与数字化有机融合效果的重要体现。因此，企业层面的会计管理要与数字经济政策、产业政策等相互衔接，通过财务政策组合及行为优化，对财务政策效应、后续变革及影响因素进行总结与提炼，促进企业数字化转型获得效率与效益的保证（戴璐、支晓强，2015）；同时，使会计管理的结构更加合理，行为方式更加优化。

二、会计管理概念组合与演进的整合创新

通过对会计管理实践中存在的各种成本概念进行组合、演进与整合，一方面达到减少摩擦费用、提高核算效率与效益等目的；另一方面减少成本管理工具或方法之间的交叉、矛盾等现象，促进企业提高成本管理的预测与决策功能，实现企业整体的交易成本最低。

1. 成本管理概念组合的优化。成本管理的概念组合之所以需要在演进的过程中特别加以重视，原因之一是成本管理的"专用性"太强，不同行业、企业，或者不同地域或不同政策环境下的企业在应用成本管理概念或工具开展经营活动时往往存在明显的效果差异性（Cooper & Kaplan，1987；黄世忠等，2020）。因此，强调成本管理概念组合以及工具方法应用的多样性与针对性，是数字化改革或企业数字化转型的内在要求，要嵌入数字技术的设计、生产和销售以及虚拟价值流与实体价值流融合的成本管理概念组合系统，采用信息化集成制造系统等先进的制造技术，使生产制造过程中的成本管理柔性大幅提升。许多企业开始重视以"小利润中心"为特征的剩余控制权理论指导下的成本管理模式（概念组合）创新，企业内部的成本结构也从中间大两头小的橄榄型演化为两头大中间小的哑铃型结构（里夫金，2012；

里夫金，2014）。此时的成本管理显然不再局限于控制制造成本，必须将视野拓宽至覆盖研发和营销等企业产品全周期的成本管理概念组合之中。同时，在成本管理的概念演进过程中，通过对商品经营、资本经营与环境经营等成本行为的整合创新，可以形成符合生态文明建设要求的成本经营新概念，展示出成本管理概念组合不断优化演进的一种客观规律与发展趋势。

环境经营可以看成是数字化改革背景下自然契约与社会契约的整合。自然契约（natural contract）是企业与自然关于和谐共生的默契合意。现代法国哲学家米歇·塞雷指出，可以通过建立某种"自然契约"使企业与自然、环境之间保持协调与共生（孟强，2011）。社会契约（social contract）是一种嵌入成本管理的新概念，一般用以解释企业和政府之间的匹配关系。从企业角度看，社会契约最初作为一种社会规范是随着人类社会形态的发展而自然产生的，它分为经济层面的社会契约与伦理层面的社会契约两种形式。成本管理概念演进的溢出效应使成本文化理念融入于经营活动的各个方面，通过与环境契约的外生性给定推演至内生性再造，进一步还原企业演化的自然逻辑。社会契约衍生于自然契约，其发展逻辑以成本管理价值观的概念组合为主线，环境经营体现了生态平衡与企业发展的客观统一（Tosi et al.，1973；Papaspyropoulos et al.，2012），通过环境经营有助于寻求环境成本降低的机会，促进价值链的持续改进和优化。认识企业是自然契约与社会契约的集合体，可以促进数字化转型中的会计概念创新，并自觉地将环境经营融入企业转型升级的行为之中，提高财务政策配置的效率与效益。

2. 管理者制度需求对概念组合的整合创新。从多元认知视角和费用分配视角理解和分析会计管理的概念组合与演进特征，有助于从更深层面整合和创新会计理论与方法体系。一般而言，从管理者制度需求上考察，会计管理概念的组合可以按结构性动因与执行性动因两个视角加以思考，前者是会计理论结构与方法构成；后者是会计理论与方法在实践中的执行力与效果的体现。近年来，随着数字经济的发展，尤其是基于"互联网＋"与"智能＋"的数字化改革环境，会计管理必须从过去静态、狭义的以核算为主的内容体系向动态、广义的基于整合的管理控制机制的方向转变；会计管理概念组合的范围也从财务会计、管理会计等的视角向经济学、管理学等多学科融合的视角转变。比如，从经济学角度思考会计管理概念，成本和收益具有相互转化性，即成本转化为收益，收益转化为成本。在总产出一定或不可能再投入成本来增加产出的情况下，一个可以增加收益的途径则是节省成本或提高成本利用效率。成本的节省直接表现就是收益的增加，这是一种积极的内部转化的演进过程（Tiessen & Waterhouse，1983；Robert et al.，2015）。同样，在低效率利用成本的状况中，投入成本虽然可以体现为产出的增长，但这并不是收益的增长，而只是成本的堆积，是总收益的减少（Rappaport，1986）。由此可见，会计管理概念组合之所以必须不断演进，就是为了促进概念的创新，满足制度制定者的会计管理概念整合需求。

现实中，受各种条件的制约，企业追求利润的成本动因往往容易被人为扭曲，不仅使内含成本结构的产业转型和产品创新受到影响，也使整个社会或企业的成本管理概念及其组合受到冲击。从宏观上讲，社会期待着企业或某个行业能够在降低成本的同时，获得经济与社会的双重效益。但现实中，两者往往在成本与效益上存在脱节现象，从而导致建立在微观个体上的企业不符合产业制度变迁及降成本政策的初衷，理想与现实出现明显的偏差（Otley，1980）。这种不合理的追求利益的成本动因不仅有损企业的长远发展，而且对消费者的利益也带来显性和隐性的影响，进而给国有资产的保值增值带来压力，以至于遭受重创。因此，会计管理概念组合与演进需要扩展视野，从多种学科、不同层面进行整合，以满足企业会计管理战略与核心能力培育的需求。要结合企业数字化转型，围绕工具理性提高成本管理资源的利用效率，从内部进行挖潜；成本动因的安排要符合管理者制度需求的牵引，使成本形成与费用分配带来的管理高效率与高效益有迹可循。因此，加强会计管理概论组合及演进的研究，积极整合各种成本动因，通过创新驱动推进企业会计管理的信度与效度显得尤为重要，且十分迫切。具体过程如图2-4所示。

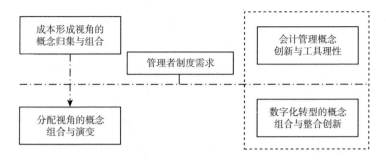

图2-4 会计管理概念中成本组合与演进的互动关系

第五节 本章小结

将数字化改革嵌入会计概念的组织与演进的规律之中，促进企业数字化转型与会计管理活动的融合，提高了数字技术应用的效率与效益。数字技术可以构建一个更加直接高效的网络，打破过去企业和企业之间、个人和个人之间、人和物之间的平面连接，而平面连接或者构架的问题是接点多、效率低。通过数字化转型，未来将建立起立体的、折叠的、交互式的架构。数字经济时代企业价值创造的主要驱动力是数据和平台，加强会计管理概念范畴问题的研究，是探寻财务政策配置机制、扩展会计工具应用空间等的重要课题。同时，这项研究也能够为政府管理当局制定相关的会计管理指引或指南提供有益的理论素材。多元认知视角的会计管理概念组合是构建会计管理概念框架的最有效路径，费用创新视角的会计管理概念演进是寻求成本驱动下实践内涵的重要机制。在会计管理概念组合、演进的基础上积极实施创新驱动是扩展会计管理结构性动因与执行性动因的基本手段。或者说，会计管理的概念组合是理论与方法形成与发展的前提，是企业整体经营管理能力的体现，不断推进会计管理概念的演进是企业获取竞争优势的重要保证。通过对企业数字化转型中有关数据与会计概念方法的整合（如数据资产的确认与计量），不仅能够提升企业的核心竞争力，还可以为其他企业的会计管理实践提供理论支持和方法参与，进而丰富中国特色的会计管理理论与方法体系。

　　改革开放 40 多年来，我国会计管理的概念框架正在从静态、狭义的以核算为主的内容体系向动态、广义的、基于整合的管理控制的方向转变。数字经济时代的会计管理概念框架要按照现代化经济体系的高标准进行严格的规范，优化概念组合、演进与整合的工作流程与步骤。企业由单一主体向多主体的会计管理概念组合演进，体现出平台组织间会计管理的重要性与迫切性。在网络互联的生态环境下，通过组织间资本共享扩展智能互联产品是未来会计管理概念演进的一个重要方向（Porter & Heppelmann，2014）。智能化会计管理概念的形成与发展是现代化会计管理体系建设的重要内容之一，加强对人工智能生态与网络互联生态的协同性研究离不开基础性的会计管理概念的创新与整合。总之，会计管理概念范畴的研究正处在一个转折点上，我们必须抓住机遇，寻求数字化改革与会计管理实践的最佳结合点，并取得更丰硕的成果。

第三章

数字化价值的发现机制与实现路径

工业和信息化部公布《"十四五"智能制造发展规划》（征求意见稿），提出"到 2025 年，规模以上制造业企业基本普及数字化，重点行业骨干企业初步实现智能转型"。数字化转型是一项涉及数据、技术、流程、组织等要素的系统性工程。数字化转型不能只关注短期利益，而应注重长期效益。以"情境满意"和"自主治理"为目标的数字化价值发现功能将显得尤为重要，财务政策配置与工具创新也将越来越依赖于一个智能化的商业生态系统和商品体验的网络经营环境。权变性地思考企业数字化价值的实现内涵与外延，必须将"情境满意"和"自主治理"积极融入数字化价值发现的机制之中。即通过"体验"与"生态"系统拓展数字化价值的实现路径，借助管理控制系统和信息支持系统引领企业数字化转型取得持续性成功，以彰显会计工作数字化转型的客观追求。

第一节 数字化价值的驱动因素

数字经济时代，数字化改革对企业的冲击与影响愈益明显。从企业的实践观察，中国数字经济发展逐步展示出强大的潜力和韧性，并由此引起企业管理当局对如何通过数字化转型来促进业务与数字技术的充分融合的高度重视（王宇等，2020），努力探寻数字化价值驱动的实现因素。

一、数字化价值概念的提出

从国家层面看，"推动互联网、大数据、人工智能和实体经济深度融合""推动数字经济和实体经济深度融合，打造具有国际竞争力的数字产业集群"等举措，是"双循环"新发展格局下促进我国经济高质量发展的战略规划与行动保障。

1. 数字化价值的含义。数字化改革背景下的价值效益按照业务创新转型方向和价值空间大小，可分为生产运营优化带来的价值、产品/服务创新产生的价值和业态转变带来的价值三大类（Zott et al.，2011；陈剑等，2020）。数字化价值是借助数据中心的构建，沉淀数据，优化流程与数据逻辑，加速数字资源到数据资产的形成，支持业务的决策与优化，助力企业数字化转型，进而实现数据的价值创造与价值增值的过程（Liu et al.，2011）。它表明，数字化价值是内含在企业转型之中的。进入 21 世纪后的前十年全球前10 强都是能源企业，现在大部分都是互联网企业，2020 年以后将是数字化企业的天下，数字化转型的核心内涵是价值体系的全面重构（Suleiman et al.，2013；周剑，2020）。为有效实现企业数字化转型，必须按照数字化价值的概念特征推进企业价值系统的优化、创新和重构，从发展战略、新型能力、系统性解决方案、治理体系、业务创新转型五个方面构建整体化、体系化的关联结构，促进企业的价值创造与价值增值（Mouritsen & Thrane，2006；黄群慧等，2019）。数字化价值的发现机制存在于任何企业之中，以航运公司为例，通过数字化技术的应用，围绕"码头货物跟踪—船期跟踪—船公司货物跟踪……"等数据逻辑，积极致力于航运的数字化解决方案设计与应用，通过国际海空运的数据智能化，使货物的可视化等数据资源转化为数字化价值（Blahová & Zelený，2013）。数字化本身就是一个价值增长的模式（陈春花，2021），通过"场景连通—数据贯通—价值互通"这样一个数据化流程，进而形成数据资源的价值创造逻辑（Woermann & Rokka，2015）。

从"场景连通"来看，首先是面向客户，与客户加强交流与沟通，使商业活动触达终端；其次是通过技术与业务、业务与财务之间的融合，形成完整的集成功能。此时，企业的经营活动与财务活动等就具有共生的平台，亦即完成场景的重构。上述几个方面合在一起就产生了共生的价值。理解数字化价值要从价值构成的结构性与执行性动因视角加以认识（Tversky & Kahneman，1979；Simons，1987），数字化改革本身没有价值，当转型企业选择了适宜的数字技术，并付诸实施且产生效率与效益，才会形成数字化价值。企业开展数字化改革、实施转型升级等，是需要花费代价的，这是财务学上的管理成本（Mia & Chenhall，1993）。为了提高数字化价值，必须强化可行性研究，针对企业实际情况，选择数字化改革的项目或车间与部门等。即数字化改革的每一个环节需要结合企业实践进行分解，要将能够发挥数字化核心能力的数字技术尽快应用于对应的关键性战略项目之中去，通过这些项目的建设和后续的运营，来实现数字化价值。

2. 数字化价值的评估。数字技术在企业中的应用程度受到企业自身的工业化与信息化等数字化基础和能力的影响，相应地数字化价值也有所区别。数字化价值的高低是企业在数字化能力方面的累积时间长短、基础强弱等多个层面叠加的结果。一般来讲，企业可以分为数字型原生企业与非数字型原生企业，我们在研究企业数字化价值时，通常指的是后者，即数字化转型企业。企业数字化转型的成功与否，除了自身的基础之外，整合能力的高低也是关键因素，往往那些规模越大、能力越强、积淀越深的企业越容易获得数字化价值，即更能够享受到数字化转型带来的红利。数字化价值的评估离不开企业转型升级的具体情境，数字技术在企业实践中应用的可行性与有效性等是"情境满意"的重要驱动因素。企业数字化转型离不开企业自身的相关技术条件、组织保障与制度基础等的支撑，外部的各种政策措施，如宏观的数字经济政策、行业的数字技术转化的资金扶持等是促进企业数字化价值实现的"催化剂"。即便是同一个地区，不同行业对数字化价值的影响程度也是不同的，核心是数字技术对这些行业的吸纳能力高还是低。从数字技术的渗透性与赋能性上看，对于那些聚焦数据资源能力强，比较容易渗入高数字化行业的企业来说，其数字化转型带来的经营模式创新与业态转变更为突出。联合国工业发展组织的《2020年工业发展报告》指出，"关键的先进数字化制造技术的采用率在欧洲各个行业不尽相同（陈冬梅等，2020；曾德麟等，2021），如云计算技术在计算机、电子产品制造业中运用最多，而在纺织品、皮革行业中运用最少；工业机器人技术在运输设备产业中运用最多，同样也在纺织品、皮革行业中运用最少。在服务业内部，也存在类似的差异"。

在数字化价值的实现机制中不难发现，那些能够采取差异化战略，迅速地调整经营方向，转变经营模式，增加商品业态的企业，比较容易获得数字化价值。这种差异化效应也带来一些社会问题，比如"产值占比上升、就业占比下降"（郑明珍，2000；赵宸宇等，2021）。这是因为企业数字化转型使资本的有机构成提高，就业需求的技能偏向技术性。即数据聚变扩能会引发高数字化行业的高技能劳动力占比上升，促进了不利于就业增长的"路径依赖"。然而，不实施数字化转型，企业生存与发展就会带来困难。如何在企业社会责任成本上加以引导，消除由于数字化转型带来的行业间可能出现的数字化鸿沟，即出现新的发展不平衡等，现在成为一个重要的问题。传统意义上认为，低数字化行业虽然产值占比不高，但就业占比上升，但在外部环境不确定性加剧的新形势下，低端也在受到挤压（Hess et al.，2016）。亦即，中国面临欧美发达国家的高端制造业的约束，如中美贸易摩擦，低端则受到东南亚一些国家的挤压。加快构建"双循环"新发展格局，是中国经济新情境下的战略选择。以国内大市场为主体，体现出的是一种开放合作的双向循环，中国市场已经成为世界的市场、共享的市场。中国也由全球参与者转变为全球化的推动者和引领者。以"两头在外，大进大出"为特征的沿海经济"双嵌入"模型，已完成其发展的历史使命（刘志彪、吴福象，2018）。坚持供给侧结构性改革，发挥中国经济体量大、效率高等的制度优越，通过"双循环"战略促进内需的挖潜和高质量技术等的创新，将给会计理论与实务工作者提出新的要求。因此，加快企业数字化转型必须同时拓展"双循环"模式下企业价值创造与价值增值的新空间。从数字化价值概念的外延观察，供给侧结构性改革应加强制造业服务建设的步伐，通过制造业与服务业的融合，实现就业持续增长。

二、数字化价值驱动因素的甄别

数字化改革加剧了产业集中度的提升，企业是否具备驱动数字化技术的各项能力，如从一般的数字化技术到先进的数字化技术，对于那些投资能力强、规模大的企业而言，显然更容易实现数字化价值。随着数字化改革的推进，那些数字化能力累积时间长、制造业规模与资本扩张能力强以及组织惯性积淀深等的企业，数据资源转化为数字资产的机会肯定就会越大，数字化价值的获取也就越充分。

1. 组织间合作方式对数字化价值的影响。当前，数字化改革与制度型开放政策相结合进一步推动数字经济的发展，企业的数字化转型被赋予了更多的内涵与外延。比如，企业转型升级的过程中将使数字技术应用、业务模式转型与组织管理协同有机地融合在一起（Meffert，2018）。即将数字技术嵌入业务活动之中，实现组织方式的创新驱动。换言之，数字化改革改变了传统企业间合作和竞争的方式，使生产力与生产关系的价值创造模式赋予数字经济的新内涵，形成全新的价值创造网络。目前，以数字商业生态系统（digital business ecosystems）为代表的平台经济组织，就是将核心厂商、替代互补厂商以及其他组织和政策环境编织成一个商业价值网络平台之上，其最大的效能就是共同实现价值创造和价值共享。数字商业生态系统能够汇集关键技术，有效助力系统内成员实现价值互换、价值组合、价值共享，从而实现价值共创（Holmlund & Tomroos，1997）。数字商业生态系统价值创造的基本逻辑分为价值组合、价值共享以及价值共创（韩洪灵等，2021）。通过在数字化转型中引入外源性信息与数据流，推动单一企业相互集聚或企业集群之间的交互协作，进而逐步转向平台化、产业化，以形成共生的"情境"组合（祝合良、王春娟，2021）。组织间合作方式形成的场景系统将激活数字化要素资源的价值化，使企业的成本管理、资源配置以及环境响应等方面的效率与效益得到极大的提升（Porter & Heppelmann，2014），数字化价值的实现成为可能。Estanyol 等（2011）将数字化平台的特征概括为以下五个特点：一是复杂性。即难以通过对其部分的理解就自然而然地得到充分解释的情境。二是自组织性。即能够为复杂系统创建新秩序和连贯性的能力，它依赖于生态系统中个体互动的自主治理。三是生产性。这是一种自我组织和进化紧密相关的概念，通常被定义为持续地与自我组织一起创造新秩序的过程。四是共同进化。一个领域或实体的演化部分是取决于其他相关领域或实体的发展，实体间的共同进化可以有效推动整个商业生态系统的价值共创。五是适应性。即在数字商业生态系统的个体和组织、联盟都应具有适应环境不断变化的能力，尤其是在数字生态的环境下更应如此。换言之，这种组织间的新方式可以通过规模效应获得更多的信息和技术功能，展示出更快的客户吸引力和业务互补性，可以拥有更为丰富的生态系统，从而发现数字化技术的潜在价值。国际数据公司（International Data Corporation，IDC）于 2020年 4 月发布了《未来企业效率白皮书》，指出数字经济已成为主流，数字化转型是企业的核心战略，并预测到 2022 年全球超过 60% 的 GDP 将被数字化替代（祝合良、王春娟，2021）。

2. 经营模式创新能力对数字化价值的影响。数字化改革丰富了数字经济环境下的生产要素和供需关系，使经营模式嵌入数字技术情境的价值主张、价值创造和传递机制以及价值获取方式，从而实现数字化价值的运作成果。经营模式创新能力需要借助数字化改革提供的基础或条件，比如从数字技术嵌入的视角识别某项经营活动的机会，并从这一机会入手推动企业数字化转型，进而实现基于数字化的价值创造与价值增值。从这个意义上讲，数字化改革背景下的经营模式创新能力包括数字机会识别能力、数字化嵌入能力、数字化共生能力三方面内容（曹正勇，2018；平新乔，2019）。2021 年 4 月25 日从第四届数字中国建设峰会上获悉，由中国信通院发布的《中国数字经济发展白皮书（2021）》显示，2020 年我国数字经济规模达到 39.2 万亿元，占 GDP 的比重为 38.6%；数字经济增速达到 GDP 增速 3 倍以上，成为稳定经济增长的关键动力。地方上，已有广东、江苏、山东等 13 个省份数字经济规模超过 1 万亿元；北京、上海数字经济 GDP 占比超过 50%。相比于传统的工业经济，数字经济的开放性、无边界性、强互动性、不确定性等数字化情景和新特征，对新环境背景下的企业造成了巨大的影响，对企业的经营模式创新能力提出了新的要求（易加斌等，2021）。一些企业家认为，经历新冠肺炎疫情后，数字化转型不仅是企业抵御不确定性的"挡风板"，从长远看也正在成为企业降本增效的"推进器"（韩鑫，2021）。将数字化嵌入经营模式之中，通常需要运用客户的大数据展开分析。数字原生企业或大型企业在这方面具有先天优势，能够便捷与及时获取、消化和转化这些信息，以更新的体验方式吸引客户，并对客户情况作深度分析，进而充分挖掘数字化的价值潜力。然而，新转型进入的企业或中小企业若想参与数字化价值的竞争，在数据上往往存在劣势，竞争力也明显被削弱，容易形成新的不公平；同时，产业集中度相应会被提高。这种以大企业为中心的经营创新生态圈，尽管带来了生产率持续增长，但数字化价值机制的作用发挥是不利的，应引起政府和相关研究人员的重视。伴随着5G、物联网、人工智能、大数据、区块链等技术的不断成熟和高度融合，数字经济成为各国经济发展的重要战略支撑。从宏观层面分析，未来服务创造价值将超过商品，"情境满意"将从商业生态向商品体验转型（Ryan & Deci，2000）。商品体验将有稳定和快速的增长，商品提供者与消费者之间的互动效率将有很大的提高，同时，通过释放国内强大的消费潜力可推进经济的内循环。

3. 自主治理环境的形成是数字化价值的重要保证。数字革命与企业发展息息相关，企业数字化转型是传统企业危中寻机的必然选择，也是公司治理结构完善的内在要求（Glaeser，2018）。企业数字化转型的市场化契机离不开原生型数字化企业的积极贡献，要尊重这些数字原生企业，是这些企业给我国经济发展提供了一条拓展产业链的新路径。在数字化价值形成与发展过程中，如何构建一种向广大中小企业延展的数字技术应用之路，数字化价值机制具有积极的保障作用。近年来，在企业数字化转型过程中出现的一些偏差，比如资本的盲目无序扩张等现象，只不过是数字化价值机制作用过程中的一点瑕疵或缺陷。通过国家宏观层面的制度完善以及行业的自律等，"共生、共享与共建"的数字化价值发现机制将引导广大企业进一步朝着数字化转型的方向行进，并实现数字化价值的创造功能。突出"自主治理"的理念是对数字化价值机制的一种内在维护，即面对数字化改革存在的制度滞后的现状，结合数字化转型中的企业类型、行业特征、区域经济发展状况等不同情况，补充政府监管一时难以规范的不足。然而，培育自主治理的环境既要符合数字化改革的要求，也要满足数字化转型对各类企业实施自律的规范要求（冯巧根，2022）。对于以数字原生型企业主导的平台经济主体，其自主治理具有比较成熟的经验与做法，重点是引导这些自主治理的平台主体积极承担社会成本，努力权衡经营成本、社会成本等的相互关系。亦即，以这些数字化先行企业作为重点，推进数据资本深化，推动行业快速增长，促进中国经济增长形成新的动能。此外，对于转型后成为数字化企业的规模较大的主体，其自主治理能力同样极强，也具有承担社会成本的能力或条件。数字化技术手段的应用使得各种信息的获取及相关的沟通交流变得容易且成本降低，自主治理的重点就是要自我激励与约束，并以正向的约束为主，比如加强企业文化建设等。对于其他各种小企业主体的数字化企业，只要平台或大企业管制到位，其自主治理自然会更加正规化。自主治理的平台作为一种商业生态，是共享经济条件下引领经济发展的一种创新模式，强调区域企业的"情境满意"，要求平台企业主动承担社会成本，降低各种技术应用成本，为广大中小企业的数字化转型发挥数字化价值导航的作用。这些正是自主治理环境所要打造的一种共生系统。因此，在数字生态的拓展和分工方面要进一步完善数字化价值的相关产业链，形成财务政策的有效配置和会计工具的创新应用。通过自主治理使各参与主体之间更加透明和灵活（Markus & Granlund，2003）。未来，政府会对数据管制进行宽松管理，即鼓励跨部门数据集成的试验和创新，包括促进灵活执行法规（例如"监管沙盒"）。总之，随着数字技术的广泛渗透，数字化价值的发现机制将形成交互相连的数字化价值创造圈。

第二节　数字化价值的发现机制："情境满意"的视角

随着数字技术创新应用不断深入，数字经济对构建以国内大循环为主体、国内国际双循环相互促进的新发展格局将发挥越来越重要的作用。对于企业数字化转型能否带来价值，怎样判断这种价值的合理性，"情境满意"是一个企业或组织间衡量绩效的重要尺度（Gary & Wood，2011）。

一、数字技术应用的满意度与数字化价值的认知

要积极拓展会计的功能作用，加强数字技术应用的制度创新。"情境满意"是行为主体通过对"情境"（数字化价值）的主动发现或挖掘，并结合企业的自身能力以及数字技术与顾客需求的思考，作出的自我"满意"的心理与行为预期。

（一）提升数字技术应用与企业转型升级的契合度

权衡与管理数字技术应用下的不同"情境"，加强企业数字化转型及其数字化价值功能的分层控制，针对不同层级、每个环节等确立价值创造的"满意"目标。

1. 利用智能化的数字技术模拟"情境满意"程度。人工智能是引领未来的战略性技术，以人工智能为代表的数字技术应用是企业数字化转型的发展方向。人工智能具有高效率、低成本与规模化等优势，结合智能化特征寻求企业数字化价值的实现方式是一种切合实际的路径。人工智能技术涉及一般意义上的人工智能、经营活动中的商业智能，相关的图像理解、投资决策辅助系统、智能数据分析、智能化产品（智能机器人），以及机器学习、深度沟通、语义搜索、生物识别技术、人脸识别、语音识别、身份验证、自动驾驶、自动语言处理等（易露霞等，2021）。强调人工智能技术的重要性，就是要以该技术为支撑推动多种技术发展，为企业数字化转型创造新活力、增加新动能。人工智能将会更紧密地与实体经济相结合，各种智能化手段的应用将改变企业未来的战略布局。目前，我国以生产、商业数据模型优化为主的人工智能应用已经成熟，利用企业不同的数据从不同的维度建立模型，将现实物理世界的企业运营同步映射到网络虚拟世界成为可能。模型可以通

过控制全域数字变量，作出沙盘推演，监测未来，从而快物理世界一步作出全局优化的预测建议，模型可以节约决策的时间成本，降低人工管理错误，提高决策效率（Briel et al.，2018）。在智能化转型的企业实践中，基于人工智能的数字技术应用会有哪些好的做法与成功经验？企业通过智能化模拟情境特征时，又有哪些是需要重点关注的方面等，值得思考与探索。早期的人工智能与企业生产的结合依赖的是物联网技术的嵌入，比如智能家居、智能社区、智能驾驶、智能安防、智能出行等，并呈现出多元化、自由化、开放化的特征（蔡志兴，1996；陈琛，2020）。"智能互联产品"就是物联网下提出的一个新概念，它改变了企业与顾客的关系，并使企业的生产流程与组织结构等发生变迁（Porter & Heppelmann，2014）。即组织间各种资本有机地实现融合，比如，智能温控产品不仅用于控制家电产品本身，还可以将顾客使用的相关信息传输给生产厂家。或者说，企业与顾客之间的关系不再是一次性的交易关系，而是一种持续和开放的经济关系。与"一般产品"相比，智能互联产品通过企业的管理控制系统收集用户使用产品的频度和行为习惯，借助于信息支持系统分析产品有可能导致的设备零部件损坏的概率，这样制造厂商（公司）就可以据此作出用户保养和维修的安排，及时通知用户进行相关决策，为顾客创造价值（即避免日后损坏再保养从而导致更昂贵的维修成本等）。当前，人工智能与机器的连接，可以形成一个从"机器"到"人"的智能体。在云计算替代物联网功能的基础上，大数据的运作逻辑使人工智能形成更强大的算法与算力，使预测更为精准。企业数字化转型是以数据的高效流动改善技术、资金、人才、物资等要素在时空中的配置，并释缓环境不确定性对企业冲击的系统性过程。

2. 将数字技术应用于企业转型升级是实现数字化价值的重要手段。企业沿着"数字化改革—数字技术应用—企业数字化转型"的路线图，可以包容产品的生命周期、研发、生产、销售及售后，其中每个步骤都可以尝试数字化转型工作，也都有数字化价值发挥作用的空间。2020年，我国规模以上工业企业生产设备数字化率、数字化设备联网率分别提升至49.9%和43.5%（曾德麟等，2021）。当前，数字技术融入业务场景，正在重塑新的商品业态。在生产车间，借助 5G 和工业互联网等技术，可以实现从"串行生产"到"协同制造"的转变，缩短产品交付周期、降低生产成本；在地下煤矿，引入无人开采、智能装车等系统，可更好保障作业安全，提升开采效率……越来越多行业、企业，从数字化转型中寻找突破，不断延展产业数字化、数字产业化的空间（吴非等，2021）。数字化价值的来源将更多地依靠消费的增长，未来的服务消费将会超越实物类消费，中国的人口结构带来银色经济浪潮，服务消费需求会持续增加。企业数字化转型，数字技术在中小企业的广泛应用，使服务的便利性和快捷性大大增强。消费市场将从 2020 年的以年轻人为主过渡到 2030 年的以家庭需求和退休计划为主力的形态（蒋德嵩，2020）。企业数字化转型应选择哪些数字技术，且在具体使用数字化工具与方法时须注意什么事项，这关系到数字价值的实现。或者说，数字技术应用于企业转型升级的重点应转向数字化业务的覆盖面与商业模式的有效性，应更加关注管理流程是否集约、人才结构是否适配等，进而让数字化战略持续驱动企业发展。亦即，实现数字化转型，需因企制宜。不同行业领域、不同企业类型，转型重点和实现路径不同，这决定了自身需求与发展方向也千差万别（洪银兴，2018）。企业数字化转型理应结合所处行业特点和发展阶段，探索适合发展要求的战略方向，进而有针对性地分阶段分步骤实施。从"情境满意"的就业角度思考，尽管可能通过培训等引导员工在产业之间转移，但其就业量毕竟有限。失业导致的社会摩擦可能会对数字化价值的实现带来风险，加之许多不正当竞争行为向线上延伸，给市场监管执法带来新的挑战，对公平竞争市场秩序带来新的冲击。数字技术推动了供需信息的透明化，降低了交易成本，使市场参与者更紧密地联系在一起，具有显著的网络效应。例如，平台上的大量流量对广告价值产生积极影响。为了维持或扩大其份额，平台采取收取广告费用，免除了使用者租金，保持平台功能免费是一种发展策略。政府发布的反垄断政策旨在防止大型科技公司对市场的垄断，促进健康的市场竞争，但是过于激进的政策有可能给经济发展带来阻碍作用。

（二）提高企业数字化转型的数字化价值认知

现行的财务会计制度所承载的是基础性的财务数据，由于会计规范的不完备，使其对企业深层次的经营和管理信息的反映相对滞后，会计信息与数字化信息的融合程度较差，给投资者决策带来障碍，很难适应数字经济时代的发展需要（黄世忠，2018）。企业的数字化转型必须带动会计工作的数字化转型，推动数字化价值进入会计的视野。

1. 数字化价值以数字化转型为前提。数字化价值是数字经济时代的产物，数字经济与实体经济的不同之处还在于其产生的结果是信息、数字商品和服务，数字经济是对模拟经济和实体经济的补充。数字经济时代的数字化价值的主要驱动力是数据和平台，由于数字化技术的快速发展，导致产业集中度提升。中国经济环境正在发生改变，传统的高速度增长优先的路径已向促进公平转变，高垄断且带来高收益的某些行业可能面临冲击与影响。总体上看，中国企业的数字化转型已经进入以生产、商业数据模型优化为主的数字化发展阶段，并向数字化价值应用推进，表现为数字资产概念的兴起以及在宏观与微观层面的快速扩张。企业数字化转型成为重构产业链的重要一环，未来的企业价值管理必将以数字经济发展为主导。数字化价值通过企业转型予以获得，因此，围绕数字化价值的战略调整以及经营模式创新等，会改变企业整体的价值链结构，包括企业的组织架构和核心流程等。数字经济时代的数字化价值促进了数字赋能功效，拓展了管理控制与信息支持系统的功能结构。同时，随着数字化改革背景下企业流程驱动向数据驱动转变，企业数字化转型的主体由单一企业向产业组织或平台经济主体靠拢，创造价值向共生价值与生态增值协同的方向转化，数字化价值已经成为企业价值增值情境下的一个特例，是一种内外资源相融后的价值实现组合，并给现行的会计确认、计量与报告带来影响，比如，大量智能互联产品的面市，使企业的收入客观上存在再次确认的需求，而相应的会计制度尚未跟进，一些领先的原生型数字化企业或转型较快的数字化企业获得了这块数字化价值的红利。加强数字化价值的认知，是今后很长一个时期需要加强的会计工作。虽然数字化价值来源于数字化转型，但是成本效益原则还是必须遵守基本的财务政策依据，要从战略与长远发展的角度衡量数字化价值的贡献与当前付出的数字化代价的利弊得失。未来产业的发展趋势必然是对数字化的严格要求，企业要想实现可持续性成长，获得价值增值的空间，必须从数字化改革中寻求价值增值。为了达到理想的"情境满意"，可以围绕财务政策的选择，实施适合企业自身的会计工具创新，可以从财务会计的收入工具、成本工具入手，逐渐发展到资产工具，即寻求数字资产的价值发现功能。在此基础上，改造现有的会计存量工具，并适时开发增量的会计工具。数字化价值的发现是一个动态的过程，只有持续地实现价值创造与价值增值，这种数字化技术的应用，或者说企业的数字化转型才是成功的，否则的话，盲目实施数字化技术的嵌入，可能使企业面临风险甚至走向失败。

2. 增强企业转型升级过程中的数字化价值认知。数字化转型进程具有鲜明的"不破不立""破而后立"的创新特征，既需要企业摆脱传统经营管理模式的路径依赖，也对其组织架构变革和生产要素流动形式提出了更高的要求（王永贵、汪淋淋，2021）。为了增加对数字化价值的认知，需要增强企业转型过程中的"体验"行为。比如，建筑工地上四足"机器狗"这一机器人的使用，使建筑企业的管理者认识到，"它就相当于把我们的眼睛送到地下综合管廊，到一些人到不了的地方，比如说空间太狭小、环境有污染、比较危险的地方等，还可以挂载温度传感器、有害气体传感器和视频监控、定位激光测量等"。再比如，数字技术应用于管理活动中，可以提高生产的效率与效益。仍以建筑行业为例，通过应用 BIM、VR、无人机、智能安全帽、远程视频监控系统等技术手段，建筑企业可以"对钢筋桁架楼层板的施工过程进行完整的模拟演练。它能够让我们的管理人员、施工人员看到视频后，知道施工工艺是什么样的，关键点在什么地方，技术要求有哪些，能够很好地掌握施工的具体要求，保障施工过程中的质量安全，满足各项技术指标"。为了增进企业数字转型中的价值发现功能，会计工作数字化转型也势在必行。2021 年 3 月 24 日，财政部颁布的《会计改革与发展"十四五"规划纲要（征求意见稿）》提出，"相较于数字化发展要求，会计审计工作信息化仍需提高""会计审计数字化转型包括会计工作数字化转型、审计工作数字化转型、会计管理工作数字化转型三个方面"。数字化改革背景下，企业数字化转型必须使会计具有数字化价值的发现能力。目前，财务会计对相关数字化业务的处理尚缺乏规范的确认、计量与报告手段，可以通过成本管理控制系统和信息支持系统来强化这项工作，补充上目前的短板弱项。比如，对于会计工作数字化转型中的软件等辅助性管理活动，需要从数字化价值发现功能提升的角度加以设计与应用。即基于"数字化"思维，将各种数字信息与会计软件相融合，使会计信息支持系统更加高效、便捷、全面。重点要思考以下问题：（1）针对数字化转型需要的财务软件是企业自行研发还是购买其他公司的产品；（2）若是购买其他公司的财务软件，则相关的配套服务是否到位，使用效率与效果如何；（3）通过实现企业"技术—业务—财务"的一体化，正确衡量数字化价值并实现企业的价值增值；（4）财务数据在企业数字资源中的定位，从防范风险的角度出发，是否需要将"财务数据"作为决策的重量级参考变量；（5）数字技术环境下的财务分析与报告、战略规划与计划安排、业务流程与数字化运行逻辑的匹配度是否合理等；（6）财务数字化下企业及其员工的"情境满意"程度，企业"自主治理"的松紧程度，以及其对生产效率与效益的影响；（7）财务软件对数字化价值发现的贡献情境的分析能力等。

二、"情境满意"下数字化价值的发现机制

针对企业数字化价值，有人认为，数字技术在企业生产管理与销售中的应用将有效提升社会生产效率（王开科等，2020）。有学者提出，通过数字化转型，构建不同的数据管理系统实现成本驱动的"降成本""强创新"等措施，有利于发现数字化价值的形成规律（Mikalef & Pateli，2017；李辉、梁丹丹，2020）。相关的论述比较丰富，如何基于"情境满意"这一主线来寻求数字化价值的发现机制，对于提高我国企业数字化转型的效率与效益十分重要，值得研究。

（一）数字化改革与企业数字化转型的共赢

如果数字化改革的行动在企业数字化转型这一情境下取得了满意的结

果，并且类似的情境在同一企业或其他企业中仍然能够重复这种可能，那么这种情境就是满意的，就是一种"情境满意"的博弈均衡。

1. "情境满意"的企业数字化转型。理论上讲，只要数字化改革与企业数字化转型能够实现共赢，就可以视同为是一个"情境满意"的场景。数字化改革是一个宏观层面的概念，代表着未来主导产业的发展方向。对于一个期望可持续发展，并且能够不断地实现价值创造且产生价值增值的企业而言，面对数字化改革的潮流，应该主动作为。这种作为，一是选择"情境"。比如主动调整企业的战略规划，在相关多元化的基础上积极导入数字化技术，或者从积累的资本中拿出一部分投资于数字化价值的产业，或者嫁接数字化的商品业态，实现企业经营模式或业态的创新与发展。即从利益相关者视角思考数字化改革。现代企业是由财务资本、人力资本、市场资本和公共资本达成的一种契约集合，所有向企业提供资本的组织或个人，都是企业的利益相关者，也都是企业的产权所有者，共同控制、共享收益与共担风险（李心合，2021）。企业数字化转型要有大局观念，要能够为全球数字经济的发展提供新动能，能够增强我国产业或企业在全球数字经济竞争格局中的影响力，发挥积极的作为。二是选择"满意"。这是一种切合实际的选择。要思考成本效益原则，尽管数字经济时代对传统经济的理论产生了很大的冲击，但新古典经济学中的成本效益原则仍然必须坚守。企业若脱离这一原则，眼睛盯着赚快钱的行业或项目，也许短时内可能获得一定的收益，但相应的风险也会累积得很高，此时企业数字化转型的风险收益的"度"能否把控好变得十分关键。因此，数字技术在企业中的嵌入需要"情境满意"，既要寻找切合企业实际的"情境"，也要正确认知自身的数字化技术应用能力。

2. 寻找数字化价值的发现机制。实践中，有关企业数字化转型有两种态度：（1）企业对数字化改革没有积极性。这里面分两类，一类是因缺乏对数字化转型的正确认知。即当企业真正实施数字化改造时，发现转型成本（包括机会成本）非常高，难以实现数字化价值。另一类是"不愿转"与"转不了"。前者是从短期视角考虑，觉得转型不符合成本效益原则；后者是数字化基础薄弱，受限于以往技术与物联网发展水平，企业的数字化转型起点主要集中在数字化运营。目前，虽然想转但周期会拉得很长，因而不敢贸然开展数字化转型。（2）企业对数字化转型拥有较高的热情。面对数字经济带来的冲击，加之新冠肺炎疫情对原有经营模式的影响，一些企业采取"线上作业""无接触作业"等方式开展业务与数字技术的结合，不但经营业务没有遭受大的影响，而且还促进了业态的创新，其中的一部分企业抓住了数字化提供的新机遇，分享了数字化价值的红利。上述两种态度是企业所处行业、本身规模大小、数字化基础等不同情况的反映。事实上，无论是什么样的企业，只有对数字技术有一个充分的认知，数字化价值的发现机制还是能够起作用的。比如，借助于人工智能对全域数据进行分析，能够帮助有一定数据化基础的企业合理定位经营活动中创造最大价值的环节，达到降本增效的效果。同样地，对于处于自动化初级水平的中小企业而言，可以利用数字技术实施推演预测等，对企业成本（如采购成本）占资金流动的库存比例等重要业务进行优化，快速降低费用率。"情境满意"的企业数字化转型需要发挥财务政策的组合效应，积极利用会计的信息支持系统功能去识别数字经济产生的机会，通过管理控制系统功能合理地嵌入数字化技术工具，通过寻找有利的"情境"，比如与平台经济等的共享主体进行协作，使企业数字化转型实现共生与共赢，从而获得数字化价值，实现企业的价值创造与价值增值。

（二）保持数字化转型的透明性

企业数字化转型尚无统一的标准，保持数字化转型的透明度对于正确引导数字化改革的方向至关重要。有人认为，企业数字化转型不局限于数字技术的提升，更多的是体现在组织和运营模式的变革层面（Boland et al.，2017）。

1. 企业数字化转型是一种战略选择。从数字化价值的驱动因素来看，企业数字化转型的价值发现功能是因企业不同而不同的，所处的行业、规模的大小、自身的基础等都会制约数字化转型的效率与效益。企业对经营模式创新的主动性与积极性更会对数字化转型带来本质性的影响，如果企业的经营模式明显滞后于数字技术变更的速度，一则投入与产出不能有效匹配，二则收入与成本的核算机制也会失灵。通俗地说，若企业的经营模式处于数字技术难以驾驭的情况，即跟也跟不上，那么仓促实施数字化转型是不明智的决策。它不仅会使企业在转型过程中面临焦虑、阵痛等"情境"，还会在资金、人才等方面面临困难，导致其驱动作用难以显现（刘淑春等，2021）。《2020中国企业数字转型指数研究》表明，仅有11%的转型企业能够真正发挥数字技术对于企业业绩的驱动作用（陈剑等，2020）。近年来，随着数字化改革的推进力度加大，从数据价值链看，信息化水平、企业洞察能力以及预测及决策功能增强，数字化价值的显性化程度会越来越大。从数据资源的利用上看，相较于其他环节的数据，用于决策的数据可以提供更高的产出比，决策中对数据的价值利用也更加直接。同样地，数字技术的发展推动了企业智能化功能在更多领域的应用。国家发展和改革委员会的研究报告也表明，企业应用数字化技术能够提升约60%的工作效率和50%的管理效率，利用数字化管理还可以节约20%的人力成本（陈冬梅等，2020）。充分认知数字化转型中的影响因素及传导路径，必须保持数字化价值的透明与公平。对此，一些中介机构看到了未来数字化价值实现的机遇。比如，德勤、埃森哲等咨询公司先后设立了独立数字部门，并加大了数字化人才的吸引与培养，进而为客户提供更符合数字化转型背景下的战略规划。

2. 企业数字化转型要实现收益均衡。强调企业数字化转型的战略性，就是要正确处理长期目标与短期目标的平衡，以及实现结果与驱动因素的平衡。要正确认识数字技术在企业中的定位，以及数字技术结构内部之间的关系。对于各种数字技术之间的关系，刘勤（2021）概括为"大数据是数字经济的原材料，人工智能是先进的数据处理算法，物联网是数据源和控制的终端，云计算和移动计算提供先进的算力和数据存储与传输的媒介，区块链是数据存储和验证的工具，是前几项技术融合的催化剂，同时也是人工智能和数字经济发展的助推剂"[①]。从宏观层面看，数字化改革需要在经济增长、可持续发展、改善社会均衡、维护各项安全之间寻求均衡，更加关心可持续

① 刘勤：数字技术与企业财务转型［EB/OL］．https：//www.sohu.com/a/479212932_282002.

性、社会公平、数据安全与自主可控。从微观层面讲，就是要加强企业数字化转型的管理，在功能结构、价值管理等方面客观透明。即企业组织能够在数字化改革背景下结合数字技术特征寻求实现价值的最佳方式。强调企业数字化转型的收益均衡，就是要权衡数字化转型的利弊得失。防止出现一些负面的经济现象，比如平台经济组织盲目竞争以及某些大企业竞相对市场实施垄断等现象。其中比较突出且百姓反响较大的现象之一是，面对"客户买菜贵，商贩赚不到钱，社会层面成本浪费现象普遍存在"的现状。一些互联网企业看到了机会，它们利用渠道优势，不断投资和拓展新业务。从理论上讲，这种方式对于提高经济的集约性，以及提高数字化技术的效率与效益是有积极意义的。但是，在"六稳""六保"的形势面前，一些互联网企业采取低价倾销等方式与菜贩等商户抢市场，资本无序扩张，企业无节制做大，给稳定就业等带来巨大的社会成本。"收益均衡"管理必须注重经营模式与业态的变迁引导。在数字化改革背景下，企业主体要适应供给侧结构性变革调整商品业态，借助于数字化技术手段引导消费需求，生产出个性化、多样化和多种类的商品。同时，针对产业集群或平台组织的特征，以透明性原则将供给侧的所有企业连接起来，结合消费者或市场需求，进行资源的重新组合，实现生产与消费的无缝对接。

第三节　数字化价值的实现路径

企业能够在"情境满意"的状态下升级数字化转型战略，体现了因企制宜的基本精神。未来，传统企业会逐步转化为以数据为核心的企业，管理者面对的经营问题通过数据呈现，也通过数据得以更好地解决。

一、组织管理创新：构建柔性组织模式实现数字化价值

2020年9月，国务院国资委正式印发《关于加快推进国有企业数字化转

型工作的通知》，对转型的基础工作、方向与重点以及相关举措作出了明确规定，强调企业组织借助于数字化转型争上新台阶。

1. 组织管理与数字化价值的综合理性。实现数字化转型，需因企制宜。应用算法（algorithm）来管理和控制组织是一种工具理性，即通过"推荐"等方式引导组织成员提高数字价值实现的效率与效益[①]。尽管"推荐"可能会受到越来越多的管制，但"推荐"可以与过滤（filtering）相结合，并以此能吸引注意力（Hess et al.，2016）。注意力是世界上最珍贵的资源，它能够帮助用户或自己找到真正需要的东西。或者说，有注意力就会赚到钱，产生价值增值。现在，所有的东西都变得越来越丰富，唯一变得稀缺的就是人类注意力，没有哪一种技术可以增加你的注意力时间。"推荐"这一概念最早由泰勒和桑斯坦（Thaler & Sunstein）于 2008 年提出，近年来，随着数字化改革的推进，已经从非算法推荐向算法推荐[②]（recommendation algorithm）转变，这与人工智能和机器学习技术的进步有很大的关系（Fitzgerald et al.，2014）。"推荐"是结合用户的自由选择倾向将其偏好以主动推送的行为方式呈现在用户面前，以引导用户行为策略的一种过程。组织管理创新通过将"算法推荐"嵌入柔性组织模式之中，已经在数字化价值实现路径的选择中发挥强大的功效。比如，企业构建中小利润中心、成立临时攻关小组等，它体现了价值理性的内在要求。从数字价值实现来看，通过对组织成员数据的收集，应用人工智能等数字技术手段将这些数据进行处理，实现组织管理的柔性化与主动的创新驱动，其本身是没有错的，是能够提高管理效率与效益的。问题是，柔性的组织模式在应用"算法推荐"等工具时，如何在恪守道德界限的同时实现数字价值的最大化，需要在数字业务信息的分享、算法的透明等方面遵守

---

① 十三届全国人大常委会第三十次会议 20 日表决通过《中华人民共和国个人信息保护法》，该法自 2021 年 11 月 1 日起施行。其中涉及推送等权益维护问题，比如"通过自动化决策方式向个人进行信息推送、商业营销，应提供不针对其个人特征的选项或提供便捷的拒绝方式等"。

② 应用算法推荐技术，是指应用生成合成类、个性化推送类、排序精选类、检索过滤类、调度决策类等算法技术向用户提供信息内容。

规则,① 以便创造数字化改革的共赢局面（Fu，2012；Otley，2016）。这就是综合理性所需要追求的目标，国家也在这方面强化了制度监管。② 数字价值的发现机制要在算力与算法等方面思考综合理性，以实现价值创造最大化的行为选择来予以引导或管理。亦即，组织管理创新要具有权变性，应结合数字化价值的实现路径进行适时调整，使企业管理控制系统和信息支持系统更具有针对性与有效性。首先，应从个性化数据中了解信息，并以灵活的方式加以选择。算法推荐策略越来越多地应用于组织管理的创新环境中，通过提高组织的管理效率或者降低组织成员或组织间的成本节约来实现组织的数字化价值。与传统的管理方式相比，算法管理与推荐方法让企业以相对低的成本实现组织管理的高效率与高效益。其次，通过行为模式数据，制定个性化策略来优化数字化价值实现的路径。强化数据收集与存储信息的共享机制，通过积极提升数字化价值、优化智能化条件下的个性化激励等措施予以保证（Brooks & Oikonomou，2018）。算法驱动的"推荐"依赖于获取的管理对象的偏好和以往的详细数据。未来，"算法"推荐还要继续发展。当前，越来越多的企业开始投资于可解释的人工智能的解决方案，或者应用这种算法的企业需要谨慎地管理这种技巧，通过构建双赢的解决方案，在数据收集、存储和处理过程中体现透明度和价值实现的合法性。当数字技术飞速跃进，使现有企业的技术和优势不再发挥作用时，行业的进入壁垒反而会降

---

① 必须以正确的价值观引导"算法"推荐为企业实现数字化价值提供助力。从当前数字化改革的实践看，企业向第三方出售数据是一种普遍做法，但应用"算法"推荐实现价值的增值，一直以来是数字治理中的一个难题。如何规避风险，其中的主要对策是完善政府层面的法规体系，避免企业出现违规现象。从企业角度讲，还需要强化自主治理，构建积极向上的企业文化，比如至少应该适度地向消费者和员工披露其实施"算法"的意图。"算法"的价值实现依赖于大量组织偏好和过去行为的详细数据，通过某种合法的方式引导组织进行利益最大化的选择。对此，必须在保持这些数据透明的前提下设计数据标准，应该选择有益于各方的算法推荐。

② 2021 年 8 月 17 日，国家市场监管总局发布《禁止网络不正当竞争行为规定（公开征求意见稿）》（以下简称《意见稿》）。《意见稿》明确规定，互联网平台中直播带货、平台推荐等行为不得作虚假或者引人误解的商业宣传。互联网平台不得虚构交易额、点赞转发量，更不得隐匿差评。互联网平台不得组织网络水军散布虚假或误导性信息，更不得利用算法影响用户选择。《意见稿》是为了制止和预防网络不正当竞争行为，维护公平竞争的市场秩序，保护经营者和消费者的合法权益，促进数字经济规范持续健康发展。

低。有些企业不自愿实施数字化改革，试图保留自身在传统产品上的优势或高利润的产品或服务，这无疑为新进入者敞开机会之门。客观地说，有关"算法"推荐的法律法规正在不断完善，从国际情况看，2020 年 7 月，英国优步司机对优步公司提起公诉，声称该公司未能按照《欧盟数据保护条例》（*General Data Protection Regulation*，GDPR）规定改造其法律业务，指出其算法缺少透明度。同样，在美国，联邦贸易委员会多次对算法推荐研究提供资助，并发布相关的消费者指南，旨在提升消费者隐私和算法责任。总之，数字化改革有助于提高"算法"价值的透明度，为组织或个人在是否退出算法推荐等问题上作出更多的选择，并拥有相应的知情权，尤其是有关个人的决策时，必须避免种族或性别等的歧视或偏见。从事算法推荐的企业需要对这些数据的收集和存储情况保持透明性，具体做到：（1）主动提供收集与存储的数据；（2）增强数据的可理解性；（3）对于数据使用情况的沟通和信息应该是简捷透明、易于访问和可理解的。

2. 通过"数字强化"促进组织创新。"数字强化"使实体产品和服务可编程、可寻址、可感知、可传播、可记忆、可追踪和可关联（Otley，2016）。南比桑等（Nambisan et al.，2017）强调，数字世界的创新过程已经变得更加协作，有必要加强对信息和技术的认知，它们是创新过程的操作性驱动因素。无论是数字化价值所体现的收入、成本等显性信息，还是财务政策与企业文化等间接影响数字化价值的隐性信息，都需要通过"数字强化"渗透至组织体系，因为它们是数字价值发现的重要因素。从宏观层面看，以"共同富裕"目标为引导的数字化价值机制将在社会平衡、供应链可控、数据安全等指标中寻求新的平衡，得到"数字强化"。2021 年 8 月 17 日，中央财经委员会第十次会议指出，要"在高质量发展中促进共同富裕"，并强调"共同富裕是全体人民的富裕，是人民群众物质生活和精神生活都富裕，不是少数人的富裕，也不是整齐划一的平均主义，要分阶段促进共同富裕"。从政策配置上看，经济利益分配向劳动者倾斜，传统企业的收益占比必将受到影响，如果能够做大"蛋糕"，即通过数字化改革实现数字化价值增长带来的红利，则组织创新就得到了"数字强化"（Caballero et al.，2014）。近年来，全社会的物流成本已经从快速下降转而进入平稳期，降成本的难度越来越大。实体经济要转型升级，流通体系必须要倒逼出新的供给能力，即更高效的资源配置，更低的物流成本。通过数字化改革向供应链要效益，能够进一步降低物流成本，这也彰显了"数字强化"的效果。在平衡供给侧与需求侧两者关系方面，供给侧的措施是提升数字技术的新基建以及升级高铁网络等，为消费者再次消费提供便利；需求侧则包括提高社会福利的覆盖率、降低收入不平等以及促进职业培训等（贾康、苏京春，2014；洪银兴，2021）。必须在制度型开放的同时，进一步保持中国供应链的国际竞争力，通过数字化价值带来的改革与政策红利吸引外资不断流入。从经济结构分析，未来的一个趋势是，服务类消费将超过实物类消费。在"双循环"新发展格局下，"数字强化"为电子商务等数字化手段提高企业实物或服务的市场渗透率的重要警示[①]，十年后的中国将成为全球最大的消费市场，必须在诚信体系与企业自主治理上花费气力，下大功夫。从组织创新看，数字化原生企业是数字化价值最早的发现者，也是"数字强化"的助推者与获利者，数字化改革要合理规划这类企业的组织结构。当前，这些原生型的以数据科技或平台经济为主导的企业，受到政策的制约，可能面临收入和利润率的不确定性风险。此外，这类企业还需要规划好主动承担社会成本的企业发展责任问题。促进组织朝"共同富裕"方向推进，是数字化价值机制的内在要求。"共同富裕"并非要盲目抑制高利润企业，而是要通过提高劳动者收入来均衡收益分配。共同富裕要靠共同奋斗，这是根本途径。要鼓励勤劳致富、创新致富，鼓励辛勤劳动、合法经营、敢于创业的致富带头人，允许一部分人先富起来，先富带后富、帮后富，不搞"杀富济贫"[②]（韩文秀，2021）。否则，会杀伤民营企业的活力。中国要形成强大的经济体，必须在保证企业主体活力的同时，促进创新驱动，通过数字化改革与制度型开放等政策实现共同奋

---

① 2021年5月以来，全球零售商巨头亚马逊利用《卖家行为准则》等格式条款，对平台上的约5万户中国卖家进行封号，原因主要有"不当使用评价功能""向消费者索取虚假评价""通过礼品卡操纵评论"等。这场封号风波已造成行业损失金额超千亿元。

② 共同富裕要靠共同奋斗，鼓励勤劳致富创新致富［N］. 中国证券报，2021－08－26.

斗与"共同富裕"。

二、数字技术的嵌入：通过提升企业"未来竞争力"实现价值创造

数字技术的嵌入是企业转型的技术要求，通过"未来竞争力"的提升，实现"数字技术＋业务创新"的双轮驱动是企业创造价值的根本动因。提升企业"未来竞争力"就是培育和壮大发展新动能，通过数字化改革促进企业转型升级，增强经营活力，推动企业高质量发展。

1. 数字技术嵌入对企业业绩的贡献。目前，学术界对企业数字化转型下的业绩驱动或业绩提升的研究成果比较多，且大多从实证的视角加以研究（何帆、刘红霞，2019；易露霞等，2021），也有文章从数字经济对生产效率的贡献以及投入产出效率提升等促进企业数字化转型方面的思考（王开科等，2020；刘淑春等，2021），还有从要素生产率提升的视角等研究企业数字化转型的成果（吴非等，2021a；赵宸宇等，2021）。从数字技术嵌入带来的企业业绩贡献看，普遍的认识是：（1）企业数字化转型的稳步推进，大幅度提升了企业对非标准化、非结构化数据的处理能力（曾德麟等，2021），增强了企业的内部控制能力（易露霞等，2021）。由此，促使企业盈余管理行为减少，为企业主业业绩提升提供了内部基础条件。（2）企业数字化转型改善了信息不对称性，使企业对数据的处理和挖掘水平大幅度提升（吴非等，2021b）。通过非结构性信息向结构性信息转变，企业内外不同层面的信息释缓为市场关注企业的经营与生产状况提供了便利（Liu et al.，2011），进而增强了市场的正面预期，为企业的主业业绩提升提供了有效动力。（3）企业数字化转型的实质是通过数字技术赋能，提高企业资源配置的效率和促进企业管理模式的创新。这种情境下的财务环境有助于营造企业的正面形象，进而使融资本有所降低，便于外部机构对企业信息的掌握，企业可以腾出时间与精力致力于经营活动，从而实现企业业绩的提升。（4）企业数字化转型本身就是一种创新行为，有助于企业业绩的提升。即通过内外部信息的整

合，在催生创新能动性的同时，保持对前瞻性技术的敏感性（范周，2020；Briel et al.，2018）。总之，企业要把握数字化改革的有利时机，积极推动数字化转型。由于数字技术嵌入的对象或主体存在一定的差异，因此，要针对不同资源禀赋的差异性选择不同的财务政策组合，要提倡多元化的数字化改革思路，强化经济行为主体之间的沟通交流，通过完善的信息传导机制传递数字化价值的前景。

2. 企业"未来竞争力"的价值创造。企业的"未来竞争力"与新产业、新业态、新商业模式具有紧密联系，是我国经济高质量发展的强大支撑。企业为应对各种不确定性需要通过数字化转型，构建企业五大新型能力，即客户体验能力、组织应变能力、智慧运营能力、产品创新能力、生态协同能力（王兴山，2021）。2021 年 3 月 24 日，财政部颁布的《会计改革与发展"十四五"规划纲要（征求意见稿）》提出，"会计职能对内对外拓展，包括对内提升微观主体管理能力和对外服务宏观经济治理两个方面"。"对内管理职能"，是从"财务会计"角度出发的，会计的对内管理职能与公司治理结构是紧密相关的，在企业发展的不同阶段，财务会计的对内管理职能会得到不同体现。对内管理职能主要指向概念框架和会计准则在影响企业决策以及其他经济行为方面的功能，可以解释为会计活动和会计信息的内部决策有用性（曾雪云，2021）。如果将对内管理职能理解为财务会计的主要职能，"对外管理职能"则可以从"管理会计"视角加以思考，管理会计要服务于国内国际"双循环"这一新发展格局，通过数字化转型开展数字贸易，充分利用国内超大规模市场优势的有利时机，为繁荣国内经济、畅通国内大循环增添动力，强化企业自主治理能力，"尽快进行经济全球化战略调整，把以出口导向为基本特征的客场经济全球化，转型升级为以利用内需为主的主场经济全球化"（刘志彪，2021）；同时，要促进会计工作数字化转型，不断满足社会经济发展对高质量会计核算与监督的迫切需要，在提升会计工作质量的过程中，增强会计工具的针对性与有效性，为提升国家治理体系和治理能力现代化水平作出应有贡献。此外，在强化会计职能的过程中，积极配合数字化改革，主动投资于人工智能等涉及"未来产业"发展的解决方案。数字技术对于复杂的外部环境以及不确定性有重要支撑作用，便于通过数据模型等进行模拟，易于利益相关者理解。企业要围绕数字技术的新进展，确保算法决策的逻辑清晰与透明以及通过共享信息的价值创造，对数字技术的嵌入及行为优化作出动态的调整，提高数字技术的适用性与匹配性，保持算法的权变性与可操作性。必须明确的是，大型企业数字化转型的战略应由选应用走向选平台。数字平台是业务创新和管理创新的平台，是企业数字化转型的底座。大型企业建平台，中小企业上云上平台已经成为共识。"未来竞争力"体现在商业生态与商品体验活动之中，以在线办公、远程问诊、无接触配送等为代表的新业态不断涌现，企业业务面将更为广泛。据国家统计局数据，"2020 年，我国电子商务平台交易额高达 37.2 万亿元，按同比口径计算，比上年增长 4.5%"①。并且，"未来竞争力"还需要培育以战略性新兴产业为主导的现代产业链和产业链集群建设，大力吸引各类技术和人才，促进创新经济发展。

三、制度保障的权益维护：数字化价值的多元平衡

数字价值的多元平衡是经济高质量发展的客观反映。数字化改革亟须通过制度建设来保障，积极维护数字化转型主体的各项权益，引导企业实现数字化价值的增长红利。

1. 构建立体化的权益保障制度体系。制度化的权益保障必然涵盖微观、中观与宏观三个层次。目前，宏观的数字经济政策方面存在许多的备选性。比如，政府从财税等经济政策上鼓励和引导市场主体参与数据资源平台建设，共同探索行业、企业的数据挖掘、存储共享、交易使用、动态维护等规范。宏观层面的数字化价值主要是人工智能与大数据的应用，通过"数据资源—数据资产—数据资本"的路线图积极推进，以发挥数据要素的效率倍增作用，带动国内产业链数字化转型，服务于"双循环"的经济大局（刘淑

---

① 资料来源：国家统计局网站。

春，2019）。中观层面的政策措施不够明确，存在许多需要规范之处。比如，对于数字化原生企业，或者大型央企的数字化转型，推进实施之后的企业均有条件发展或拥有工业互联网。如何通过制度的形式明确这些行业或企业在构建自身工业互联网的同时，有带动或提升中小企业创新任务和提高其专业化水平的责任目标，这在数字化改革背景下将助益中小企业的权益维护。从微观主体的企业角度讲，探寻数字化价值的平衡，首先需要考虑自身的基础条件、资金、人才等数字化执行性能力；其次需要在数字化转型成本投入的同时考虑机会成本的损失，要寻求投入成本与机会成本等的结构平衡，并在成本收益原则的指导下，优化企业数字化改革的执行性动因。在数字化改革背景下，制度保障的权益维护也应强调数据驱动。不可否认，现有的立体化的政策制度之间往往存在交叉、重叠等不规范现象，企业数字化转型过程中需要更多地考虑数字化、制度创新等元素，权益维护的分析与评价可以从多维度、差异化等特点出发加以思考（Pamela & Poonam，2012）。面对企业数字化转型的多样性、复杂性和不确定性，制度保障不能仅仅停留在向政府要资金等环节，企业内部财务政策的优化配置以及工具的创新必须跟上。应当在管理文化、关键流程与具体方式等方面嵌入数字化价值的理念，企业在数字化转型的过程中要体现各自的场景需求，实现"简便、可视、适时、菜单式、多维、交互、App线上、智能化管理"等价值创造特征。一方面，主动学习和掌握宏观层面的数字经济政策，从会计视角加以梳理与分析，形成"政策台账"；同时，主动投身于数字化改革的潮流之中，加强数字化技术的知识储备，与行业或产业集群区域的数字化推进机构或组织加强沟通与交流，不断总结其他企业数字化转型的经验与教训。另一方面，转变管理理念，比如，从数字经济平台的整体上思考企业的数字化价值实现问题，企业内部构建"在线、实时"的"放管服"管理平台，各项业务及其各类信息都主动"下沉"（汤谷良、张守文，2021），使各种信息满足内部高度透明，并以工业互联网的连接和实施为导向，共建和推广"产业大脑"开放平台，将服务商、生产企业、供应商无缝联动，不断提高企业数据资产价值，赋能企业供应链与价值链，支撑数字化价值的创新发展，推动制度保障与权益维护成果进一步向其他行业、更多应用场景延伸。

2. 释放制度型开放的数字化红利。随着制度型开放的深入，制度保障的权益维护机制逐步形成并不断完善。近年来，政府在构建"双循环"新发展格局的同时，强化数字化改革，推进企业数字化转型，充分体现了中国经济高质量发展的开放需求。企业数字化转型要具有权变性，充分考虑自身的应用情境，并注重升级数字化过程中的权益维护。商业平台的生态系统需要与商品或服务体验相结合，只有体验数字化价值的真正内容，才能够为企业创造价值并实现价值增值。要紧紧围绕制度型开放思考企业数字化转型，通过制度保障寻求数字化价值实现的机制与路径。亦即，要通过数字技术的嵌入，实现企业价值创造与价值增值的统一，实现经营模式的转型升级。当前，针对数字化技术应用中的"推荐"等工具方法，制度保障机制的作用变得越来越紧迫。即由于信息不对称，部分受众可能对算法推荐的过程及方法不理解，进而产生误区，使得对问题的认知发生偏差，部分企业还因此受到利益损失。2021 年 8 月 17 日，国家市场监督管理总局发布的《禁止网络不正当竞争行为规定（公开征求意见稿）》提出，"经营者不得利用数据、算法等技术手段，通过影响用户选择或者其他方式，实施流量劫持、干扰、恶意不兼容等行为，妨碍、破坏其他经营者合法提供的网络产品或者服务正常运行"。数字化价值的多元平衡是与互联网本身的"双刃剑"性质相符合的，在给人们提供了各种便捷的同时，也容易产生许多"垃圾"内容。其不利影响是，真正有价值的内容可能视而不见，亦即"信息自由传播的时代，并不意味着价值可以自由传播"[①]。要将数据的形成与利用过程透明化，使使用者知情，进而对于需要利用推送信息的使用者来说，大大提高工作效率。比如，对于娱乐等行业的乱象需要在整顿过程中保障用户的权益，比如清理直播平台中的垃圾信息等。制度保障的权益维护路径就是要构建激励与约束

---

① 《中华人民共和国个人信息保护法》已由中华人民共和国第十三届全国人民代表大会常务委员会第三十次会议于 2021 年 8 月 20 日通过，并将于 2021 年 11 月 1 日起施行。该法对推送等也作出了限制，比如"通过自动化决策方式向个人进行信息推送、商业营销，应提供不针对其个人特征的选项或提供便捷的拒绝方式"。

机制，由此来规范数字化转型中的规则与行为。有专家提出，要最终把互联网超级平台的超级权力"关进笼子里"，可以在五个方面发力：一是通过政策限制互联网超级平台可以进入的领域，尤其是媒体、金融、教育、医疗等公共服务领域。二是扫除盲区，明晰边界，对企业超越本分，操控媒体、学术、政策、监管和法治等公共领域的行为要严厉惩戒。三是通过技术创新和制度创新，实质性提升政府治理能力。四是进一步加强反垄断法等制度创新。五是把数据作为治理的抓手，进一步加快个人信息与数据保护立法，强化个人对数据的主导权。此外。还需要增强数字经济的安全能力（杜勇等，2017；杜金岷等，2020；胡拥军、单志广，2021）。数据安全是事关全局的国之大事，"十四五"时期，为保障数字经济健康快速发展，应进一步聚焦数据安全领域的风险隐患，建立健全数据安全审查、数据安全风险评估、监测预警和应急处置等基本制度；建立数据分类分级保护制度，严格管理关系国家安全、国民经济命脉、重要民生、重大公共利益等的国家核心数据，加强涉及国家利益、商业秘密、个人隐私的数据保护；加强数据安全评估，规范数据跨境安全有序流动（程博，2019；杨卓凡，2020；赵宸宇等，2021）。

第四节　本章小结

数字化改革促使企业实施数字化转型，如何在升级企业数字化的过程中符合"情境满意"，体现了成本效益原则以及权变性原则。强调企业的"自主治理"既是对数字化改革背景下制度不完备的一种补充，也是企业增强数字化价值发现功能的内在要求。在全国上下积极推行企业数字化转型的现状下，突出企业的"情境满意"和"自主治理"显得尤为重要。"情境满意"有助于因企制宜，减少盲目性与冲动性，实现自我"情境"的"满意"心理与行为预期。过去，一些企业在转型时，更多关注技术新不新、工具强不强、某一环节的问题能否得到解决、是否能在短期带来效益等。"自主治理"是数字化改革背景下，企业响应政府或产业政策，根据自身的实际情况所采取的财务政策组合与会计工具创新。数字化价值的发现机制体现了企业管理控制系统和信息支持系统在转型升级中的重要作用，它借助于"情境满意"传导出企业组织"自主治理"的技术、文化等管理活动的内在要求。目前，企业数字化转型尚无统一的标准，保持数字化转型的政策透明度是寻求数字化价值实现路径的重要手段，也有助于正确引导数字化改革的方向。通过数字化价值的发现机制与实现路径的研究，有助于升级成本驱动机制的价值创造与价值增值功能，进而从组织、技术与制度上推进数字化改革的成功。

"'十四五'规划和2035年远景目标纲要"指出，"迎接数字时代，激活数据要素潜能，推进网络强国建设，加快建设数字经济、数字社会、数字政府，以数字化转型整体驱动生产方式、生活方式和治理方式变革"。智能化是企业数字化转型的主攻方向，而工业互联网是企业智能化生产的基础设施，是数字化价值创造的"平台"。随着跨境电商监管进一步趋严，我国跨境电商将迎来新一轮洗牌。2021年8月17日，国家市场监督管理总局发布的《禁止网络不正当竞争行为规定（公开征求意见稿）》提出，"经营者在生产、销售活动中，不得利用网络实施下列混淆行为，引人误认为是他人商品或者与他人存在特定联系"等。《禁止网络不正当竞争行为规定（公开征求意见稿）》还提出，"经营者不得采取方式，对经营者自身或者其商品的销售状况、交易信息、经营数据、用户评价等作虚假或者引人误解的商业宣传，欺骗、误导消费者或者相关公众"。从长期看，信息技术行业将进一步规范化，在市场竞争环境不断优化的情境下，平台规则的数字化价值发现功能将得到恢复，运营规范且具备较高全球美誉度的跨境电商龙头企业有望凭借中国制造产品巩固地位，市场集中度将提升，数字化价值的增长红利将迅速聚焦。促进数字经济公平、带动广大中小企业"共同富裕"将成为研究的新课题。

| 第四章 |

企业数字化转型的财务政策
配置及其行为优化

数字化改革是数字经济时代的必然选择，是我国经济进入新发展阶段的一项重要举措。企业数字化转型下的财务政策组合及其行为优化是实现宏观层面数字化改革、中观层面数字技术应用以及微观层面企业数字技术应用效益提升等的制度保障。企业数字化转型借助于"产业数字化 + 数字化产业"的政策支持，有助于降低企业人力成本及网络设备等技术成本，并促使大型数字化原生企业积极履行社会成本。努力探索企业数字化转型下的财务政策配置机制与路径是数字化改革有效"落地"生根的基础，通过引导各项财经政策的协调与配合，能够最大限度地发挥财务政策效益、提高行为效率。

第一节 财务政策配置及相关的文献资料

围绕企业数字化转型，探讨数字化改革及数字技术应用的制度环境，配置以财务政策为主导的数字化转型的制度体系，有助于促进各级政府及企业自身优化数字化改革行为。

一、财务政策配置的提出背景

数字化改革已在全国各地铺开，并为当地的社会服务等的创新应用领域带来新的机遇。数字化改革正赋予企业转型升级的新动能。结合企业数字化转型经验，总结与提炼财务政策配置的效率与效益，对于丰富和发展会计理论与方法体系有积极的现实意义。

1. 财务政策配置是数字化转型的制度保障。数字化改革是一项复杂的系统工程。针对数字化改革，学术界至少有三种观点：第一种观点是信息化包含数字化；第二种观点是数字化包含信息化；第三种观点是两者并立。浙江省的数字化改革实践倾向于第二种观点，其原因在于浙江的中小制造业企业多，面对个性化、多样化、复杂化的市场环境，企业生产环节应更好地嵌入数字化，比如将人工智能与物联网融合开发生产出智能互联的产品，并构建相关的新业态等。亦即，围绕国家打赢核心科技攻坚战的战略布署，浙江省数字化改革必须探索有效的"落地"政策。其中，探寻"财务政策"配置的组合方案，充分调动地方及其企业的积极性，对于浙江经济的发展来说，无疑是一项明智的战略决策。进一步讲，数字化改革将赋予浙江省制造业企业转型升级新动能。浙江省作为民营制造业大省，广大中小企业要紧紧抓住数字化改革带来的发展机遇，并在总结和完善浙江省首创的"链长制"成功经验的基础上①，借助于人工智能、大数据等数字技术推动企业经营模式创新，扩展"组织间资本共享"和"智能互联产品"的新业态，同时利用好"两个市场、两种资源"，在"双循环"的新发展格局下取得更大的成绩。

2020 年 5 月 13 日，国家发改委发布《数字化转型伙伴行动》，为产业或企业数字化转型提供了政策依据。企业数字化转型是"产业数字化 + 数字化产业"的基础，借助于数字化改革可以提高企业经营效率，降低企业人力成本以及实体设备投入等的成本，使企业在激烈的外部市场竞争中获得更有利的优势地位。宏观层面的数字经济制度体系是数字化改革的保障，通过社会

---

① 浙江省作为国内最早在全省范围内系统化、普遍化推进"链长制"的省份，其原意是为推动区域块状特色产业做大做强。2019 年 8 月，考虑到复杂国际经贸形势对国内产业链的冲击，浙江省商务厅发布了《浙江省商务厅关于开展开发区产业链"链长制"试点进一步推进开发区创新提升工作的意见》，"链长制"应运而生。该文件要求各开发区确定一条特色明显、有较强国际竞争力、配套体系较为完善的产业链作为试点，链长则建议由该开发区所在市（县、区）的主要领导担任。

层面的数据无偿共享、经济循环发展、倡导绿色物流等，能够为中小企业的数字化改革提供助力。企业数字化转型受国内外竞争环境的不确定性以及政策配置变迁等的因素影响。广义的财务政策是对国家宏观、产业中观及企业微观等多层面有关数字技术核算与监督规范的组合。从信息支持系统考察，财务政策能够引导产业互联网应用向流通、配送等领域倾斜，引导资金良性循环，推动资本周转持续加速，形成有效的竞争机制和公平的运行秩序等。从管理控制角度观察，财务政策是数字化改革的"导航仪"和"平衡器"，一方面，引导企业在数字化转型中学习先进企业的经验与方法，寻找转型过程中可能面临的技术瓶颈以及相应的突破路径；另一方面，协调好平台组织之间的利益关系，确立企业的社会责任意识（陈琛，2020）。近年来，一些平台企业有诸如"二选一""大数据杀熟""自我优待""扼杀式并购"等不良行为，已引起社会的广泛关注①。2021年3月24日，财政部颁布《会计改革与发展"十四五"规划纲要（征求意见稿）》②，提出"切实加快会计审计数字化转型步伐，为会计事业发展提供新引擎、构筑新优势"。对此，借助于宏观的监管手段、中观的产业政策和微观的会计制度以及构建综合性、立体化的财务政策体系具有积极的理论价值与重要的现实意义。

2. 研究意义。数字化改革是中国经济高质量发展的必然趋势。企业数字化转型作为数字化改革的基础，为产业结构优化以及企业经营模式与商品业态的创新等提供了新机遇。从理论上讲，财务政策组合通过诸如稳健性原则等的制度安排能够为企业数字化转型提供相关性与可靠性的信息支持，且在会计工具创新的驱动下权衡利弊，实现企业的可持续发展（Bharadwaj et al.，2013）。或者说，体现在数字技术背后的财务政策欲在企业转型中发挥积极

---

① 2021年4月10日，国家市场监督管理总局依法对阿里巴巴集团实施"二选一"垄断行为作出行政处罚，罚款182.28亿元。该案是我国平台经济领域第一起重大典型的垄断案件，标志着平台经济领域反垄断执法进入了新阶段，释放了清晰的政策信号。即国家在鼓励和促进平台经济发展的同时，强化反垄断监管，有效预防和制止平台企业滥用数据、技术和资本等优势损害竞争、创新和消费者利益的行为，规范和引导平台经济持续健康创新发展。该案的调查处理具有重要的标志意义和示范作用。

② 会计改革与发展"十四五"规划纲要（征求意见稿）［EB/OL］. http：//kjs. mof. gov. cn/gongzuotongzhi/2021.

功效，需要主动构建平台经济等领域的会计制度规范，并配合国家在国内自贸区等区域赋予制度创新特权，即暂停执行现行的财务政策及其应用组合，加快数字化改革背景下的会计制度创新，其中包括对数据资产的确认、计量与报告等企业数字化转型下的财务政策增量内容，进而为中国特色的会计理论与方法体系建设作贡献。从实践上看，企业数字化转型正在对财务政策及其行为产生冲击与影响，要求其在确认、计量与报告中发挥新的引领作用。比如，平台经济作为数字技术和商业模式融合的新事物，是企业数字化转型的重要载体。对此，一方面，数字技术促进了会计信息的标准化、统一化等高标准建设，最大限度地降低了信息成本与技术成本。另一方面，企业数字化转型需要财务政策与其他管理政策相互辅佐。即在体现会计信息重要性和相关性原则的数字资产等概念的基础上给财务政策配置带来新的增量，并为企业数字化转型下经营模式与业态创新指明方向。

二、相关文献资料

企业数字化转型使业财融合在数字化情境下产生出叠加与倍增效应。[①]
从近年来的学术成果看，相关研究主要集中在两个方面。

1. 数字化及企业转型升级。狭义地讲，数字化是借助于二进制 0 和 1 数字的编码转变，为计算机识别和处理相关数据、开展数据分析提供技术支撑（郑明珍，2000；蔡曙山，2001）。广义而言，数字化是基于"互联网+"、云计算、人工智能、物联网等多种技术而实施的相应改革行为（中田敦，2018）。数字化离不开信息化，由数字技术引发的第四次工业革命通过改变信息的存储、获取以及检索方式，掀起了商业世界的变革（Nambisan et al.，2017；杜塔，2020）。世界各国已经认识到数字化转型对制造业发展的积极作用，也制定了对应的国家战略，如德国的"工业 4.0"、美国的"工业互

---

① 判断数字化企业的标志，至少有以下几个方面：（1）具有独特的战略视野；（2）创新经营模式：形成基于数字化的企业模式；（3）延展新的产品"业态"，比如以新的方式创造并捕捉利润；（4）构建现代化会计管理体系，比如建立新的、强大的客户和员工价值体系。

联网"等（Fitzgerald et al.，2014；刘飞，2020）。数字化改革对企业转型升级的贡献，一是借助于数字技术的效率和效益产生增量价值；二是数字化改革促进商业模式与业态创新带来的业务拓展及其产出值的增加（朱森第，2017；焦勇，2020）。企业数字化转型是一项复杂的系统工程，涉及利用数字技术重构产品、服务、组织框架，甚至是商业模式（Hess et al.，2016）。数字化转型是对企业信息化的进一步升级，它通过"新一代IT技术"等的模式转换，加快制造业数字技术与业务活动的融合，实现产业数字化与数字化产业的综合转型（杨卓凡，2020）。

2. 企业数字化转型的政策配置。从动态的视角看，企业数字化转型是一种开发数字化技术及其支持能力以构建新的富有活力的数字化经营模式的过程。[①] 政策配置对于企业智能化转型的影响主要体现在金融、财税、法律与社会管理政策等的支持方面（何涛、查志刚，2015；江鸿、贺俊，2016；杨志波，2017）。从企业数字化转型来看，数字化改革政策是政府为保障所需的经济、社会等外部支撑环境而采取的鼓励、扶持和保障的制度工具（杨佩卿，2020；那丹丹、李英，2020）。政策制度因素助推新技术的转移，发展中国家通过吸收新技术实现产业升级，而这个过程的核心是提供本国宽松的营商政策环境（马修斯、赵东成，2009）。我国仍处在战略机遇期，是制造业转型升级的"机会窗口"，借助于数字化改革有利于中小企业摆脱"低端同构""内循环"动力不足等现象（曹正勇，2018；蒋德嵩，2020）。从财务政策上看，企业数字化转型给会计制度创新带来了新契机，企业数据资源已具备确认为"资产"的条件（张俊瑞等，2020），企业会计系统应结合数字化情境加强数据资产等的会计确认、计量与报告等的政策配置。

相关研究述评如下。

首先，"数字化改革—数字技术应用—企业数字化转型"的行进路线不仅为我国宏观经济发展指明了方向，也为企业发展提供了"弯道超车"甚至"换道超车"的战略机遇。其次，企业数字化转型尚处于发展的初级阶段，

---

① 中国企业数字化转型研究报告（2020）［R］．北京：清华大学全球产业研究院，2020.

政府的制度规范尤其是财务政策能否与其他政策制度有机匹配是一项值得研究的新课题。比如，结合"双循环"特征从企业内、外需市场的"资产"配置政策出发，结合数字化技术特征开展"收入"与"成本"的政策应用研究，引导企业朝数字化改革的方向推进。最后，数字化转型对企业会计的影响具体表现在组织、技术与制度等各个方面。比如，数字化转型使管理主体由传统的单一企业向组织间或平台管理转变；企业成本效益比较由过去的业务交融向效率与公平的方向转变；企业利益实现方式由单一会计准则层面向财税、法律与社会责任等综合的"财务政策"层面转移。同时，企业的"收入"要素也不再是传统的一次性确认模式，多次反复确认收入对会计制度创新提出了新要求。

第二节　企业数字化转型下的财务政策配置

企业数字化转型必须配合政府的财政、税收、金融等制度规范提炼数字技术应用的各项政策措施，并通过财务政策加以协调与整合。

一、企业数字化转型的财务政策配置

数字化改革涉及组织间及其内部的各项经济活动，会诱发业务与财务活动的系统性、彻底性变革。要将适应数字化改革的各类政策加以组合，以"财务政策"的形式主动面向企业经营活动、制造流程、资金运作模式和员工能力养成等新情境，并赋予其新内涵，扩展其新外延。

1. 企业数字化转型的财务政策选择。企业数字化转型的财务政策选择主要包括：一是以鼓励创新为导向的财务政策选择，比如，结合供给侧结构性改革提供相关的财务会计工具组合，如减税降费等成本管理。二是以完善激励与约束机制为导向的财务政策选择，主要是围绕环境不确定性与不稳定性，促进中小制造业加快数字化改革的会计工具组合，如组织间协同等收益

管理。三是以风险控制为导向的财务政策选择。总之，财务政策选择要侧重于需求侧方面的工具开发与应用，强调数字化技术的拉动效应，注重各类政策工具的优化配置与组合，搭建完备的财务会计与会计融合的政策框架体系。

2. 数字化转型下的财务政策选择应用效果。财务政策选择的应用效果可以概括为四个方面：一是企业数字化转型下财务政策配置的适应性评价；二是通过会计确认、计量与报告的有效引导与协调规范带来的权益变化；三是数字化改革拓展企业发展新空间或新领域，使会计制度的政策效应增强的能力；四是将会计制度嵌入企业数字化转型框架，进而规避企业经营可能面临风险与挑战的能力。可以考虑构建金字塔式的财务政策配置机制及其优化数字化行为的路径。这里的"财务政策"体现的是企业会计准则、行业规范、国家产业与经济制度等的综合性或概括性的各项政策，其配置组合具有一定的特殊性要求，比如能够以货币为单位加以计量、政策适用面宽广等特征，涉及宏观的降本增效措施①、中观的产业数字化政策及微观的企业财务政策等，如图 4 - 1 所示。

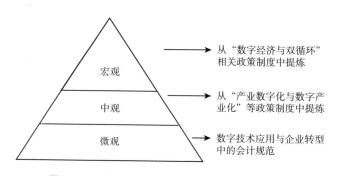

图 4 - 1　企业数字化转型的财务政策组合结构

图 4 - 1 表明，国家宏观层面应积极构建数字经济与"双循环"的制度环境，中观层面的产业集群要增强"产业数字化 + 数字化产业"的改革系统性、整体性和协同性，微观层面的企业要成为数字化改革背景下数字技术优

---

① 这方面，比较典型的是 2016 年 8 月国务院发布的《降低实体经济企业成本工作方案》，提出"6 + 2"的成本工作指引；2021 年 5 月，由国家发展改革委、工业和信息化部、财政部、人民银行联合印发的《关于做好 2021 年降成本重点工作的通知》，提出 8 个方面 19 项重点任务。

势转换和潜力激发的载体。对企业而言，短期内最佳的发展机遇是实现产品或服务的升级换代。财务政策选择要结合数字化改革，从企业的"资产"特征出发，识别数字化转型的切入口及嫁接时机，主动规范数字化技术下的"收入"与"成本"结构。即从"收入"与"成本"的要素特征入手实施创新驱动，优化会计收益的执行性动因管理。比如，运用数字化技术满足消费者实时配送的内在需求，借助详细的成本核算明确支出动因，同时向消费者传递确认收入的信息诉求，使会计的收益分配功能得到增强。换言之，企业数字化转型带动了产业的发展，企业的产品销售不再仅仅是一次性确认，而是转变为多次的收入确认，进而提高了数字化转型的成本效益比，充分调动了企业转型升级的积极性。此外，财务政策配置结合平台经济特征，合理分配企业及其关联方的固定成本与流动成本、生产时间和流通时间等的费用比，通过关注数字化转型对经营模式创新的能动性，借助宏观、中观与微观相关政策的整合来平衡平台中各类企业之间的交易成本及其收益分配关系，为企业数字化转型下的财务政策配置及其工具创新提供制度依据；同时，借助于管理控制系统功能适时地将法律法规等工具嵌入财务政策之中，增强企业数字化转型的数字治理保障。

3. 对财务政策配置机制的进一步理解。财务政策配置机制可以从"置入"与"配出"两个视角加以理解，"置入"就是将散见于宏观、中观的经济与产业政策中的涉及财务属性的政策内容归纳整理"置入"我们设置的广义"财务政策"之中。具体来讲，宏观政策涉及国家层面，如财政部门、国资管理部门、金融部门等的规则制度，中观层面包括资本市场如信贷市场、债券市场和股票市场等，以及产业政策，如行业扶持、科研倾斜等财务规则。或者按宏观与微观进行归集，宏观的财务政策如现金管理、固定资产折旧、成本开支范围和标准的规定等，微观财务政策（公司财务政策）如筹资政策、投资政策和股利政策等，以及其他有关技术和方法的政策，如财务决策、资金和风险管控的政策等。

"财务政策"配置对于当地政府加强财政预算管理、提高企业数字化转型的效率与效益有积极意义。比如，用于企业数字化转型的资金究竟是多少？"配出"就是在成本效益原则要求下，应用成本驱动机制对广义财务政策的灵活应用。以"降成本"为代表的成本驱动机制是政府层面供给侧结构性改革的一项重要内容。当前的重点，是从成本驱动机制视角寻求企业升级数字化的价值实现路径。比如，加强对会计软件等的智能化改造，在现有的财务共享技术方面提高智能化水平，促进企业实现数字技术与业务、财务的进一步融合。具体对策有：一是从供给侧视角由政府出面构建数字技术特派员制度，降低企业与企业、企业与个人之间寻找数字技术人员过程中的交易成本等；二是从需求侧视角出发设计"数字化成本票"，即按置入的总金额进行政府预算管理，并由此构建企业数字化转型的激励手段。亦即，在财政支持企业数字化转型的总盘子中合理规划资金的使用，通过政府与企业的上下沟通以及事前审核、事中控制与事后评价等方式，调动企业数字化转型的积极性，以正向的约束机制来激励企业。这种"数字化成本票"制度的实施，若促进了企业数字化转型的有效运作。亦即，企业升级数字化后都能赚到钱了，"财务政策"配置需要作出适时的调整。比如，可以考虑将原来"数字化成本票"的资金用来对数字化转型优良的企业进行政府层面的奖金激励，也就是说，"数字化成本票"的目的是追求资金的使用效率与效益。是政府"降成本"宏观成本政策实践中的权变性举措。

总之，"财务政策"配置不仅是一种供给侧思维，也是一种需求侧管理。2021 年 3 月 24 日，财政部颁布的《会计改革与发展"十四五"规划纲要（征求意见稿)》提出，"切实加快会计审计数字化转型步伐，为会计事业发展提供新引擎、构筑新优势"。这种"财务政策"配置的理念与方法正是会计审计数字化转型的一种重要体现。换言之，"数字技术特派员"制度能够促进数字技术与企业（尤其是制造业）的深度融合；"数字化成本票"有助于政府的资金支持提升实施效果，使有限的资金用在刀刃上，而不是像以前那样多头发力、监督不力，并对避免各有关方面责任不清等现象起到制约功效。

二、企业数字化转型下的政策组合与应用

围绕各种经济活动及其政策制度调整，结合财务政策组合积极应对不断

变化的新问题与新挑战，使企业组织在利益博弈中寻求适应自身的政策配置组合，主动强化数字化转型下的会计工具创新，有助于维护企业权益的最大化。

1. 企业数字化转型的财务政策组合方式。受外部环境复杂性与不稳定性等因素的影响，企业数字化转型过程易受一些随机事件扰动。企业要适应数字化改革的新趋势，促进数字产业化与产业数字化的深度融合，通过扩展会计管理的边界为企业数字化转型保驾护航，推动企业经营模式创新，促进产业集群及其区域企业的数字化转型升级。同时，企业要保持对数字知识、技术、技能的吸收与改造能力，通过优化财务政策配置提高会计信息的可靠性与相关性。财务政策的组合方式包括以下几点：（1）财务政策与数字技术知识的融合。通过构建嵌入数字技术的财务政策工具等，快速学习并减少试错成本，提高知识的有效性。（2）完善会计确认与计量的核算政策。数字技术及其引导下的经济模式增长方式给传统会计确认与计量带来挑战，会计核算政策需要从结构性、完整性等方面加以整合，以提高信息的披露质量（Michael et al.，2013）。比如，各类票据在人工智能技术的辅助下进入会计确认的数字化流程，自动对票据进行成本分类，并为相关交易提供合适的会计代码并进入对应的成本中心。（3）提高财务政策在企业决策中的地位与作用。数字化技术的应用使企业利益相关方能够更加便利地参与到产品的研发、生产和维护及改进之中，深化了对数字技术、价值创造与价值增值的理解。比如，会计在为管理当局提供明智决策的同时，将数字技术内化了持续发展的动力。即借助于需求侧管理，优化企业管理流程，通过精益管理、智能管理降低企业管理成本，使企业数字化转型获得满意的情境需求。

2. 完善企业数字化转型下财务政策组织行为。与数字化转型成本相对应的具体行为优化，需要借助外部环境的权变性应对以及企业可持续发展的内在驱动，通过资源整合、流程再造与组织优化等取得平衡，实现收益大于成本的制度变迁效应。资源整合需要在企业现有信息技术的基础上嵌入数字化技术，通过构建数字化平台，聚集资源创新要素。换言之，企业在追求数字化技术的短期效率和效益的同时，应当关注我国制度型开放情境下的数字经济政策，且在企业资源、技术应用与内化能力等方面嵌入开放、包容和可持续发展的战略思维。流程再造需要在人工智能等数字技术的协助下构建"数字工厂""智能工厂"等，实现产业链与供应链的协同，提高企业价值链攀升的能力。组织优化是结合数字化技术优化现有的产品结构和产业链布局，为企业数字化转型的成功提供支撑。此外，注重会计信息保密与数据安全的管理，调整并修订现行的会计法规，对传统的凭证、账簿等会计保密手段与年限结合数字化技术加以完善，构建一套完整的经济责任与绩效考评结合的数字化核算与监督体系。

第三节　数字化转型下的政策行为优化：会计要素与财务关系

数字化改革正成为我国工业革命的引擎。2019 年 7 月，美国塔夫茨大学查拉瓦尔蒂（Chakravort）教授小组公布了各国数字国内生产总值（gross data product，GDP）排名①，美国排在第一，中国排在第二，中国增长速度非常快。财务政策配置不仅对会计要素产生直接影响，还对数字化财务关系产生积极作用。

一、数字化转型与财务政策行为的关系

正确处理数字化转型与会计要素及其政策行为的关系，加快财务政策配置过程中的管理工具创新等研究是提高企业数字化转型效率与效益的重要课题。

1. 数字化转型对财务政策行为的影响。近年来，针对数字经济时代的财务会计信息质量成为学术界讨论的一个热点。黄世忠（2018）认为，"会计

---

① 详见 2019 年 7 月 6 日的《中国青年报》，题目为《"数字 GDP"定义未来话语权》。

信息的相关性已'江河日下'……新经济时代会计信息相关性急剧下降，主要是会计准则制订机构缺乏与时俱进精神，对新生事物采取'鸵鸟政策'，坚守因循守旧的确认、计量和报告标准，导致财务报告选择性失明，对新经济企业价值创造的驱动因素视而不见"。朱元午（2019）认为，"IASB极力坚持以'决策有用'作为唯一的财务报告目标……会计实务中削弱了可靠性的追求；由于历史成本计量基础经常被各种现行价值加以修正以及谨慎性原则被不恰当地应用，可靠性正在失去存在的基础"。从制度变迁的角度讲，上述观点对于优化财务政策配置是有益的。即有助于IASB等会计制度制定当局采取相应的弥补措施，进一步完善会计准则体系。理论上讲，增加会计信息的相关性，并不一定侵害会计的可靠性。然而，实践中即便可靠性保持不变，由于相关性倚重，可靠性的相对地位就会下降，会计信息质量便易受损，极端的现象是导致财务舞弊和会计造假事件增多。客观上讲，财务会计的信息可靠性下降是数字经济时代制度剩余空间的一种体现。在全球数字化转型的背景下，通过强化会计的功能作用，构建宏观、中观、微观相互协调的财务政策工具非常必要。即在会计准则或会计制度允许的政策行为选择中，合理配置各种备选方案，通过信息披露方式的数字化改造以及会计工具的开发应用，完全可以实现会计信息的可靠性等高质量标准。换言之，加强对数字化转型条件下资产、收入与成本要素的研究是提高会计信息质量的有效路径或可行方式。亦即，数字化改革势必对现行的会计制度体系带来冲击，数字化技术的应用对传统以企业为主体的记账模式带来影响，各种创新的记账方式或信息披露形式的出现，会对传统的诸如复式记账的根基产生动摇。创新的数字化会计处理系统将进一步使会计主体、持续经营和会计分期等假设的内涵与外延发生改变。当前，重点对资产、收入与成本要素开展数字化改革背景下的财务政策行为优化研究，不仅有助于企业数字化转型，也为会计改革提供了观念与知识上的储备，具有重要的理论价值和积极的现实意义。

2. 数字化转型对会计要素的冲击。数字化转型正在改变财务会计核算与监督方式，并对会计的研究对象、学术范式等带来冲击。从"资产"要素视角看，承载数字化技术的数字资源，在产业数字化转型的共享平台上，借助于物联网等物理硬件以及人工智能、区块链、人机交互和安全防护等软件系统的支撑，"资产"要素的分类开始发生裂变，即分裂出了"数字资产"。2018年3月，为了提高会计信息质量，IASB对相关的会计要素内涵重新进行了修订，即在《财务报告概念框架》中对相关要素定义作出了重大修改。以"资产"要素为例[①]，新概念的包容性增强，即便是当前探讨的"数字资产"也可以找到可供遵循的依据。比如，"数据资源是企业由过去的事项形成且可以控制的资源，是企业的一项经济资源"等。在"资产"要素相关的财务政策上，"数字资产"等作为平台资产的组件在计提折旧或实施摊销的过程中，"是否应当确认这类资产因网络效应而增值"成为数字化成本核算的一个研究主题。若不确认其价值，其可靠性就会受到影响。这也是国内一些学者对会计信息质量提出异议的缘由之一。从"收入"与"成本"的比较情况看，数字化转型使传统的商业模式发生改变，许多派生的经营新业态融合成一种共赢的产业生态系统，在企业产品生产与服务提供的同时，能够大幅度地降低交易成本，扩大了企业价值增值的来源。对此，企业要适应数字化改革带来的组织变革，主动将国家对平台经济（产业）管理的政策嵌入到财务政策配置之中，提高收入确认的可比性与成本管理的相关性。[②]数字资产及其对收入与成本的影响会涉及财富的分配，这一观点已成为国际共识。2018年5月29日，德国总理默克尔出席在德国柏林召开的全球经济论坛（Global Economic Forum，GES）会议，她表示，"数据的定价，尤其是消费者数据定价"涉及公平的未来，要重视数字经济的社会影响。为更好地评估数据价值，她呼吁进行税收制度改革，并提出征收"数据税"的新概念。

---

① IASB中的定义是"资产是主体由于过去事项而控制的现时经济资源，经济资源指有潜力产生经济利益的权利"。

② 亚马逊和京东作为自营型电商，采用总额法确认收入；阿里巴巴作为平台型电商，采用净额法确认收入。由于采用了不同的收入确认方法，这三大电商的财务指标（如毛利率、销售利润率、销售费用率等）缺乏可比性，增加了财务分析的难度。

二、数字化转型下的财务关系及其行为优化

快推企业数字化转型，必须优化数字化改革的政策行为，并以财务政策组合的形式加以有机整合（否则难以有效"落地"），进而不断提升数字化转型的效率与效益，优化企业集群区域或企业的数字技术转化机制，为社会创造价值并实现企业的价值增值。

1. 正确处理数字化政策行为下的财务关系。央企的转型升级已基本完成，目前的重点是向普及与应用数字化技术的方向拓展。对于企业来说，产业互联网是实现产业振兴的重要手段①，一些企业通过自建或利用产业互联网平台支撑数字化转型与创新发展。数字化政策行为下的财务关系可以从两个方面入手：（1）协调产业链视角的组织间财务关系。面对全球经济的不确定性与不稳定性，受全球供应链断裂的影响，产业链重构压力重重。我国政府提出"以国内大循环为主体、国内国际双循环相互促进的新发展格局"。其中的"内循环"强调以扩大国内需求为战略基点，通过内循环来稳定中国经济的整体循环（洪银兴，2020）。对此，需要提升产业互联网的应用优势，加快我国数字化转型的步伐，通过产业链协同引导企业数字化转型中的财务活动和财务关系，规范产业链流程和节点中的价值创造和价值增值。产业链视角的财务关系，是通过强化产业组织间的专业化、规模化和信息化水平来提升组织间的规模经济和协同效应。在数字化改革背景下，产业链的上下游之间，企业的内外部之间都将重新赋予企业价值创造的新内涵，反过来进一步促进产业链的持续重构。加强组织间的财务关系管理，有助于产业链上的供应商协同创造价值，提高共创价值的外部性，增强价值和收益管控的能力。亦即，注重产业链上下游的利益协调，兼顾组织间财务关系的和谐，促

---

① 一些大企业已经构建了符合自身情境特征的产业互联网，比如海尔集团的 COSMOPlat 平台、华为公司的 OceanConnect IoT 平台、西门子集团的 Mindsphere 平台等。借助于这些产业互联网平台不仅可以支撑本企业的数字化转型，也可为其企业数字化转型提供帮助。借助于产业互联网平台进行转型升级的企业是大多数，比如广联达、瑞茂能、保税科技等。

进我国经济发展稳中求进。目前，针对数字化平台对大型连锁餐饮和中小型餐饮收取的佣金费用过高现象①，表明在强化产业链供给侧结构性改革的同时必须注重需求侧管理。此外，中国作为数字资源和数字消费大国，基于产业链加强国内外组织间的数字价值管控，是增进企业相互间合作、加强国际数字贸易往来的财务政策配置需要。（2）优化价值链协同中的政策行为。价值链协同的目的在于企业数字化转型不仅需要为顾客创造价值，还应当为企业自身创造价值并实现价值增值。数字化转型本身就是价值链优化的一种行为，它不仅涉及企业内部价值链的物质创造与销售、产品或服务的转移以及售后管理等一系列运营活动，也包括从领导到员工的培训、信息化建设、人力资源开发、商业模式创新等相关的财务活动。数字化转型成功离不开价值链优化，要主动规范组织间协同的财务政策与财务行为，优化价值链协同的市场环境，为企业有条件或有步骤地推进数字化转型提供基础。

2. 优化数字化转型下财务政策的建议。从财务政策配置角度思考，数字化转型下的组织（企业）会对会计主体假设带来挑战。有人提出裂变会计主体假设，即划分为微观的会计主体假设和宏观的报告主体假设。前者侧重于从法律产权的角度界定会计核算边界，后者侧重于从价值链协同视角拓展财务报告边界（黄世忠，2018；Tucker & Parker，2014）。从价值链协同的角度思考，就是要重塑组织的财务关系。笔者认为不仅是微观与宏观两个层面，而是微观、中观与宏观三个层面都需兼顾。即中观的产业链是数字化改革的关键，以产业互联网为代表的数字技术及其提供的中间平台，是引导广大中小企业实现数字化转型的重要保障。对此，政策建议如下。

（1）降低组织间交易成本。一是大企业或有产业互联网支撑的企业应该放开技术限制。一方面，让更多的中小企业参与数字化环境下的交易活动；另一方面，要协调好产业链、价值链上下游之间的利益关系。否则，不仅大

---

① 据《中国商报》记者报道，某平台外卖对大型连锁餐饮和中小型餐饮分别收取 18% 和 23% 的佣金，远高于其他平台。并且平台点评规定，商家一旦同时入驻 ＊＊＊外卖平台，佣金费率则上浮 3%～7%。上述排他性规定使得广大餐饮企业难以承受。

企业自身利益难以持续增长，也可能对整条供应链的完整、有序带来挑战。①
二是重视数据的治理。对于各类数据的获得与利用，以及数据自身的安全与
保护、跨境的数据流动等，需要结合国家宏观政策的规制进行适合企业自身
特征的内部化制度建设。三是推动数字化人才的培养。当前，大力发展数字
化产业相关的职业教育势在必行，要结合国家对职业技术院校扩招及资金支
持的利好环境，与企业联手开展数字化人才的培养，并且加强对操作层面员
工的数字知识的普及和数字技术的培训。四是加强供应链管理。要围绕数字
化改革背景下供应链管理出现的新情况，如供需边界扩展、"双循环"进出
口政策变化等带来的财务新问题，采取相应的对策。

（2）构建会计信息安全联盟。有条件的企业可以采用诸如以"区块链 +
供应链"方式的产业协同，也可以嵌入其他企业的数字技术平台，比如"京
东区块链防伪追溯开放平台"等。目的是提高会计的可比性与相关性，满足
联盟组织间的共同利益，提升组织间的财务关系。从数字技术生产力与生产
关系的财务视角分析，代表数字技术的"大智物移云"与"区块链"等就
是"生产力（前者）"与"生产关系（后者）"的协同。"大智物移云"带
来企业数字化转型的"生产力"发展，"区块链"则进一步优化"生产关
系"中的财务行为。具体如表 4 - 1 所示。

表 4 - 1　　　　　　　　　财务学视角的企业数字化转型

大智物移云：带来生产力的提升	区块链：优化生产关系
大规模生产——定制化、个性化生产 规模取胜——速度质量取胜 以产品为中心——以客户为中心 阶层化/集权化——扁平化/分权化/共享化 人财物竞争——信息/知识的竞争 劳动/资源密集型——数据密集型 固定场所办公——网络移动办公 单个企业竞争——生态/平台竞争 区域竞争——全球化竞争	带来组织间信任与诚信验证（有助于促进会计信息安全联盟）

① 从生鲜行业的财务关系来看，作为大型互联网平台，企业应结合市场特征，主动实施产品
创新，加强与行业内中小微企业（包括个体户）合作等，以满足各相关参与者的利益需求。现实中，
某些互联网企业采取低价倾销等方式与菜贩等商户抢市场，利益仅掌握在少数企业或个人手里，使
价值链中的财务关系发生严重扭曲。

（3）加快财务政策方面的制度安排。传统的"资产"要素划分为固定资产与流动资产，数字资产如何区分固定与流动，什么情况下可以固定或流动，需要财务政策加以规范。这对于数字化转型的企业来说，事关企业成本降低、收益确认。由于缺乏数字资产的确认、计量等财务政策规范，给涉及事故责任认定、维护公民权益等方面带来许多制度"空白"，并将对相关方的利益产生损害。

第四节　数字化改革背景下的需求侧管理：成本行为优化

需求侧管理既是对供给侧结构性改革的一种补充，也是对数字化改革的完善。在企业数字化转型的新形势下，企业必须在坚持供给侧结构性改革的同时，围绕需求侧注重成本管理的执行性动因。组织层面需求与供给的高水平动态平衡是企业成本行为优化的前提，是实现产业链自主可控的保障。

一、需求侧管理视角与企业数字化转型成本

无论是供给侧结构性改革还是需求侧管理，根本目的是改革开放，实现我国经济的高质量发展（课题组，2018；张二震，2020）。面对国际环境的不确定性与不稳定性，全球各国均积极开展消费提升行动。在数字化改革背景下，强化需求侧管理，从内需为主寻求新的经济增长点成为一项重要课题。

1. 需求侧管理的积极意义。需求侧管理以满足人民美好生活作为落脚点，是高质量经济发展下供给侧结构性改革的内在体现。在数字化改革背景下，进一步明确需求侧管理，就是要提高中国经济高质量发展。即通过扩大内需吸引跨国企业、外国资本、国际人才的积极参与，在制度型开放的"双循环"战略下引入外资"共谋发展"（叶明、凌永辉，2020）。正如党的十九届五中全会所指出的，"坚持扩大内需这个战略基点，加快培育完整内需

体系，把实施扩大内需战略同深化供给侧结构性改革有机结合起来，以创新驱动、高质量供给引领和创造新需求"。在我国供给侧结构性改革已经取得显著成效的基础上，通过需求侧管理提升经济发展的高质量，是企业扩大自主品牌影响力和国际市场竞争力的重大机遇（田轩，2020）。或者说，国内市场的结构性变化是我国传统企业成本管理由结构性动因管理向结构性与执行性动因相互促进的重要契机，也是企业品牌成长的最佳时机和重要的成长空间。从理论角度分析，经济发展是以平衡理论为基础的。随着供给侧结构性改革的不断深入①，我国经济改革的平衡尺度需要再次调整。传统基于政府引导的制造业转型升级以及企业经营方式变革的理论基础薄弱。企业的逐利本性使生产向成本更低、效率更高的方向流动，难以实现资源配置的合理化以及向高质量发展方向转变（Ostrenga & Probst，1992）。需求侧管理就是对实践中的供给侧结构性改革从理论上加以提升，并反过来指导实践。可以说，这是结构性理论的一次内在的修正，也是成本执行性动因适应"双循环"与数字化改革的一种理论探索。从实践意义上看，通过需求侧管理与改革，企业便于在市场竞争力巩固的基础上更好地适应外部环境的变化。传统制造业主要以满足低端、低质量、低价格需求为主，存在"低端锁定"的风险。同时，供给结构与需求新变化不匹配，一定程度上导致供给不足。加之，国内制造业企业自主创新能力弱，存在大而不强以及核心技术受"卡"等现象。中国需要的是硬科技的突破，而非无序资本扩张形成的模式创新甚至监管套利。借助于"双循环"与数字化改革的动力，优化企业的成本执行性动因，可使进口的需求端发挥引导作用，并以此作为风向标引领国内企业数字化转型的方向或行进路径。

2. 正确认识需求侧的成本管理行为。以内需为重点的需求侧管理是复杂的系统性工程，除了行业收入差距、企业管理水平等因素外，供给方的技术性和制度性规范也是重要的制约因素。在高技术产品和品牌消费品领域，国

---

① 2015 年 11 月 10 日，习近平总书记在中央财经领导小组会议上首次提出了"供给侧改革"，指出在适度扩大总需求的同时，着力加强供给侧结构性改革，着力提高供给体系质量和效率，增强经济持续增长动力。

内企业的生产能力与市场对产品需求的数量与质量上的追求尚不匹配（洪银兴，2018）。在企业成本管理方面，进一步推动企业数字化转型以及扩大产品业态、提高服务能力等是我国经济高质量发展的内在要求。通过需求侧管理，将国内领跑型企业的高科技与产业结构调整形成的新模式认真加以提炼，可以激发出国内更大的需求潜力。亦即，"供给侧结构性改革＋需求侧管理"才能共同推进"双循环"发展，也是数字化改革的重要前提。从宏观的成本管理战略观察，只有始终坚持供给侧结构性改革，并且强化需求侧管理，打通生产、分配、流通、消费等各个环节，才能形成需求牵引供给，需求与供给实现高水平的动态平衡（陈柳，2020），企业成本管理才能进入新的发展格局，推动中国制造业或产业集群的持续健康发展。从成本管理的结构性视角加以认识，需求侧管理是"强化国家战略科技力量，增强产业链供应链自主可控能力"的重要保障。国家从"提升科技实力和创新能力"转向"强化国家战略科技力量"，是将科技发展的主角定位于市场主体即企业身上，进而便于更具体、更明确地加以量化。相应地，从以往"要提高产业链供应链稳定性和竞争力"到"增强产业链供应链自主可控能力"，目的是提升中国科技领跑及并跑型企业的市场竞争能力（安同良、魏婕、舒欣，2020）。"自主可控能力"不只是技术功能层面的内涵，还包括成本管理等组织层面的控制理念。实现产业链、供应链的稳定和升级，必须围绕需求侧管理来强化供给侧结构性改革。从成本管理的执行性动因考察，需求侧管理需要在强化制造业的同时积极发展服务业，特别是生产性服务业，产品或服务的高质量与社会需求的不平衡不充分之间的矛盾，除了科技的力量外，成本管理这个执行性手段不可忽视（Brooks & Oikonomou，2018）。必须重视企业的数字化转型，积极寻求数字化价值带来的增长红利，通过"制造型服务＋服务型制造"，实现先进制造业和生产性服务业的有机融合及其良性发展。

3. 增强数字原生型大企业的社会责任及成本优化行为。培育先进制造业的竞争优势地位，不仅有利于巩固供给侧结构性改革的成果，也有利于拓展"双循环"下我国企业参与国际竞争的产业优势。根据数字化改革的目标，"构建一批各具特色、优势互补、结构合理的战略性新兴产业增长引擎，培育新技术、新产品、新业态、新模式",是我国大型企业发展的方向。成本管理战略有助于提升国内市场规模,以及扩大产品的市场竞争力,进而实现国内外产业集群的深度融合。比如,大型企业的先进数字化系统和智能化生产能力除了本身应用外,还应该开放给平台上的中小企业和制造工厂,进一步降低中小企业创新的技术成本,助力产业集群整体创新力和竞争力的提升;同时,不断提升创新效率,实现从"科技创新大国"向"科技创新强国"转变(朱民等,2020)。对此,宏观成本管理战略下的中观层面产业集群规模以及产业政策支持变得更加重要,它是畅通国内大循环的基础,是实现微观企业层面关键技术供给的自主、安全、可控的保障。大企业尤其是其中的科技型大企业必须积极履行这一社会责任。当前,通过产业互联网,发展数字化产业,加快5G等数据中心等新型基础设施建设,以及通过大力推进科技创新,加快战略性新兴产业和未来产业的布局,是大企业适应以国内大市场为主体,推动产业链和创新链循环发展,实现科技自主可控的一项重要任务,也是国内领跑型科技企业应担负的社会责任。大企业尤其是科技创新型的原生型数字化企业具有雄厚的财力,比如,一些互联网巨头拥有大量的数据资源以及领先的数字技术,应主动承担科技创新的社会成本。这类企业在推进商业模式创新的同时,要注重产业之间的协调,要兼顾社会和谐,促进我国制造业稳中求进。这类企业不能只知道扩大规模抢占市场,而是要针对需求,实施产品创新,加强与小创企业合作等。中国更需要硬科技的突破,而非无序的模式创新甚至监管套利。我国提出需求侧管理与改革,重点就是要引导企业在科技创新中发挥积极的主体导向功能,支持领跑型企业组建创新联合体,带动中小企业共同发展。

4. 以权变性为导向优化需求侧的成本行为。供给侧结构性改革的宏观特征明显,比如,在"三去一降一补(去产能、去库存、去杠杆、降成本、补短板)"为代表的成本管理行为中,虽然可以快速地调整企业的成本结构(以国有大企业为典型),但在成本行为的优化以及企业主体的创新活动方面仍然存在需要改进的地方。或者说,注重产业集群区域经济的弹性将成为当前乃至今后一段时间内成本管理的重中之重。一方面,保持宏观成本管理政策的力度和灵活性，依靠减税降费等措施激活企业的活力，充分发挥市场机制的能动性作用，提升或优化不断涌现出的新业态、新模式；另一方面，也要形成良性的成本执行性功能，通过培育和壮大产业集群来支撑企业的科技创新，并发挥中国制造业在全球产业链中的主导地位。只有加快企业的全面复工复产以及形成区域产业集群的经营氛围，才能为数字化改革以及企业的数字化转型创造条件。必须以权变性的思维优化产业集群，强化企业的成本管理。需求侧管理的重点内容之一就是提高经济活动的弹性。因此，必须重视民营企业的生产率，促进就业的稳定。与重资产、重工业的传统企业不同，民营企业大多起步时规模较小，重视科技创新，商业模式灵活，权变性能力强，能够迅速填充新经济领域的需求缺位（许恒等，2020）。同时，需求侧管理要进一步对产业和资本市场进行改革，结合"双循环"的发展新格局，成本管理要注重人力资本的价值，提高本土企业（产业集群）吸纳因国际产业链中断而回归的跨国企业的能力。国内的大型制造业企业或互联网领先企业，要正确权衡成本观，提高供给体系对国内需求适配性的活跃要素，规避不必要的垄断等纠纷。市场化竞争，关键是成本与收益，消费价格关系国内大市场的挖潜能力。盲目的垄断行为，其收益带来的溢价和经营业态将面临社会大众的质疑，引起监管当局的关注或介入。比如，2020 年末，阿里、腾讯、顺丰因违反《反垄断法》，一起吃了顶格处罚。① 从长远看，开放和充分的市场竞争会给企业带来更大的机会。通过需求侧管理，引导这类企业加快硬科技的创新脚步，政府要协助企业打通各种影响市场竞争的阻碍，改变原有的成本结构，充分利用成本管理的执行性动因敞开"护城河"，允许新生力量在自己的领域生根发芽，促进产业经济或区域经济的健康发展。

---

① 据国家市场监督管理总局 2020 年 12 月 14 日消息，《反垄断法》规定，国家市场监督管理总局对阿里巴巴投资有限公司收购银泰商业（集团）有限公司股权、阅文集团收购新丽传媒控股有限公司股权、深圳市丰巢网络技术有限公司收购中邮智递科技有限公司股权等三起未依法申报违法实施经营者集中案进行了调查，并于 2020 年 12 月 14 日依据《反垄断法》第四十八条、第四十九条作出处罚决定，对阿里巴巴投资有限公司、阅文集团和深圳市丰巢网络技术有限公司分别处以 50 万元人民币罚款的行政处罚。

二、供给侧与需求侧结合视角的成本行为优化

无论是供给侧还是需求侧，改革的目的之一是降低生产和运行的成本。从本质上讲，"十三五"的供给侧结构性改革和"十四五"的需求侧管理或改革，都是我国经济高质量发展的内在需要。

1. 供给侧与需求侧结合视角的成本管理分析。在成本管理实践中，需求侧重点在于消费、投资和出口，供给侧关注的是劳动力、土地、资本、技术、管理、信息、企业家才能、数据等。需求牵引供给、供给创造需求的更高水平动态平衡，将助推"双循环"的新发展格局。在成本管理功能结构的分析过程中，可以选择与"供给侧"与"需求侧"作为一对组合。同时，将"成本信息支持系统"和"成本管理控制系统"作为横轴①，用于代表企业的成本管理功能体系；"供给侧"与"需求侧"作为纵轴，代表不同供求关系下的成本管理变化。具体可以形成的分析框架如图 4-2 所示。

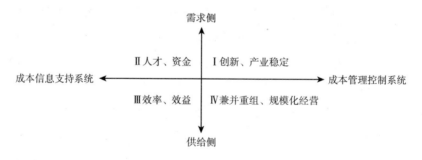

图 4-2 供给与需求视角的成本结构分析

图 4-2 表明，成本管理的相关概念之间是一个紧密相连的系统工程，其内涵与外延具有动态性、权变性等具体特征。图 4-2 的第 I 与第 II 象限是从需求侧对成本管理功能系统的考察，第 III 与第 IV 象限是对供给侧层面影响成本管理情境的分析。

---

① 我们坚守成本管理"二元论"观点，即成本管理是由管理控制系统和信息支持系统组成的，以实现企业价值增值为目的的管理活动。

第Ⅰ象限突出"创新、产业稳定等"。从宏观层面的成本管理控制系统考察，中国制造业已占全球的30%强，"十四五"期间可能占比还会增加，注重产业链安全已上升为国家战略，未来发达国家和周边国家的制造能力可能会对本地化生产的中国制造业带来更大的挑战。创新是中国制造业发展的重要路径，首先，把通用性的产品生产好，提高质量和科技含量，通过相互整合创造出新的产业。其次，强化需求侧管理，防止垄断级的企业赚取超额垄断利润，通过降价和刺激消费，限制资本的无序扩张，调整国有企业战略布局，实施公平竞争，提升科技成果转化能力，并进一步降低交易成本，为广大的中小企业提供科技创新环境。产业稳定就是实现产业的自主可控，如果企业的核心科技和中间产品高度依赖国外，我国企业的成本结构自然不合理，相应的收益必然偏低。因此，加强技术创新和实现产业稳定，是需求侧管理下企业成本管理制度建设的客观必然。

第Ⅱ象限强调"人才与资金等"。从成本信息支持系统反馈的情况可以发现，在供给侧结构性改革环境下，各地各种形式的人才大战层出不穷，目的也各不相同，也导致了大量人力、物力、财力的浪费。需求侧管理需要对此进行正确引导，比如一些用人单位提出的引进人才标准（安家费、科研启动费等）是否符合企业或单位发展的需要，如何平衡内地人才与沿海人才、本土人才与海外人才的关系等。这些问题使智力资本等的成本执行性动因变得更加重要。企业将投资的重点转向智力投资，即"投智"，是企业获取长远竞争力的一项重要战略规划。智力成本改变了企业的成本结构，使实物成本的比重相对下降（Juliya，2015），相应的产品研发与设计等成本占据的比重提高（Ferraris et al.，2019）。人才与资金是企业的核心资源，人才作为知识资源的价值，如何加以识别与管理等需要成本管理提供新的工具与方法，合理配置智能成本还会对成本管理的结构性动因产生直接影响。

第Ⅲ象限强调"效率与效益等"，这是供给侧结构性改革的一个重要特征。第一，进一步改革要素市场，突出市场在资源配置中的决定性作用。即破除行业、地区层面的体制机制障碍，解决制约企业生产经营及投资活动的各种屏障。第二，通过提升制造业特别是高技术产业的竞争力，围绕核心技术和关键工业产品的自主化，强化成本控制，稳定产业链的地位。第三，重视营商环境建设，借助于"制度型开放"政策主动融入"双循环"的新发展格局，激发企业的创新潜能，吸引全球优质要素进入我国。第四，提供更多灵活性的成本管理执行性动因，快速识别成本问题、稳定供应链成本和实施成本维持战略等。第五，发挥需求侧管理的积极作用，具体涉及优化产业结构布局等，要正确引导规模小的民营企业提高成本管理的效率与效益。比如，面对现阶段的国外需求，不能盲目上马项目或者进行大批量生产，否则未来随着出口对象国的疫情好转，相关产品的需求量减少，这时可能又要面临硬调整，一批民营企业又将面临困境甚至破产。对此，结合供给侧结构性改革，实施需求侧管理对于提高供给质量、优化成本管理的结构性与执行性动因具有积极的作用。

第Ⅳ象限着眼于"兼并重组、规模化经营等"。供给侧结构性改革的方式之一是去掉挡路的落后产能，并通过规模化、产业化来降低成本等。中国作为一个全球性超大规模经济体，转型和升级已经在"十三五"期间基本完成，比如，一百多家央企整合成了五十家以内，许多科技型大企业也完成了做大做强的过程，主要的方式就是投资购并等重组手段，短期内已经拥有了世界级的竞争力。当前，需求侧管理下的供给侧结构性改革，需要在"一带一路"与自贸区建设以及面向《区域全面经济伙伴关系协定》（*Regional Comprehensive Economic Partnership*，RCEP）的成员国之间进行兼并重组和规模化经营改革。结合"双循环"的新发展格局，未来产业集群将得到进一步拓展，成本管理变迁将适时地在集群区域的产品生产、地域布局等方面进行展开，促进我国主导的产业链更具协调性以及体现配套齐全、安全自主的集群式特征。

2. 供给侧与需求侧整合视角的成本行为优化。不同企业之间的结构性不均衡是客观存在的，并有明显的差异。通过需求侧管理合理地吸收各自的长处、补充短板，这种异质性可能会有利于我国企业的健康发展。从所有制结构考察，首先，要加快完善中国特色现代企业制度，深化国有企业混合所有制改革。2020 年 12 月 29 日，中国国有企业混合所有制改革基金有限公司在上海揭牌成立，总规模 2 000 亿元。它表明，国有企业混改已经从理论层面走向具体实践。未来的改革重点将围绕需求侧加以展开，比如通过组建高水平的产业集群来优化生产要素，促使长期正式的合作以及非正式交流的企业、机构建立一种相对稳定的关系。由此既减少机会成本，也节约部分交易成本（Mohamed & Jones，2014）；同时，在"双循环"战略引领下拓展国内大市场，以消费带动生产。换言之，可以结合产权性质合理布局产业链，通过制度优势和市场优势的结合，实现不同产权性质企业的协同发展。一般而言，国有企业往往以基础产业为主，处于产业链上游，而民营企业较多分布在市场终端，以产业链下游产业居多。通过需求侧管理，强化国有企业与民营企业之间产业链依存关系，削除生产、分配、流通、消费各个环节的堵点，通过创造新的消费欲望、盘活存量需求，从而引导高端需求催生高端制造。其次，在区域经济结构方面，要加快培育和壮大产业集群，在深入推进京津冀协同发展、长江经济带发展、粤港澳大湾区建设、长三角一体化发展等国家战略的同时，积极打造各产业集群之间的联动机制，形成产业链自主可控、区域比较优势明显的大型产业集群，推动"双循环"战略的有效实施。产业集聚带来的成本执行性动因是与成本管理的结构性动因密切关联的。从生产与消费的成本结构观察，需求侧管理需要结合用户结构传导市场机制的需求，并赋予传统以销定产的新内涵与外延。生产层面需要结合产品结构调整企业的成本管理行为，通过制定企业的中远期发展规划，采取供给侧管理的手段，诸如兼并重组等方式协调生产与消费之间的关系，国有与民营企业相互配合，增强政府有为和市场有效的协同力，在促进制造业自主可控的同时，最大限度减少和降低生产耗损，防范各种形式的生产无序和盲目垄断等现象。供给侧与需求侧互动的产销关系如图4-3所示。

图4-3表明，需求侧管理必须改善消费环境，发挥成本管理在扩大内需中的基础性作用；同时，在丰富产品结构与服务结构的过程中，进一步扩大消费需求的渠道。强化成本管理的结构性与执行性动因，提高科技创新的积极作用，是数字化改革背景下企业转型升级实现乘数效应的前提，是科技更好转化为现实生产力、整体提升企业生产效率与效益的保证。需求侧管理离不开供给侧结构性改革，良好的制度环境以及降低交易成本与交易风险等

需要政府层面的供给侧发挥积极功效。强化需求侧管理，就是要引导企业高质量发展，通过企业数字化转型提升中国企业"自立自强"的精神，促进中国制造业在新形势下发挥更积极的作用。

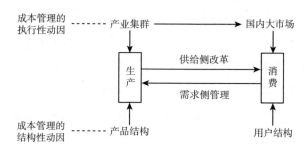

图 4 - 3　供给侧与需求侧互动的产销关系

第五节　本章小结

从政策层面考察，企业微观主体狭义的财务政策对于企业数字化转型往往呈现出动力不足的迹象，有时还可能构成阻碍。以广义的财务政策为着眼点，将宏观、中观与微观的财政金融等政策进行综合配置意义重大。通过构建企业数字化转型的财务政策配置机制及其行为优化的路径选择机制，可以提高财务政策组合的效益，优化财务政策行为的效率。财务政策组合及其行为优化体现的是企业会计准则、行业规范、国家产业与经济制度等的综合性或概括性的各种制度的配置效率与效益，它通过宏观的降本增效政策、中观的产业数字化政策以及微观的企业财务政策等产生效应。企业数字化转型下的财务政策组合与行为优化对于形成"双循环"下企业经营新格局具有重要的促进作用。在全球产业链、供应链机制重构的过程中，企业数字化转型引起的"资产""收入""成本"等会计要素内涵与外延的变化，将对国际经贸政策以及数字化价值标准的建设等产生重要影响。正确处理企业数字化转型下的财务政策组合及其行为优化是提高宏观数字化改革效率与效果的重要手段或途径。

第五章

企业数字化转型的成本驱动
机制与路径选择

在成本驱动机制总体框架下，合理配置企业经营成本、技术成本与社会成本等的结构组合，优化企业数字化转型的机制与路径选择。借助于"政策引领—典型案例—企业应用"的路线图来推进企业数字化转型，体现了宏观层面政府的"降成本"决心，中观层面行业或产业集群区域典型案例引导的信心以及企业主动开展数字化转型的自觉心。客观地讲，无论是针对数字化改革的供给侧措施，还是需求侧管理手段，都是转型过程中一种权宜性的制度安排，市场化手段下的企业数字化转型才是最终的必然选择。

第一节　成本驱动机制对企业数字化转型的影响

以"降成本"为代表的成本驱动机制是政府层面供给侧结构性改革的一项重要内容。在企业数字化转型背景下，政府应当在供给侧结构性改革的同时加强需求侧管理，通过诸如数字技术特派员队伍等的构建方式来满足企业数字化转型的技术组织要求。

一、企业数字化转型的制度背景

数字经济时代的互联网、云计算、人工智能、大数据等现代化信息技术深刻改变着企业的经营理念和生产方式，促进了企业新模式和新业态的创新与发展。

1. 国家层面的数字化行动。2021 年 3 月 24 日，财政部颁布的《会计改革与发展"十四五"规划纲要（征求意见稿）》提出："切实加快会计审计数字化转型步伐，为会计事业发展提供新引擎、构筑新优势。"从世界范围看，数字化转型是一种客观必然。从制度层面的驱动机制观察，2013 年德国提出"工业 4.0"，并在 2016 年，由德国联邦经济与能源部发布《数字化战略 2025》，明确了数字化转型的基本路径（李舒沁，2020）；随后的 2018 年，德国内阁又通过了联邦教研部的《高技术战略 2025》，提出了智能化的数字化转型方向。美国于 2014 年提出《振兴美国制造业和创新法案》，随后提出"工业互联网"在企业数字化转型中的应用，并且先后发布了《美国数字经济议程》《电子复兴计划》《国家人工智能研究和发展战略规划》等；2018 年又相继发布《数字科学战略计划》《美国国家网络战略》《美国先进制造业领导力战略》等（陈晓红，2018），明确提出了数字经济时代的发展规划。我国在 2015 年提出"中国制造 2025"。2020 年 5 月 13 日，国家发展改革委员会发布《数字化转型伙伴行动》，为企业数字化转型提供了政策依据。2021 年 5 月 22 日，李克强总理在《政府工作报告》中明确指出，"加快数字化发展，打造数字经济新优势，协同推进数字产业化和产业数字化转型……"。2021 年 6 月，国家统计局首次发布《数字经济及其核心产业统计分类（2021）》，从"数字产业化"和"产业数字化"两个方面确定了数字经济的基本范围，为我国数字经济核算提供了统一可比的标准。

2. 企业数字化转型的积极意义。当前，随着数字经济的加速发展，深化企业数字化转型是我国推动企业由大变强和转型升级的关键举措。完善企业数字化转型政策体系将为我国实现制造强国的战略目标提供有力的制度保障。宏观上构建竞争有序的现代市场体系和公开透明的营商环境，离不开微观会计的支持，尤其是财务政策的有效配置和会计工具的创新应用。会计工作作为产业集群打造共生共赢的市场和技术生态提供着预算管理与内部控制的强力支撑。从企业经营角度讲，成本驱动下的会计工作可以为科技创新与产业变革提供管理控制的系统功能，比如借助于激励机制加强与全球产业链与供应链节点中的国际企业合作，通过协同攻关和联合推广使高新技术为我所用，主动参与全球相关领域的新技术标准的制定，提高我国企业在科技创新上的话语权；同时，进一步发挥产业集群中的组织间成本管理理论与方法体系的建设，发挥东部尤其是东南沿海区域产业集群开放先行和技术辐射的引领作用，促进华北、东北和西北等各个区域加大开放力度，鼓励龙头企业在条件允许的情况下向内地延伸经营领域，扩大老少边等地区因地制宜的投资与开放。

数字技术可以构建一个更加直接高效的网络，打破过去企业和企业之间、个人和个人之间、人和物之间的平面连接。同时，数字技术的广泛应用，使数字资产规模不断扩大，未来数字资产占企业资产总额的比例将持续提高。美国 IBM 和《哈佛商业评论》曾做过一项调研，2010 年企业通过使用数字技术创造的经济价值和商业机会是 37%，而 5 年后，即 2015 年已上升至 71%。企业数字化转型已成为企业数字化改革的核心。未来，随着区块链技术的发展，结合区块链的算法，建立数字信任，将使得经济运行实现更低成本、更高效率，带动产业集群及社会经济迅速发展。成本驱动的管理控制系统利用先进的数字技术手段和方法，创新数据价值的内涵，围绕顾客需求、市场环境和行业发展特征扩展数据价值的外延，为提高企业决策效率、创造商业价值和实现价值增值提供相关的理论支撑；同时，还能够结合业务流程将大数据、云计算、人工智能、物联网等数字技术与生产业务相结合，促使企业数字化转型。即实现更高效的业务流程、更完善的客户体验和更广阔的价值创造，改变制造业原有的商业模式、组织结构、管理模式、决策模式、供应链协同模式和创新模式等。或者说，嵌入数字技术的成本管理有助于企业科学决策，在不断实现价值创造与价值增值的基础上，保持企业的可持续性成功。

二、成本驱动机制的提出及研究意义

数字化正在成为当代社会发展的主要方向，在国内国际"双循环"的新发展格局下，企业数字化转型必须在坚持供给侧结构性改革的同时，围绕需求侧改革强化成本驱动的执行性动因管理。

1. 成本驱动机制的提出。企业数字化转型从制度引导转化为实践行动，离不开宏观层面减税降费等成本驱动以及中观层面的案例引导以及微观层面的企业自觉行动。为了发挥数字经济所具有的低成本、低消耗及广覆盖等的内在优势，从成本驱动视角寻求企业数字化转型的运作机制，不仅可以提高企业成本管理的自觉与自信，也为企业数字技术的应用增强内生动力，促进企业从成本效益原则入手探寻数字化转型的客观规律。从具体的路径选择上看，面对众多的数字技术工具，企业应该选择哪些数字技术方法，以何种方式发挥成本驱动机制的作用，未来成本管理的创新方向在哪里等，均在不同程度上影响着企业数字化转型的效率与效益。加之，国内外环境的不确定性与不稳定性，使企业实践中"资产利用率低"等财务现象成为阻碍企业数字化转型的内在动因之一。

当前，成本驱动机制已经成为成本管理发展的一个重要方向，必须有效地加强成本管理边界的变迁管理。对于企业来说，短期内经济发展的风口就是嫁接数字化，实现产品的创新升级。成本管理要结合数字化改革主动规范数字化产品的收入与成本结构，强化收益的执行性结构管理。数字化产品的一个重要特征是，通过大数据、物联网等技术，实时配送消费者所提出的需求，通过真实记录每一笔成本支出，向消费者传达收入确认的信息，使成本管理的收益分配功能得到增强。换言之，在数字化产业带动下，企业的产品销售不再仅仅是一次性确认，而是可以多次确认收入，进而更为有效地降低企业成本。成本管理的控制系统要结合平台经济的特征，合理分配企业及关联方的固定成本与流动成本、生产时间成本和流通时间成本的内在比例关系，关注数字化产业资本的更新方式，通过财务政策配置与会计工具创新来平衡平台经济中大小企业之间经济交易的和谐利益关系，为数字经济的信用制度建设提供微观层面的核算支撑。同时，成本驱动下的控制系统功能还需要将法律手段嵌入其中，尽快形成企业数字化产品的制度保护体系。

2. 成本驱动机制的研究意义。构建成本驱动机制，从企业经营成本、技术成本和社会成本等综合管理视角探寻企业转型的路径和发展方向，具有十分重要的理论价值和积极的现实意义。

从理论上看，企业在业务与生产环节嵌入大数据、云计算、人工智能、物联网等数字技术，可以实现更高效的业务流程、更完善的客户体验和更广阔的价值创造，推动企业经营模式与产品业态的持续创新。基于成本驱动机制的企业数字化转型，能够应用成本信息支持功能系统合理定位企业需求，丰富成本管理的理论内涵。应用成本管理控制系统的功能作用，可以针对中低端、低质量、低价格层面的企业嫁接人工智能等数字技术，形成诸如智能互联产品等新"业态"，扩展企业价值创造与价值增值的理论外延。

从实践上讲，成本驱动机制是"共同富裕"的内在要求。2021年6月10日，中共中央、国务院发布《支持浙江高质量发展建设共同富裕示范区的意见》，提出"深化国家数字经济创新发展试验区建设，强化'云上浙江'和数字强省基础支撑，探索消除数字鸿沟的有效路径，保障不同群体更好共享数字红利"。企业数字化转型实践表明，在宏观"降成本"政策引领下，成本驱动的内在机制通过成本效益原则，实现企业经营活动的点对点、端对端的交互式连接，使交易更直接，业务流程效率持续提升。在中观行业典型案例指引下，数字经济政策促进成本驱动的外在机制降低平台组织的技术成本。未来结合区块链的算法，建立数字信任，将使成本驱动路径更合理、高效率，带动整个产业集群及其区域企业的快速转型升级。

第二节　企业数字化转型的成本驱动机制

企业数字化转型必须坚持供给侧结构性改革不动摇，在宏观成本政策等的支持下强化成本驱动机制，同时在需求侧管理过程中优化成本驱动的路径选择。

一、应用环境变迁与成本驱动机制

企业数字化转型作为一项重要的组织管理活动，有其落地生根的应用环境或制度基础，离开这一土壤或基础将难以达到预期的效果。

1. 从国内经营情况看，企业应用环境的变化使企业战略目标发生改变。一是传统的收益驱动方式需要向成本驱动方式转变。这与供给侧结构性改革的基本理念是一致的。2021 年 7 月，中国人民银行副行长范一飞在国务院政策例行吹风会答记者问时说，人民银行认真践行"支付为民"理念持续推动金融机构向实体经济让利。2020 年，银行业减费让利 3 568 亿元，较 2019年增加 40%，与降低利率、贷款延期还本付息等政策相配合，完成金融系统向实体经济合理让利 1.5 万亿元的目标。① 这种宏观层面的成本驱动机制将会在未来一个较长时期延续。从微观主体的企业着眼，为了增加企业组织间的协同效应，减少各种摩擦成本，必须开发与应用基于行业或产业集群层面的数字化转型驱动的工具或手段，以发挥示范引领的功效。目前，以降低交易成本为导向的"数据价值链"已经形成，数据通过智能工具转为商业用途的知识价值已成现实。二是针对实践中的"资产利用率低"现象，迫切需要调整经营策略予以解决。从财务上看，"资产利用率低"有企业投资战略失当的因素，也存在对政府融资及补助等成本驱动政策理解的偏差或政策的滥用。正确应对"资产利用率低"等现象，既要从企业内部出发，通过合理的投资战略秉承"成本效益"原则，也要充分认识应用环境变迁的客观现实。当前，成本主体从单一企业向企业集群扩展，建立在新的主体平台上的交易活动使企业业务面扩大，各种交叉互联的业务情境增多，企业获得的收入明显提高。然而，由于会计制度规范建设的滞后，有些企业加入某个平台组织之后发现，原来无须考虑的运输成本、交易成本等各项费用，在新的成本主体框架下可能变成了企业的显性成本，进而暂时性地出现了"资产利用率低"现象。此时，成本驱动机制的应用变得十分迫切。即若仅按传统会计的成本核算与监督手段，可能已经无法作出正确的评价并实施相应的绩效管理。因此，在宏观成本政策等供给侧结构性改革引导下，加强产业数字化和

---

① 范一飞副行长在国务院政策例行吹风会答记者问要点 [EB/OL]. https://m.thepaper.cn/baijiahao_13501762.

数字化产业等的政策引领和案例研究，提高企业数字技术应用的自觉性，是成本驱动机制的客观反应与价值追求。

2. 从国际经贸形势看，外部环境的不确定性迫使企业转变成本管理机制。一是"双循环"的环境转变，迫使企业采用成本驱动机制。在制度型开放背景下，企业参与国际大循环的客观基础发生动摇，过去依赖的资源禀赋向竞争优势变迁。此时，引进创新要素优于资源需求，企业产品的出口导向变为内需主导，供给与需求的有机融合迫使企业必须实施成本驱动下的转型升级机制。从近年来的国际经贸形势看，币值变动、原材料价格上涨、运输成本不断攀升等已成"常态"。从我们对一些外贸企业及港口企业的调查得知，2021 年上半年，港口集装箱"一箱难求"，且运费连续上涨，与 2020 年的运价相比已经翻了一番甚至多番。港口企业反映，"关键是空箱紧缺，滞留在海外的空箱难以运回"。原因是一些国家出于疫情考虑，对到达口岸的船只进行两周左右的隔离，使装卸的时间成本激增。宁波一些外贸企业反映，2019 年从网上获得的订单，备完的货物已经从 2020 年 11 月等到 2021 年底，仍处于排队待装阶段。当然，这里面既有客观原因，也有主观因素。目前的国际运输，海运占 95%[①]，飞机与火车约占 5%（"一带一路"班列包含其中）。怎样协调海陆空运输以及加强联运与价格规范等成为研究的重要课题。实施数字化改革固然很必要，但是更加重要的还是要发挥成本驱动机制的作用。二是外贸方式的改变需要成本驱动机制的配合。国际经贸新形势下的全球经济的"块状"结构使价值链缩短，传统商品、服务和资本的跨境流动趋缓。然而，无形的数据和信息的跨境流动开始激增，企业数字化转型必须与这一全球化变化特征相适应。亦即，国际贸易进入数字贸易时代，贸易内容、贸易模式、贸易结构以及服务贸易的提供方式已深刻变革。此外，数字化贸易发展也存在矛盾。比如，不会解决广泛分享的国际经贸平衡问题，不可避免会产生各种贸易摩擦，如排斥分享和扩大收益差距等。对此，宏观层面应通过制度

---

① 中国航海日｜中国港口规模全球第一，95% 外贸运输走海运 ［EB/OL］. https：//www. cqcb. com/shuju/2021－07－10/4272497. html.

安排等政策引领加以应对，比如制定相关的"降成本"政策等；中观的产业层面则会出现自动化技术对人力替代的变迁，防止和打破技术或资本的垄断，通过典型案例的方式予以引导十分必要；微观的企业层面则需要结合成本驱动机制发掘全球数字贸易的潜力，通过与东南亚等国家企业的贸易联盟（如"一带一路"以及 RCEP 等），加强数字贸易往来，开展国际的企业合作。

二、成本理念变迁下的企业数字化转型

数字经济时代，成本管理的目的没变，但创造价值和价值实现的成本理念发生了改变，"共同富裕"成为了时代发展的主旋律，企业数字化转型必须满足理论创新的需求。

1. 理论基础转变对企业数字化转型的影响。随着我国开启全面建设社会主义现代化国家新征程，必须把促进全体人民共同富裕摆在更加重要的位置（洪银兴，2021）。共同富裕具有鲜明的时代特征和中国特色[①]，"共同富裕不是均贫富，不是同步富裕、同等富裕，而是先富带后富、先富帮后富，最终实现共同富裕"。重点是"提高发展质量效益，夯实共同富裕的物质基础"，亦即，富裕是基础，经济增长和收入增长是前提，再分配则是辅助手段。成本理念变迁视角下的"共同富裕"以共享经济为理论基础，强调收益分配的公平，推动组织效率与效益的提升。长期以来，我国依据的"让一部分人和一部分地区率先富裕起来"等经济学理论（政策），因现实中收入差距悬殊等问题而需要扬弃，并且借助于资本共享、利益分担等成本驱动机制，实现先富帮后富，促进区域经济的繁荣与发展。随着经济学理论中成本理念等的转变，企业数字化转型需要重点抓好两方面工作：一是从"效率优先、兼顾公平"转向"体现效率、促进公平"。过去的"效率优先、兼顾公平"的理论支撑需要修正，即"充分发挥市场在资源配置中的决定性作用，

---

① 共同富裕是全体人民通过辛勤劳动和相互帮助，普遍达到生活富裕富足、精神自信自强、环境宜居宜业、社会和谐和睦、公共服务普及普惠，实现人的全面发展和社会全面进步，共享改革发展成果和幸福美好生活。

更好发挥政府作用，体现效率，促进公平，坚决防止两极分化，在发展中补齐民生短板，让发展成果更多更公平惠及人民群众"。当前，企业数字化转型在不同地区或行业中存在不平衡不充分等现象，"体现效率"需要成本理念的转变与创新，成本驱动机制可以兼顾不同企业或产业的数字化差异，为推动共同富裕创造基础和提供条件。二是主动构建共同富裕的数字化创新平台。即畅通数字化创新向产业集聚的进入通道，鼓励企业组建数字技术转型的创新联合体和知识产权联盟，建设数字技术的共生平台。"促进公平"就是要加强对科技成果应用和产业化的政策支持力度，打造辐射全国、链接全球的技术交易平台。换言之，推动有利于共同富裕的体制机制需要政府的成本政策等引领，破除制约高质量发展的成本阻力，调动企业数字化转型的成本驱动机制的功效。坚持创新在企业数字化转型中的核心地位，深入实施成本驱动的创新发展战略，通过成本理念变迁，推动成本实践创新，围绕成本驱动机制实施制度创新和文化创新。

2. 实践视角构建企业数字化转型路线图。在制度型开放背景下，政府应从制度上优化内需政策，通过成本驱动机制引导传统的投资拉动向消费拉动转变。对于各级地方政府来说，数字经济在成本战略上具有独特优势，比如投入成本相对少和进入门槛比较低。从成本理念上看，企业数字化转型战略是收益高、周期短、发展速度快，并且有助于新的经营模式和业态形成的部署与规划。对于产业集聚区域而言，构建大型的平台组织，引导企业在数字化转型中向智能化方向迈进，需要总结与提炼具有代表性的典型案例。从国内的制造业主体看，企业数字化转型有助于稳定制造业比重，推动制造业向高级化转型的方向迈进。换言之，为了引导企业数字化转型并实现有序且稳健发展，必须基于成本驱动机构，构建"政策引领—典型案例—企业应用"的发展路线图。国家通过宏观层面的"降成本"等政策引领，体现发展实体经济，提高企业数字化转型的坚定决心。2021年7月7日，李克强主持召开国务院常务会议[①]，

---

① 中国政府网. 李克强主持召开国务院常务会议［EB/OL］. http://www.gov.cn/guowuyuan/cwhy/20210707c21/index.htm.

提出"针对大宗商品价格上涨对企业生产经营的影响，要在坚持不搞大水漫灌的基础上，保持货币政策稳定性，增强有效性，适时运用降准等货币政策工具，进一步加强金融对实体经济特别是中小微企业的支持，促进综合融资成本稳中有降"。以降本减费为代表的政策引领有助于企业蓄积数字化转型的"资本"能量，同时为了调动企业主动开展数字化转型的积极性和自觉性，中观行业或产业集群区域的典型案例具有极为重要的指导或促进功效。成本驱动机制提倡产业集聚区域实现经济的包容性增长，在政策引领上体现可持续发展，同时按照"共同富裕"的目标实现企业组织间的共同参与及收益分享，即公平合理地分享数字化改革带来的红利。对于企业来说，原先采取的收益驱动方式必须改变。即积极配合政府实施成本驱动战略。比如，围绕各级政府出资搭建信息基础设施，企业必须主动入网、快捷上云、及时进入数字世界。同时，要加快工业互联网发展，构建制造业数字化转型的大型通用平台。要通过企业数字化转型达到提高产业集群效率的目的，按照成本驱动机制引导各参与主体按多种要素参与收入分配，并使劳动者能共享劳动成果，获得更多的要素收入，比如财产性收入等。要围绕数字化改革，对传统的政策制度进行调整，重点发挥金融政策制度在企业数字化转型中的成本驱动效果，引导企业合理确定自身在全球价值链中的位置，并且防止企业"脱实向虚"，健全数字化转型的"降成本"等政策引领的制度框架。

三、成本驱动机制下的企业数字化转型

在政府宏观政策引领下，行业中观层面必须围绕"降成本"理念消除平台组织凭借其规模及资本优势，实施"以大欺小"和"利益通吃"等不公平经营行为。必须将社会责任成本等成本理念嵌入成本驱动机制之中，增强数字化转型的有效性与合理性。

1. 成本驱动机制的形成机理。我国历来重视成本管理工作。改革开放40多年来，我国成本管理已经实现从单纯降成本向提高资源利用综合效率的内涵式发展转变。数字经济时代，企业成本构成从垂直分布向扁平化的横向

方向变迁，差异性持续增强，政府的"降成本"政策受到的影响因素也更具复杂性，必须从系统性和关联性的视角理解和认识宏观的成本政策。从企业视角看，数字经济时代的成本管理工具往往具有不确定性与不稳定性，必须按照政府"降成本"政策的总体要求，构建成本驱动机制来应对数字化转型中的长期性和艰巨性，稳步推进企业的转型升级。从宏观成本政策看，比较典型的是 2016 年 8 月，由国务院发布的《降低实体经济企业成本工作方案》，即提出"6+2"的成本工作指引。2021 年 5 月，国家发展改革委、工业和信息化部、财政部、人民银行联合印发的《关于做好 2021 年降成本重点工作的通知》，提出 8 个方面 19 项重点任务。客观地讲，宏观层面的"降成本"往往是由行业或企业的管理知识和技术方法创新组织及其制度网络系统来实现的。全面深入分析企业数字化转型的成本要素，加快完善成本利润和收入分配之间的内在关联，同时，抓住当前税费和融资成本占企业成本偏高的主要矛盾，推动政府让利于企业、金融部门让利于实体经济，是成本驱动机制运行的内在机理。2021 年 3 月 15 日召开的中央财经委员会第九次会议为成本驱动机制的有序运行指明了方向[①]。即"建立健全平台经济治理体系，明确规则，划清底线，加强监管，规范秩序，更好统筹发展和安全、国内和国际，促进公平竞争，反对垄断，防止资本无序扩张"。随着数字技术的不断成熟和完善，数字技术与实体经济的深度融合具备了条件，且成本也呈现下降趋势，提供了成本驱动机制运行的经济基础。

2. 构建企业数字化转型下的成本驱动模式。随着"共同富裕"示范区建设的政策提出，结合当前"六稳""六保"的制度考虑，组织层面需要通过"降成本"等政策引领优化收益管理。从国家的宏观政策看，"降成本"政策的持续实施，就是对成本驱动机制的高度重视。实践中，成本驱动需要结合数字经济等政策引领，根据企业具体的情境特征分类施策，内外部机制纵横联动。从外在机制着手，分析影响企业数字化转型的组织与技术因素，

---

① 习近平主持召开中央财经委员会第九次会议 [EB/OL]. http://www.gov.cn/xinwen/2021 - 03/15/content_5593154. htm? gov.

通过以"降成本"为主要内容的集政策性与制度性的宏观政策，引导产业集群主动调整和优化产品或服务方向，比如利用人工智能技术改造产品属性、提高产品质量等。2020年2月，工业和信息化部公示2020年大数据产业发展试点示范项目名单，体现的是树立"典型案例"的外在驱动。2021年7月，工业和信息化部提出①，"将联合相关部门打造一批制造业数字化转型标杆企业，培育一批综合性强、带动面广的示范场景，建设和推广工业互联网平台，开展百万工业App培育行动"，其目的是将"典型案例"与企业应用的具体情境相结合，充分发挥数字经济政策的外在引领功效，加快企业数字化转型的步伐，促进中国经济的高质量发展。从内在机制思考，分析行业或企业不同的数字化技术改造的需求，围绕相关的成本属性和技术特征，需要对不同地区、不同行业的企业制定具有针对性和可操作性的"降成本"等相关政策措施（易加斌等，2021）。数字经济政策对成本驱动机制有积极的促进作用，成本效益原则是企业发挥成本驱动内在机制的重要保障。具体如图5-1所示。

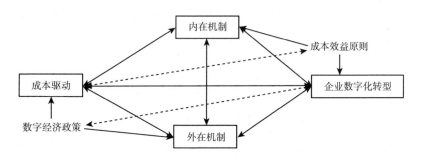

图5-1 成本驱动下的企业数字化转型

图5-1表明，企业数字化转型是成本效益原则与数字经济政策相互匹配下的成本驱动结果，成本驱动通过内外在的不同机制特征发挥积极的作用。即：内在机制在政府政策引领下降本增效，激发企业数字化转型的积极性与主动性；外在机制在行业或产业集群区域典型案例的示范下对接数字经

---

① 光明网. 提速数字化! 工信部开展百万工业App培育行动 [EB/OL]. https：//m. gmw. cn/baijia/2021 - 07/05/34972139. html.

济政策，平台企业通过社会责任成本意识提升主动降低数字技术等的应用成本，提高企业数字化转型的效率与效益。成本驱动机制的实质是供给侧结构性改革在微观主体层面的应用。企业遵循成本效益原则，合理规划数字化转型中的经营成本、技术成本与社会成本等，为未来进一步发展打开了价值增值的新空间。

第三节　企业数字化转型的成本路径优化

在成本驱动机制下，企业数字化转型需要在宏观政府层面的政策引领下，关注"降成本"等政策的外部机制协同，注重内部成本机制的共生效应，寻求拓展价值创造并实现价值增值的有效路径。

一、供给侧的路径选择与优化

数字经济时代，坚持成本驱动的供给侧结构性改革路径，是符合我国国情及行业或企业实际情况的客观选择。当前，应将重点放在宏观的组织技术与制度建设等方面，以便正确引导企业实施数字化转型。

1. 构建数字技术特派员队伍。诚然，企业数字化转型是一种必然趋势。但是，由于该过程会涉及大数据、云计算、人工智能、物联网、区块链等众多的数字化技术，广大中小企业在转型过程中存在运作上的客观困难。比如，对于选择哪些数字技术，企业如何应用等仍然无法作出有效的判断与选择，影响转型升级的速度与效率。企业数字化转型是一个协同能力的过程，包括嵌入数字技术并与客户、合作伙伴、政府以及消费者等多方利益相关者进行资源、信息融合，实现多方共治，拓展价值创造与信息传递的范围和程度等，仅仅依靠政府的成本驱动等的政策引领还无法在短期内快速推进。行业的"典型案例"应用有时也会在资金、人才队伍等企业个体层面实施时面临困境。比如，广大的中小企业想搞人工智能应用，然而针对本行业与本企业特征的相关人才非常紧缺。为了提高企业数字化转型的效率与效果，可以考虑借鉴比较成熟的"科技特派员"下乡制度进行组织技术创新。根据我们对浙江省科技厅农村处的调查，目前的科技特派员分"编制内"与"编制外"，属于农村处管理的由"各相关单位推荐的省派科技特派员名单"中的人员属于"编制内"成员，其经费由省级财政支付，"编制外"的新增科技特派员的经费由地方县（市、区）级财政自行解决。已担任团队科技特派员成员的，原则上不得推荐为同一县域内的省派个人科技特派员。这项制度属于需求侧管理的内容，以浙江省级财政支持的省派个人科技特派员情况看，主要采取自下而上的方式提出需求，申请表格主要分两项：（1）地方需求，包括县（市、区）派驻乡镇（街道）、专业擅长领域等。（2）派出单位，包括派出单位、拟派人姓名、拟派人专业领域、电话、拟派人简介等。成本驱动机制下的数字技术特派员队伍，可以采取"供给侧 + 需求侧"管理的方式进行组织技术管理与人员的委派。一方面，从产业发展层面看，国家可以根据"降成本"等相关政策的引领，结合产业布局的需要，在全国范围内设置不同的数字技术应用场景，提供对应的资金支持并培养相关的技术人才。另一方面，对于广大的中小企业，则可以按照企业类型及所处行业特征，围绕企业数字技术应用的需求，设计"数字技术委派成本票"之类的资金配额提供给有数字化转型需求的企业，由企业按照科技厅的"数字技术特派员"名单或自行确定上报的人选名单，经科技厅或相关部门派出，同时定期检查数字化技术改造的效果或取得的效益。此外，政府还可以联合有关部门（如国资委等）出面组建数字化转型的成本驱动基金，以形成企业数字化转型的长效机制。即在"成本驱动基金"的范围内，结合各地企业数字化转型需求的"总量"，按照需求侧管理的严格要求，对有需求的企业进行统计并委派数字技术特派员，深入基层企业；同时，针对产业集群区域的数字化转型，可以结合浙江省首创的"链长制"经验（孙华平、包卿，2020），将链式价值管理的经验与网式价值管理的数字技术特派员制度相融合。2019 年 8 月，考虑到复杂国际经贸形势对国内产业链的冲击，浙江省商务厅发布了《浙江省商务厅关于开展开发区产业链"链长制"试点进一步推进开发区创新提升工作的意见》，"链长制"应运而生。"链长制"的重点是以产业链链条鲜明为特色，有较强的国际竞争力，且配套体系较为完善的产业集群为对象。数字技术特派员制度可以与"链长制"制度进行有效衔接，并进一步加以整合创新。这种整合的积极意义在于：一方面可以总结、提炼"链长制"组织的建设经验；另一方面，有助于探索数字化技术在集群区域整体应用的适宜性与可操作性，提高企业数字化转型的效率与效益。

2. 从供给侧视角优化会计制度规范。现行的会计准则在企业数字技术核算等方面存在自由裁量权过大且不统一现象，对正确反映成本驱动下的数字化转型效率与效益产生不利影响，并对企业决策的科学、合理、高效产生冲击。从会计制度规范情况看，面对日益复杂的国际经贸环境和企业生产个性化与多样化等的需求，国际会计准则理事会（IASB）提出了"扩大相关性，维护可靠性"的改革设想（张为国，2021）。2018 年 3 月 29 日，该设想在其修订颁布的《财务报告概念框架》上得到了体现①。这一制度变迁，面临来自不同国家机构及学者的诟病。一个主要的理由是，一些组织（企业）会利用自由裁量权等信息优势，谋取不当利益，或者诱发企业或组织进行会计造假，使会计舞弊现象增多。从供给侧角度思考企业数字化转型的路径，我国的会计制度规范应该在"可靠性"上尝试制度创新，比如，加快数字技术标准建设，制定数字领域新技术与数据格式、互联网平台架构等标准，积极参与数字经济领域国际会计准则制定等工作，提高我国会计的话语权和影响力。政府层面应加强成本管理制度的建设，明确规定：（1）大企业或有产业互联网支撑的平台组织必须放开技术限制，让更多的中小企业参与数字化环境下的交易活动，同时协调好产业链、价值链上下游之间的利益关系。（2）重视数据的治理。对于各类数据的获得与利用以及数据自身的安全与保护、跨境的数据流动等，需要结合国家宏观政策的规制进行适合企业自身特征的内部

---

① 国际会计准则理事会（IASB）奉行"扩大相关性，维护可靠性"，其思路是：由于企业或组织受到外部环境不确定性影响大，加之个性特征各不相同，欲在可靠性上对信息进行规范难度太大，且不准确。对此，通过提高信息数量，即增加相关性来让企业或组织自主判断。然而，批评者的观点认为，这是一种不负责任的做法，目前已经导致可靠性大大下降，影响了企业决策科学性。

化制度建设。（3）推动数字化会计人才的培养。当前，应结合国家对职业技术院校扩招及资金支持的利好环境，应用企业数字化转型的成本驱动机制，鼓励高校与企业联手开展数字化人才的培养，同时加强操作层面员工的数字化知识的普及以及相关技术应用工作的培训。

二、需求侧的路径选择与优化

需求侧管理是对供给侧结构性改革的一种补充。为了提高成本驱动机制的协同效应，减少各种摩擦成本，必须从企业数字化转型的需求出发选择适宜的路径与方式。

1. 发挥原生型数字化公司的成本驱动作用。企业数字化转型面临的对象可以分为原生型的数字化公司与后生型的数字化公司，前者已经在中国实践中取得了巨大成绩，其中尤以电商为代表的互联网企业为典型。从需求侧路径选择思考，政府应尊重并引导这些原生型公司在按照国家整体的战略部署主动配合开展数字化转型的同时，树立社会责任意识，并且帮助中小企业进行技术改造与转型升级。即提高原生型数字化公司的社会成本担当，使这些公司的平台技术为后生型公司的数字化转型提供助力，进而全面推进中国企业的数字化转型。政府的需求侧管理要引导这些原生型数字公司发挥带头作用，比如，结合产业链和供应链进行上下游企业群的经营延伸，构建组织间的生态体系，实现平台经济中的供应链数字化与智能化，合理配置供应链、产业链资源，优化成本驱动机制的降本增效等功能（安筱鹏，2019）。具体表现在：（1）给广大中小企业带来时间和信息成本的降低，促进交易活动的透明度，增加更多的数字化路径选择。（2）通过互联网平台，实现企业线上与线下经营活动的融合，优化生产与服务流程，将成本驱动的交易体验传导给线上线下的广大中小企业，促进企业组织间的成本管理创新，提高企业数字化转型的积极性。（3）发挥平台经济的生态效应。一般认为，企业数字化转型就是为了提高生产效率，事实上企业组织间整体的经营目的还包括降低交易成本在内的流通效率等，它对产业链发展具有重要的现实意义。

2. 培育数字化转型的典型案例。为了提高企业数字化转型的主动性与积极性，需要结合企业发展定位，从战略、管理和业务层面规范转型升级的具体路径。根据成本驱动机制"政策引领—典型案例—企业应用"的路线图，需求侧管理需要在产业层面上进行典型案例的总结与提炼，以引导微观企业的数字化转型。这方面的成功案例已在不断涌现，比如，国网浙江平湖市供电有限公司通过更换节能型生产设备，帮助箱包企业安全生产、减碳降本。具体做法是：通过数字化技术对企业经营进行画像系统的监测，针对用能方面的相关数据，提供企业生产可能存在的"隐患"，发挥成本驱动机制并积极予以化解。再比如，浪潮集团与中国信通院等部门联合，共同构建"云洲链"，实现区块链与工业互联网的结合，为实体企业降成本以及产品的检索等提供技术与信用支持。它表明，只有提高产业效率才能真正发挥企业数字化转型的效益。数字化转型下的成本驱动机制将企业的价值创造源泉由内向外转移，从制造领域逐步转移到消费领域和上下游企业协同的创造价值环节，由此必然会诱导产业价值链的持续重构（冯圆，2020）。"典型案例"提供的应用场景，有助于原生型数字化公司与制造业企业的有机结合，并在成本驱动机制的引导下实现企业组织间的合作共赢，比如，发挥这些企业数字技术平台的"内循环"功效，带动大量中小企业发展，实现产业数字化转型与企业数字化转型的互动、对接，实现需求引领供给、产业集群促进企业个体发展的动态平衡，为构建竞争新优势贡献积极的力量。

3. 结合需求侧管理优化技术方法指引。数字技术涉及面广，具体实施的情境特征复杂，围绕"供给侧结构性改革＋需求侧管理"进行成本驱动机制应用，不仅可以促进各级政府数字化管理机构或组织在成本结构性动因上引导不同行业与不同性质的企业提高数字化转型的质量，还有助于提高企业的生产效率与管理水平。这对于发现和培育区域新的经济增长点、压缩落后产能、优化产品结构等具有重要的实践价值；同时，还能够切合企业实际开展数字技术应用的效率与效果的对比，围绕企业经营模式创新（如组织间资本共享等）和产品业态创新（如智能互联产品等），体现成本执行性动因的经营效率和效益（Porter，2014）。此外，结合需求侧管理优化企业数字化转型的成本驱动机制，必须梳理和统计各地或行业、企业的数字技术方法实际应用情况，包括技术设备的投资总额、技能人才的需求总量等。在企业数字化转型过程中，政府部门的供给侧结构性改革与需求侧管理要主动配合、共同协调与推进，充分满足区域、行业或企业数字化改革的长期目标与短期目标的战略需求。比如，对于嵌入数字技术的转型企业，要在折旧政策、税、息和社会负担等的减免上增强政府成本驱动的力度，进一步弘扬企业文化和企业家精神；同时，注重强调市场化原则，不要在企业数字化转型过程中搞"一刀切"。

三、市场侧的路径选择与优化

成本驱动机制下的路径选择，不再是单纯"成本＋利润"的直接盈利形态，更多的是通过平台连接、交易赋能，形成间接性、多元化的盈利方式，帮助企业更有效地实现价值创造和价值增值。

1. 加强数字资产的管理。从财务政策上看，数字化改革给会计制度创新带来了新契机，企业数据资源已具备确认为"资产"的条件（张俊瑞等，2020）。企业数字化转型彰显了"数字资产"的重要性，成本驱动机制的最终目的是要实现资产的保值与增值。数字化时代的企业价值创造靠的就是数据和平台。从数字技术发展看，物联网使"数据采集能力"得到重视，云计算提高了"数据处理能力"，"大数据"则增加了价值的创造力，此后的人工智能创新与发展，显著提升了"数据的复杂应用能力"。客观地说，由于数字化技术的普及与应用，全球财富集中趋势加剧，贫富差距越来越大，对此，国际组织开始关注。比如，联合国贸发会开始致力于数字化技术推广，以减少贫富差距。从国家治理看，德国总理默克尔提出，"应在全球范围内征收'数据税'"[1] "否则你将会经历一个非常不公平的世界，人们免费提供

---

[1] 2018年5月29日，默克尔出席在德国柏林召开的全球经济论坛（GES）会议，她表示，要进行税收制度改革，并提出征收"数据税"的新概念。

数据，而其他人则利用数据赚钱。数据是未来的原材料……世界上存在巨大的不公平风险，我们必须将其纳入我们的税收体系"。但是，这一设想在全球范围内推行将是一个相当复杂且漫长的过程。2021 年 6 月 5 日，七国集团成员国在伦敦达成一致意见①，即"支持把全球最低企业税率设为 15%，并将在改革国际税收规则、取消数字服务税等领域进行协调"。但是不管怎么说，这些措施对于微观的数字资产管理是有促进作用的。从企业治理看，数字经济下的公司治理具有内部化倾向，即公司自主治理的欲望增强。这是因为数字技术的应用，企业对成本驱动机制的自主应用能力提升，相应地自主管理积极性也得到提高。大数据、人工智能与物联网等数字技术的应用，促进了公司治理的完善与发展。从成本管理角度讲，宏观层面的"数据税"等征收或管理，离不开会计的成本核算与控制。此时，微观层面的成本驱动路径必须创新，考虑到会计准则的"公认性"难题，可以交由成本管理部门通过成本驱动机制来对"数字资产"进行制度设计。目前，数字资产的平台价值取决于平台用户量及其使用频率，然而，这些平台价值仍然按旧经济时代的思维进行成本处理，折旧和摊销不是采用年限法就是采用工作量法。这种成本处理方式与数字平台的网络效应背道而驰，是数字经济时代遇到的新问题之一（黄世忠，2020）。提出"数字资产"是不是很创新，答案是否定的。因为，国外已经开始统计"数字 GDP"②，即宏观层面已经开始计量"数字资产"，企业微观层面必须迅速跟进（Nambisan et al.，2017）。否则，缺乏企业"数字资产"的价值确认、计量与报告，国家宏观层面的"数字 GDP"能准确吗？

2. 构建企业数字化转型模式。以市场化手段促进企业数字化转型，增强宏观层面"降成本"等政策引领的效应，打造一批拓展产业边界、面向不同

---

① 七国集团就最低企业税率达成协议，对中国企业有何影响？［EB/OL］．https：//new. qq. com/rain/a/20210607A06NC900.

② 2019 年 7 月，美国塔夫茨大学查拉瓦尔蒂（Chakravort）教授小组公布了各国数字 GDP（gross data product，GDP）排名，美国排在第一，中国排在第二，中国增长速度非常快。数字化改革不仅对生产力和生产关系产生直接冲击，还对成本核算与监督内容产生重要影响。

应用场景的"典型案例"，是深度推进数字技术与制造业融合，全面实施"数字技术＋先进制造""大数据＋产业集群"等战略目标的重要载体。诚然，企业可以分为原生型数字化企业与后生型数字化企业（数字化转型企业）。前者有阿里巴巴、海尔等。在这些企业中，海尔针对数字化转型提出"企业要么自进化，要么自僵化"，其一个显著的口号是构建"生生不息的商业生态"（张瑞敏，2021）。后者企业众多、涉及面广。数字化转型模式的服务对象重点是后者。企业数字化转型具有"二增"与"二维"特征。"二增"是指数字化给企业带来的"效率和产出"的收益增量，以及"经营模式与业态创新"引发的业务增量。"二维"是指经济层面的结构、创新、市场竞争和贸易规则的维度变迁，以及社会层面的治理模式、规范标准、就业模式、教育方式和可持续发展等的维度变化（那丹丹、李英，2021）。数字化转型模式的构建主要有三种：一是政府主导模式。其主要依靠政府政策支持来构建，包括技术、资金、人才与公共服务等的支持。二是政府辅助模式。由政府出面开拓并稳定数字技术的应用场景，拉动企业进行数字化转型，具体措施包括政府采购、企业补贴、案例示范、贸易与价格指导等。三是市场自主模式。政府采取引导为主的手段帮助企业自主完成数字化转型，比如通过目标规划、法律法规、财政税收、金融政策和产权保护等。市场自主模式的表现情境是：有的企业凭借电子商务下的"互联网＋"，依据纵向技术推动企业实现数字化转型；有的企业依靠产业互联网进行数字化转型，具体分为产业信息化地位弱与强的情境。对于信息化水平弱的企业来说，随着客户对体验价值的追求，企业自动从研发端强化数字化转型，或者借助于优化企业流程的价值创造从制造端实现数字化转型。对信息化强的企业来说，数字技术驱动力往往由"成本效益"原则决定。比如，当企业对生产流程的效率与效益期望值高时，便有动力且能够成功实施数字化转型。总之，企业数字化转型必须坚持权变性原则，发挥成本驱动机制的积极作用。当前，企业数字化转型还离不开政府主导的供给侧推动和需求侧拉动，未来应以市场化模式为主体，即构建成本驱动下的企业数字化转型的制度规范体系。

第四节　本章小结

数字化转型是我国经济在新发展阶段、新发展理念和新发展格局下的重要体现，是中国经济高质量和可持续发展的客观追求。数字化转型是对我国提出的"双循环"战略的一种重要技术支撑。企业数字化转型必须在坚持供给侧结构性改革的同时，围绕需求侧管理强化成本驱动的结构性动因与执行性动因管理。尽管企业数字化转型是一种客观必然，但从成本效益原则思考，广大中小企业仍然面临工业互联网与软件应用以及平台经济参与等的技术成本、资金与人力成本等方面的压力。在成本理念创新的基础上，以"共同富裕"的价值追求为目标，大型的原生型数字化公司应当主动承担社会责任成本，开放平台服务功能，同时政府则通过"降成本"等政策加以引领。即沿着"政策引领—典型案例—企业应用"的发展路线图，在成本驱动机制的作用下，引导我国企业自觉主动地开展数字化转型。

企业数字化转型具有强大的赋能功效，会对企业经营模式、组织架构、管理方式、决策特征、供应链协同模式等带来积极的创新效果。要重视企业应用环境的变化，增强企业数字化转型的包容性和共生性；并且基于"共同富裕"示范区建设的内在要求优化成本驱动路径，保持数字经济的高速增长、发挥"产业数字化＋数字产业化"对企业转型的赋能功效。在数字经济时代，必须坚持成本驱动的供给侧结构性改革路径，探讨企业数字化转型下的成本驱动模式。要主动将成本理念嵌入于成本驱动机制之中，增强企业数字化转型的有效性与可操作性。从供给侧角度看，企业数字化转型的重点应放在数字技术特派员的组织建设上面，促进有关数字技术的制度创新。从需求侧角度观察，要提高成本驱动机制的协同效应，更多地通过平台连接、交易赋能，形成"共同富裕"的利益分配创新方式；同时，从市场化发展趋势着眼，加强数字资产的管理，帮助企业更有效地实现价值创造和价值增值。

第六章

数字化改革背景下会计工具开发与应用

嵌入数字技术的企业转型升级引领、撬动、赋能企业管理实践，并成为会计工具功能转换和作用激发的创新载体。数字化改革背景下的会计工具创新尽管涉及的面很广，内容也很丰富，但从数字化改革的结构性动因与执行性动因出发，结合企业的组织与制度等需求提炼会计工具的数字化特征，能够推进会计审计的数字化转型。鼓励以数字技术创新为导向的会计工具开发与应用，是企业数字化转型的内在驱动。要发挥宏观数字经济、中观数字化改革和微观企业数字化转型的制度匹配效应，增强会计工具在企业实践中的功能作用，加快数字化改革背景下数字技术、业务与财务等的融合力度，使会计工具创新呈现出服务于"双循环"新格局的主动性与积极性。

第一节　数字化改革与会计工具创新的重要性

结合数字化改革实施会计工具创新，体现了数字技术应用与企业转型升级相互融合的内在要求，是会计数字化转型的一种客观反应。

一、数字化改革与会计工具数字化转型

数字经济时代的互联网、云计算、人工智能、大数据等现代化信息技术

深刻改变着企业的经营理念和生产方式，促进了企业新模式和新业态的创新与发展。

1. 数字化改革对会计管理的影响。数字化改革是我国企业尤其是制造业企业转型升级的新动能。"'十四五'规划和2035年中长期战略"明确要求，推动数字经济和实体经济深度融合，打造具有国际竞争力的数字产业集群（洪银兴，2021）。即通过"产业数字化＋数字化产业"的制度创新，促进政府数字化服务效率提升以及企业高质量发展。2021年3月24日，财政部颁布的《会计改革与发展"十四五"规划纲要（征求意见稿）》提出，"切实加快会计审计数字化转型步伐，为会计事业发展提供新引擎、构筑新优势""会计审计数字化转型，包括会计工作数字化转型、审计工作数字化转型、会计管理工作数字化转型三个方面"。要适应数字化改革的新情境，主动围绕企业数字化转型的需要开展会计工具创新，并确保企业权益最大化。① 数字化改革背景下的会计人员不仅要熟悉数字新技术，还要会灵活应用各种管理手段，通过会计工具创新，为企业创造价值并在保持可持续成功的基础上实现价值增值。2020年5月13日，国家发改委发布《数字化转型伙伴行动》，为产业或企业数字化转型提供了政策依据。企业数字化转型是数字化改革的基础，数字化改革为企业会计技术与方法的完善及发展提供了数字技术应用的政策基础和客观条件，降低了人力成本以及实体设备投入等的成本费用，有助于企业在激烈的外部市场竞争中获得优势地位。企业数字化转型涉及组织间和内部各项管理活动，会诱发技术、业务与财务活动的全面性、系统性的变革。本书结合数字化改革的动因理论对会计工具创新展开探讨。具体结构如下：首先，概括相关文献中的变迁动因及工具类别；其次，围绕结构性动因与执行性动因搭建适合企业数字化转型的会计工具框架；最后，结合相关案例对执行性动因下的数字化工具开发与应用展开讨论，并提出企业数字化转型下会计工具创新的对策建议。

---

① 判断数字化企业的标志，至少有以下几个方面：（1）具有独特的战略视野；（2）创新经营模式，形成基于数字化的企业模式；（3）延展新的产品"业态"，比如以新的方式创造并捕捉利润；（4）构建现代化会计管理体系，比如建立新的、强大的客户和员工价值体系。

2. 数字化转型与会计工具创新的意义。数字经济的时代特征嵌入会计工具的变迁过程，需要在会计管理实践中坚持创新发展的新理念，研究企业数字化转型中产业集群或企业经营面临的科技升级和安全可控等生产网络体系问题。结合数字化改革，探讨财务政策配置下的会计工具创新，体现了数字技术应用背景下会计研究的新视角，其目的是提高会计管理工作的效率与效果，为企业获取数字化价值提供新的路径选择或可靠方案。本章以会计工具开发与应用为切入口，结合企业案例展开研究，有其独到的理论价值和实践意义。从实践意义上看，这种研究可以使读者快速理解数字经济及其对会计创新的影响，并针对企业的情境特征，有选择地应用会计工具，使数字经济时代的会计工作转型在组织中发挥更大的作用。亦即，借助于会计的工具理性是从思维与观念上，对数字技术重新加以理解与认知，并对会计工具的创新情境进行事先预演，以提高企业数字化技术应用的效率与效益。从理论角度讲，这一研究可以丰富会计工具与方法体系的内容结构，完善会计管理控制与信息支持系统的功能作用，积极将数字经济的技术方法嵌入会计工具与方法的内涵设计和具体应用之中，突出网络经济中的会计管理效应。进一步讲，加强会计工具创新研究，结合中国数字经济转型应用的成功经验，有助于提升中国企业数字化转型的会计管理领先地位，构建具有国际话语权的会计理论与方法体系；同时，还可以将这方面的研究成果融入会计学科的理论教学体系之中，丰富教学的实践情境，体现会计理论与方法超前性与引领性的学科建设理念，从观念与知识层面提高学生对数字经济背景下会计工作数字化转型的必要性与重要性的认识，为未来的会计实践操作打下坚实的理论基础。

二、相关文献综述

数字化改革推动着企业经营模式与商品业态等的转型升级，使会计工具在数字化情境下的结构性与执行性动因发生改变。从学术成果看，相关研究集中在两个方面。

1. 数字化改革背景下的动因研究。数字化改革是组织获得持续竞争优势的主动行为（Tsai，2000）。动因理论是心理学中的重要概念，它是有关数字化改革形成机制与内在动机以及相关的需求、行为优化和目标管理的自觉意识（Woermann & Rokka，2015）。企业转型在"大智物移云"等数字技术配合下，通过优化"供应链"、拓展"产业链"、延伸"价值链"等对传统的管理手段和工具方法产生冲击（徐宗本等，2014；沈恒超，2019）。中小企业主动嵌入人工智能环境下的转型升级，是实现低端产业不低端的一种重要路径选择（Glaeser，2018；平新乔，2019），也是个性化定制和服务"内循环"的现实需要（胡继晔，2021）。政府在数字化改革中应发挥引导和推动作用。2014 年，美国政府发布《振兴美国制造业和创新法案》，该法案规定政府资助先进制造创新中心的构建（陈晓红，2018）。先进制造创新中心的职能涉及研发、应用、示范和推广，有助于降低企业的生产成本和风险。同时，通过专业技能人才培养等，提高社会成员参与的积极性（王欣怡，2017）。2018 年 9 月，德国内阁通过了由联邦教研部主持制定的《高技术战略 2025》，智能化应用是该战略的重要发展方向（李舒沁，2020）。数字化转型的动因是提高成本收益率，应从企业是否能够深度挖掘和提升数据价值链，并进而助推潜在经济增长率的路径入手实施优化策略（安筱鹏，2019）。数据资产是一项可以提高流程效率、赋予产品新功能和激发创新商业模式的智能资产（Nambisan et al.，2017）。企业数字化转型的目的除了提升企业的短期效率和效益外，还具有帮助企业明智决策以及融入开放、融合和可持续发展的基因（韩践、关怡茜，2020）。

2. 企业数字化转型下的管理工具创新研究。目前，数字化转型的工具主要停留在宏观政策层面，我国政府对企业数字化转型的政策工具可以分为供给型、环境型和需求型三大类（许冠南等，2019）。从产业集群层面来看，需要进一步优化产业组织管理工具。比如，完善制造业集群中的"链长制"，这项由浙江省政府率先提出的产业管理实践，仍需从理论与实践层面加以改进与提高（孙华平、包卿，2020）。从会计角度来看，企业数字化转型就是要将"大智物移云"及"区块链"等数字技术嵌入会计工具之中，不断丰富企业产品生产或经营的数字化管理能力，通过诸如组织间资本管理工具和智能互联产品管理工具等的创新驱动，促进数字化改革从理论层面走向具体实践。基于管理职能的视角，会计工具可以分为财务会计工具与管理会计工具，传统的会计工具创新往往是基于会计起源与发展、本质、职能及理论基础四个方面进行思考的（韩沚清、韩秀茹，2018）。2017年以来，财政部陆续颁布的"会计应用指引"系列，将会计工具按照应用领域进行基本类型的设计与分类，包括概括性指引和工具方法指引（胡玉明，2018）。然而，这些会计工具显然与数字经济时代的管理工具需求存在差异，改革势在必行。

相关研究述评如下。

首先，从宏观层面的数字化改革到中观层面的行业或产业集群数字技术的选择应用，再到企业数字化转型的推进，体现了我国经济高质量发展的客观趋势。对企业来说，数字化改革背景下的数字技术选择与会计工具创新，是一种动态的权变性战略。会计工具创新必须适应数字经济时代的发展需要，比如借助于"数字化改造—数字技术应用—企业数字化转型"的路线图来重新思考现有的各类存量会计工具，并加快数字化背景下的增量会计工具的开发与应用①。其次，围绕数字化改革动因，结合会计工具的应用特征，从组织、技术与制度等多方面入手探讨数字化会计工具开发的路径与机制，比如引导会计工具的成本效益机制由过去的业务交融向效率与公平的方向转变、企业收益实现的路径由过去的一次性确认向多次反复确认转变等。因此，有必要从会计工具的创新层面强化企业数字化转型的动因及其运行机制研究。

第二节　数字化改革背景下会计工具创新的动因分析

随着企业生产环节由流程驱动转向数据驱动，数字化改革背景下的会计

---

① 比如，结合数字化改革的新形势从"双循环"的市场环境特征入手，对会计的"资产"管理工具以及"收入"与"成本"要素的管理工具进行创新研究与应用，引导企业朝数字化改革的方向推进。

工具创新在结构性与执行性动因的推动下赋能管理控制系统与信息支持系统新的功能价值。

一、数字化改革背景下会计工具创新的结构性动因

嵌入数字技术的会计工具创新是企业数字化转型的内在需要，有助于企业管理效率与效益的提升。

1. 数字化改革与技术经济结构性动因。在数字化改革背景下，数字技术在企业中的应用促进了生产力与生产关系的发展。从数字化改革的技术构成考察，主要涉及"大智物移云"和"区块链"等具体方法。前者的"大智物移云"在会计工具中的融合应用中体现的是生产力的功效，比如采取定制化、个性化生产方式实施速度质量取胜的经营战略以及注重商业生态与平台组织之间的竞争等；后者的"区块链"则是"生产关系"的体现，是数字化改革中信用手段的结构优化，能够带来组织间信任及其诚信的客观验证。从会计要素的内涵与外延上考察，数字化改革使"数字资产"备受社会关注。就宏观层面而言，数字 GDP 开始用来计量新时代国家或地区的数据财富，即衡量"数字资产"的规模总量。从微观层面考察，企业的用户数量、用户黏性、信息资源、交易平台、商业模式、行业地位等要素有可能转化为"资产"要素的组成结构。或者说，有必要将"用户""平台"等事项确认为"数字资产"。随着智能互联产品管理工具的开发与应用，会计工具面临新的发展机遇。比如，面对智能互联产品收入的多次确认与计量，会计工具如何设计相关的确认、计量手段，并合理地披露这类产品的会计信息质量。再比如，随着数字技术在业财融合中的渗透，成本与收入的配比将在共享的数字平台上进行；然而，现有的会计工具难以全面、系统、完整、客观地对这类经营活动进行确认、计量与报告。亦即，面对数字化转型，企业应用会计工具的自由裁量权在增加，而相应的监管却变得滞后。此外，现已形成的会计工具大都为传统经济时代下的产物（Simons，1995），面对数字经济带来的颠覆性革命，如何进行创新驱动，或者从哪些会计工具入手加以数字化

改革等，将成为一项紧迫课题。从企业实践看，数字技术等在催生智能互联产品大量产出的同时，企业经营模式和业态倒逼会计工具的创新驱动。此时，主动将会计的"资产""收入""成本"等要素嵌入数字化改革背景下的经营模式与业态之中，将给企业会计工具发展带来新的动力与活力，并有可能从结构性动因上满足使用者对会计工具组合的情境需求。①

2. 会计工具创新及其内在的结构性动因。数字技术不仅拓宽了会计工具的广度和深度，也使各种硬件与软件进入到现有产品的功能结构之中，实现了企业产品生产和顾客使用之间的人机互动及其深度交互。数字化技术除了将业务从线下转移到线上等方式来实现降本增效外，还极大地提高企业的管理效率，激发出会计工具的创新动能。从结构性动因观察，数字化改革背景下的会计工具创新表现出以下趋势：（1）从数量规模向结构优化方向转变。2014 年 10 月，我国实施全面推进会计体系建设以来，面对与国际会计工具方法之间的差距，我国会计管理当局采取了"数量规模化"的发展战略，短时间内形成了大量的会计工具与方法（Scapens，2006），使得会计工具方法应用的"落地"效果不尽理想②，数字化改革背景下的会计工具创新要体现企业管理高质量发展的内在要求。进一步观察，数字化改革使传统制造业的生产模式、商业模式、产品性质、价值链、工厂组织等发生变迁，也使企业财务政策与组织方式，如外包、就业、并购等内涵与外延发生结构性改变。或者说，企业的增量价值将更多体现在数据、知识和智力等的占有方面，以"数字资产"为代表的知识资产价值将会成为企业价值结构中的重要组成部分，并使"资产"要素内涵与外延发生变化。（2）工具理性由单纯的技术理性向技术与价值融合的方向转变。未来很长一个时期，数字技术将成为企

---

① 以智能化成本管理工具为例，其结构性要件包括：一是基于物联网、RPA 和机器学习的全流程成本核算处理自动化；二是基于神经网络、规则引擎、数据挖掘的成本预测、成本决策支持；三是基于智能搜索、模糊识别、智能识别等的风险成本控制；四是基于智能数据分析、遗传算法、专家系统等的成本管理。

② 在既定的"基本指引—应用指引—案例指南—咨询服务"路线图下，2017～2018 年财政部陆续推出了一系列"管理会计应用指引"，现已颁布的概括性指引工具和具体工具方法指引有 30～40 项之多。今后，应结合数字化改革对现有的工具体系和方法结构进行整合、优化，以提高管理会计工具的实践相关性与现实可行性。

业转型升级的核心。数字化改革具有巨大的发展潜力，并对制造业模式产生全方位的革命。目前，企业经营模式和业态的数字化嫁接，正处在一个发展的上升通道之中，实现数字经济时代数字技术生产与价值管理的双向嵌入，将成为会计工具创新的必然选择。

二、数字化改革背景下会计工具创新的执行性动因

尽管企业管理的目的没有改变，但创造价值和价值实现的方式发生了转变，会计实践中的收入、成本等的确认与计量方式以及产品和服务的呈现方式等迫使会计工具必须进行创新驱动。

1. 会计工具在数字经济时代的创新驱动。数字化改革使企业会计工具的应用场景发生了转变，建立在传统经济学理论基础上的存货计价等理论模型已经无法适应数字化转型背景下企业成本管理的客观规律。亦即，随着经济学中各种假设或条件的失效，已有的会计工具或方法将面临应用场景的丧失。这对于"会计应用指引"系列的工具方法而言，无疑是巨大的打击。从执行性动因思考，会计功能体系欲在数字经济时代发挥积极的作用必须迎难而上，加快会计工具创新驱动的步伐。比如，总结和提炼原来属于管理会计工具内涵与外延，通过数字技术的整合或嵌入，使其发挥数字经济时代的应有功效；围绕"收入"要素进行会计工具的深度开发，将人工智能条件下的收益管理工具独立出来，并融入会计的功能体系之中，更大限度地实现企业价值创造和价值增值。进一步以成本管理为例，随着数字化改革的不断推进，成本管理理论研究的薄弱和滞后已经在实践中产生出越来越明显的"瓶颈"效应。亦即，数字技术与生产制造结合的智能互联产品已大量涌现，成本管理仍处在依靠传统要素进行生产控制的管理阶段。如何实现数字技术下产品生产与成本管理的良性互动，使数字技术有机地在产品生产与成本管理中实现双向嵌入，将具有重要的理论价值和现实意义。

2. 执行性动视角的会计工具创新。从执行性动因的特征上观察，数字化改革背景下的会计工具创新呈现如下趋势：（1）企业数字化的转型升级主动

与制造业生产方式改进相结合。以人工智能为例，开发智能化生产与成本控制双向嵌入的会计工具是实现要素驱动向创新驱动的必然选择。国际"四大"会计师事务所在人工智能化方面已走在行业前列，不仅花巨资引入信息化管理和作业系统，而且先后开启了对人工智能在审计领域的应用研究（刘斌，2018）。大量有关人工智能的理论与实证研究的成果以欧美高收入国家为主要研究对象，关注人工智能对劳动力市场和信息安全的影响，对发展中国家的相关研究尚待挖掘（Acemoglu & Restrepo，2018）。国外学者有关人工智能与产业结构转型与产品生产融合的研究结论也存在与中国国情不尽相同的情境，表现出一定的差异。从执行性动因视角分析，发达国家的人工智能战略布局侧重于信息安全与服务领域，中国人工智能战略强调企业生产的智能化，通过智能化产品的开发与生产过程嵌入成本管理的控制手段优化，使企业的决策支持、内部控制和组织的价值创造与价值增值得到显著提升，实现最佳的经济效率与效益。（2）从静态管理向动态管理的方向转变。数字化背景下会计工具创新不是简单地将数字技术嵌入原有工具之中，其根本目标是实现管理资源优化、生产效能提升，即变静态管理为动态管理，通过会计工具创新为企业数字化转型提升价值创造的新空间。波特和贺普曼（2014、2015）认为，人工智能对企业产品生产带来深刻影响。"智能互联产品不断发展，并逐渐融入更为广阔的产品系统之中，这股浪潮正激烈地重塑今天的企业和竞争格局"。围绕数字技术在企业中的应用，借助于人工智能、物联网和云计算等辅助手段，在企业产品生产环节实现自主化（包括工厂自主化）的同时，嵌入成本管理的控制技术与方法，可以进一步实现企业生产流程和内部管理的自动优化。而且，通过人工智能的深度学习与算法演进，可实现产品生产的成本自主嵌入，使人工智能下的产品生产在不同层次、不同管理场景下自动与成本管理相融合，促进企业产品研发、生产与销售的智能化以及实现人财物管理精益化的相得益彰。

三、数字化改革背景下会计工具创新动因的综合性

驱动会计工具创新的动因理论，从会计的功能作用上分析，主要是信息

支持系统与管理控制系统的结构性动因以及企业具体情境特征下的执行性动因，诸如所处行业、规模大小、产权性质等。实践中，结构性与执行性往往是交织在一起的。因此，即便强调某一项动因，但总体看，两者是综合的，是需要匹配完成的。

1. 数字化技术中会计工具的特性。前述的财务政策配置强调，技术与信息既是统一的，也是有功能差异的。会计信息能够为决策者创造价值并实现价值增值，而技术只是这一过程中的一种手段。在林林总总的数字技术工具中，传统的思路大都是从信息技术出发考虑的，是为生产力的发挥起基础性作用的。比如，数字技术中的"推荐"工具，自泰勒和桑斯坦于 2008 年提出以来，在人工智能技术的配合下，"推荐"已经成为应用算法的重要手段，并成为管理和控制组织信息的一种重要工具。从好的方面看，它可以引导组织成员提高数字价值实现的效率与效益，即减少信息收集等相关的工作，获得"期望"的相关数据资料。亦即，"推荐"围绕用户的信息选择倾向，以其偏好的信息领域采用智能算法的手段，主动推送这类偏好信息并呈现在用户面前。这种"推荐"行为演变成引导用户行为策略的一种过程。此外，数字技术中的"数字映射（digital twin）"也是常用的一种信息化工具，它作为数字世界中物理资产的实时表达手段，可以体现信息支持系统的功效。比如，制造商将生产汽车连接到云，同时将汽车有用的信息（如燃料消耗、里程、零件更换日志）进行位置数字化。此时，当你和朋友约会，但你却想告诉家人在办公室时，家人可以用智能手机查到你汽车的实际位置。即你的汽车的数字映射传递的正确信息是你不在办公室，而是在某家酒店的一个停车场等。类似的数字化技术工具还有很多，早期的设计与应用大都是以信息技术为导向的，是与会计的信息支持系统功能目标类似的。然而，随着企业数字化转型以及会计工作数字化转型，这种纯信息技术的方式或工具方法容易产生偏差，为决策者或相关利益关联方带来不利影响。比如，"推荐"这种工具，虽然能够与过滤（filtering）相结合，并以此来强化注意力，进而产生价值增值。然而，政府针对这种工具应用的监管已经越来越严格。若仍然盲目采用这种工具来配合会计工具管理，可能会带来负面影响，如不经意损害了公司的隐私或其他等。因此，需要从会计的结构性动因与执行性动因视角加以思考，也就是要实现信息支持系统功能与管理控制功能的统一。

2. 增强会计工具创新的综合性动因思维。未来会计工具创新的方向，是围绕会计工作数字化转型对相关的数字化工具进行"二元观"的嵌入。即在维持信息支持系统功能的同时，注重管理控制系统功能的主动融合或嵌入。以管理会计工具为例，根据 2014 年 10 月财政部在《关于全面推进管理会计体系建设的指导意见》中的构想，中国特色管理会计体系建设分为两步：第一步是从 2014 年起用 3 ~ 5 年时间，形成一套符合中国情境特征的管理会计制度体系；第二步是再用 5 ~ 10 年时间，使中国特色的管理会计理论体系基本成形。2016 年 6 月，随着财政部制定并发布《管理会计基本指引》，2017 年 10 月开始陆续发布诸如《管理会计应用指引第 100 号——战略管理》等管理会计的应用指引系列，截至 2018 年 12 月财政部已经发布了 34 项指引（8 项概括性指引和 26 项具体工具指引）。管理会计应用指引系列中的各种工具虽然"正式"，但在"落地"应用中往往缺乏说服力，管理会计工具的有效应用与推广必须与企业的具体情境和数字化环境等相适应，否则实践中往往难以有效"落地"，并得到"升华"。这就要求我们理论工作者主动学习《会计改革与发展"十四五"规划纲要（征求意见稿）》精神，增强会计工具创新驱动的综合性思维。一方面，对现有的 34 项工具中某些会计工具进行数字化转型，并发布相关的数字化指南，引导企业使用这些工具时注意与数字化改革相适应。另一方面，从动因理论出发，调整思路进行综合性动因机制的构建，比如，企业在升级数字化的过程中将"算法推荐（recommendation algorithm）"嵌入柔性组织模式之中，重点围绕数字化价值的发现机制及其实现路径进行"算法推荐"，以引导企业发挥出最有效的功能作用。比如，结合管理控制系统将"算法推荐"的信息与企业的实际情况相结合，构建企业组织的"战略单元"等，这样就使数字化工具的工具理性与价值理性实现了内在的统一，也完成了结构性动因与执行性动因的融合。同样地，"数字映射"这种工具也一样，仅仅发挥其信息支持系统功能可能会在隐私及保密性等方面产生偏差，会计工具创新要在嵌入这些数字技术时关注相应的风险，比如 IT 系统优化风险、系统集成风险和流程失控方面的风险等。即需要在信息支持系统功能发挥作用的同时，强化管理控制的系统功能作用，主动防范或提出应对策略。

第三节　数字化改革背景下会计工具创新的制度理性

数字化改革是数字经济时代的客观需要，是中国经济实现稳定与包容性增长的内在要求。会计工具必须适应这一时代的变迁特征，主动配合财务政策与工具方法的制度规范，进行理性的调整。客观现实是，国际上，以美国为首的发达国家出于对地缘政治等的考虑，采用"印太新战略"等新的联盟方式围阻中国。从国内来看，经济社会面临新的挑战。以"双循环"为特征的新发展格局，必然会对企业管理理论与方法体系产生影响。新时代需要会计有新的构建坐标，除了树立新发展理念与强化结构性调整外，还需要强化会计工具的执行性能力。新时代的会计工具创新，需要围绕数字经济与数字化改革的外在驱动，帮助企业管理当局明智决策，在可持续发展的基础上，实现价值创造与价值增值的内在需求。

一、数字化改革促进会计工具的制度规范

随着数字技术的广泛应用，必须用发展的眼光开展会计工具的创新，需要提升预算管理与成本控制等传统会计工具的价值内涵，将权变因素嵌入会计工具应用的各个环节之中，使决策和管理留有权变的空间，使企业经营和管理的主动性，在每一个环节都能充分发挥出来。

1. 制度变迁对会计工具创新的影响。随着数字技术的不断进步，会计工具面对企业价值实践中的收入多次确认与计量问题，如何从制度层面加以设计与规范，或者怎样合理地揭示这类价值实现的会计信息质量特征等，值得从制度理性的角度加以思考与挖掘。近年来，我国政府顺应信息化、数字

化、网络化、智能化的发展趋势，结合国内与国际经济新形势，提出了"双循环"经济发展新战略，立足点是及时抓住国内外的新机遇，主动应对挑战，通过制度建设引导企业面向国内大市场，并加强全球合作。通过数字技术的普及与应用加快实现具有中国特色的自主性全球可持续发展之路。即将经济全球化的主战场放在国内，利用本国巨大的市场规模带动经济的全球化发展。新时代的会计"应用环境"表明，改革开放以来，我国经济政策与制度中形成的"效率优先、兼顾公平"等理念，需要适时地进行调整并合理地扬弃。比如，在仍然鼓励一部分人富起来的同时，更多地转向共享发展的公平发展观念，以便让绝大多数人都可以分享发展的红利，缓解收入分配上的悬殊差距。这对会计中的社会成本、责任成本等管理工具有重要影响。再者，在经济发展结构上，过去的投资理念也需要作出调整，比如向创新驱动的新发展理念转变等。对于会计工具来说，以往强调单一工具的创新驱动，这种开发并应用会计工具的范式，正面临数字化条件下组织间协调平衡带来的技术挑战，为了适应数字化改革需要，倡导均衡协调的会计发展观念，维护整个社会经济的共生、共享与共建（Briel et al. , 2013），转变会计工具的创新观念，对顺利构建中国的现代化经济体系具有积极的贡献，从会计的价值导向、经营模式、发展业态等方面为会计工具发展提供了路径选择。现实情况是，仅仅依靠供给侧结构性改革对会计工具的发展加以引导，其效果是有限的。即无论是制度制定者还是实施者，均仍未感受到明显的中国会计创新与发展迹象。会计是环境的会计，会计工具应用是一种市场化行为，只有当某种工具应用能够为企业创造价值并实现价值增值时，企业自然会愿意采用这种工具。针对会计工具的应用现状，如何实现供给侧与需求侧的有机匹配，不仅关乎政府的决心与信心，还牵涉到会计人员观念的转变、人才的培养等方方面面的内容。

从数字化改革的环境变迁看会计，会计工具的开发与应用已经进入了权变性的发展阶段，结合"双循环"的新理念，可以发现会计工具创新驱动的内在成因，即各种主客观条件都迫使企业转换发展路径，扬弃客场全球化的战略取向（刘志彪，2021）。换言之，随着我国人均收入的持续提高，国内的市场规模已经具备相当的规模。与收入水平提高相伴随的要素成本必然水涨船高，传统意义上的要素禀赋优势已经不再为继，尤其是低廉的劳动力无法维系。与此同时，欧美的市场规模也难以容纳中国超级化的生产能力，以中美贸易摩擦为代表的各种纠纷使出口导向的战略无法延续。"长三角""珠三角"奉行的模仿为主的国际代工模式已经失去发展动力，以"双循环"为基础的产业链、供应链体系构建迫在眉睫，必须依靠国内自身的市场规模来培育企业自主的科技创新力。这种制度理性对会计工具的开发与应用提出了新的要求，现行的工具方法体系面临重大调整或重构。制度理性与工具理性往往是统一的，一项制度的颁布往往需要工具理论加以评价与衡量。在制度理性的范围内，工具理性是必然的。但是，制度本身是动态变化的。比如，新时代的制度理性最本质的特征是实现高水平的自立自强，既不封闭独立发展，也不依附于别人。针对当前我国一些产业发展中存在关键产品、设备、环节等的"卡脖子"现象，制度理性要求企业或行业自主创新，全面推进科技创新的部署，集合优势资源，采取创新攻关的"揭榜挂帅"体制机制，增强创新链和产业链对接机制的有效运行，并在"双循环"新发展格局下寻求产业领域新的支撑点。从企业角度讲，制度理性对于规范社会经济行为是必要的，但前瞻性地选择工具理性的行为安排显然还是一个创新区域。从这个意义上讲，会计的工具理性应探索性地开发与应用相关的前瞻性会计工具，加大制度理性与工具理性的协调与配合。

2. 制度优化是会计工具创新的理性需求。制度优化是对制度理性的修正，是制度理性在特定时期的体现。通过会计工具创新实现企业数字化产品的推陈出新，是夯实企业财务基础的重要手段。或者说，通过数字技术赋能企业，探索制度优化在企业会计工具理性与价值理性中的应用场景，是推动企业技术进步与管理升级的保证。从"双循环"的制度设计来看，强调中国作为全球经济发展的主战场，这仅是一种战略构想，具体的规范仍需要各个方面贡献智慧。客观地讲，基于内需的经济全球化，需要利用内需连接国内市场和国际市场，或者说是基于内需的对外开放。在这种新发展格局下，内需将成为新一轮经济全球化的战略工具、重要资源或运作手段。所谓的"主场全球化"，就是将中国的大市场作为全球市场，既成为世界供给中心又成为需求或市场中心，表现为"拉动""连接""集聚"。即利用内需促进国内市场的进一步开放，拉动中国经济增长并为全球经济复苏和增长作贡献；同时，利用内需连接国内外市场，以国内市场循环带动企业参与国际市场循环。利用内需集聚资源，一是吸收国外先进技术、人才为中国创新经济服务；二是鼓励中国市场走出去。会计的价值理性，就是要顺应这种制度环境的变迁特征，主动把握机遇，积极推进会计工具的创新与发展。从当前的制度特征看，制度优化需要纠正资源错配的内在成因，通过扩大民众收入、释放内需潜力和加快培育完整的内需体系来实现制度的理性。会计工具的开发与应用要与居民收入分配、提升消费层次等需求相联结。以扩大内需为基本特征的主场经济全球化战略，对于纠偏世界经济结构失衡状态以及促进全球经济增长和协调发展具有重要的现实价值，体现出中国会计工具的创新力量。换言之，增加国内消费需求、提高国民对发展的获得感和幸福感，也是会计功能体系拓展的基本要求。实行高水平对外开放，必须具备强大的国内经济循环体系和稳固的基本盘，它是我国制度型开放政策的力量源泉。会计的价值理性需要培育出更多具有自主知识产权的创新型企业，并能够提升企业在参与新一轮经济全球化中的竞争优势，从而进入会计工具创新驱动的自主开发与应用轨道。中国主场全球化要培养世界级的市场驱动型"链主"，获取产业链话语权；同时，在超大规模市场的基础上，培养掌握拥有高端技术的创新型企业，继续加强技术标准和产业的全球合作（Boland et al.，2007），建设好以5G、算力网络为代表的新的基础设施建设，运用好算力、算法与数据的新经济要素，为企业数字化转型作出更大贡献。

二、数字化改革推动着会计工具内涵与外延的扩展

在数字化改革背景下，创新势能不断释放。基于数字技术的会计工具创新改变了传统会计收入、成本与资产的管理方式，使会计确认、计量与报告更加模式化与智能化。

1. 数字技术应用对会计工具创新的影响。在数字化改革背景下，会计工具由传统的核算与控制转向智能算法与智能应用；同时，借助于数字的加速聚合与提炼以及信息的综合与判断，提高企业收入确认会计管理工具的延展应用与创新普及。企业是实现创新与技术变革的核心组织机构，在决定相关技术变革的速率、方向与本质上起到重要作用。通过鼓励新领域的开拓和新知识的获取，会计研究框架融多学科于一体，通过增加"面向未来"和"前瞻管理"等大类工具的设计，开发新的会计应用工具，必须突破传统会计价值创造的经营模式，构建"共享、跨界融合、合作共赢"的新模式，培养借助大数据和云计算开展分析的理性思维。企业数字化转型带动了覆盖各个领域的数据要素的收集和流通，推动了信息透明化，降低了交易成本，实现了价值链中"链主企业"与"配套企业"交易的"准内部化"。通过会计框架搭建一个平台（如数字技术与业财融合的中心），让"生态"在平台中得到良性循环，进而形成会计创新生态系统。会计通过服务于网络组织，更好地分配全球价值链中的各种资源。即为解决产能过剩、创造全球共享价值贡献自己的力量。

《中国互联网发展报告2021》显示，我国2020年数字经济规模达到39.2万亿元，占GDP的比重达38.6%，保持9.7%的高位增长速度，成为稳定经济增长的关键动力。数字化改革具有巨大的发展潜力，并对制造业模式产生全方位的革命。未来很长一个时期，数字技术将成为企业转型升级的核心。目前，企业经营模式和业态的数字化嫁接，正处在一个发展的上升通道之中，实现数字经济时代数字技术生产与价值管理的双向嵌入，将成为会计工具创新的必然选择。必须以正确的价值观引导"算法"推荐为企业实现数字化价值提供助力（Briel et al.，2018）。从当前数字化改革的实践看，企业向第三方出售数据是一种普遍做法，但应用"算法"推荐实现价值的增值，一直以来是数字治理中的一个难题。如何规避风险，其中的主要对策是完善政府层面的法规体系，避免企业出现违规现象。从企业角度讲，还需要强化自主治理，构建积极向上的企业文化，比如至少应该适度地向消费者和员工披露其实施"算法"的意图。"算法"的价值实现依赖于大量组织偏好和过去行为的详细数据，通过某种合法的方式引导组织进行利益最大化的选择。对此，必须在保持这些数据透明的前提下设计数据标准，应该选择有益于各方的算法推荐（Ferraris et al.，2019）。对此，围绕收入确认与计量等会计工具的深度开发十分迫切。或者，将"算法"推荐等的收益管理工具独立出来，融入会计的工具系统之中，在不违背法律法规的前提下①，更大限度地实现企业的价值创造和价值增值。利用数字技术的新进展，针对特定的收入确认与计量等进行思考并作出有效的决策，这对于"算法"价值的实现具有重要意义。在数字市场体量巨大的美国、欧盟和中国等经济体，针对互联网平台无序扩张和"赢者通吃"行为，监管者出台了一系列反垄断和反不正当竞争的法律法规以及政策举措，强调公平竞争，保护数据安全和个人隐私信息，维护消费者权益和社会公共利益。

对于企业来说，各种数字技术的综合利用，目的是确保复杂的计算结果能够得到利益相关者的理解，而不是谋取不当利益的手段，否则，必须受到相应的惩罚。实践中，排除、限制相关市场竞争，妨碍市场资源要素自由流动，削弱平台创新动力和发展活力，损害平台内商家和消费者的合法权益，将构成《反垄断法》第十七条第一款第（四）项禁止"没有正当理由，限定交易相对人只能与其进行交易"的滥用市场支配地位行为。数字化改革背景下的数字技术进步，"算法"推荐未来还要继续发展。当前，越来越多的企业开始投资于可解释的人工智能的解决方案，或者应用这种算法的企业需要谨慎地管理这种技巧，通过构建双赢的解决方案，在数据收集、存储和处理过程中体现透明度和价值实现的合法性。当数字技术飞速跃进，使现有企业的技术和优势不再发挥作用时，行业的进入壁垒反而会降低。有些企业不自愿实施数字化改革，试图保留自身在传统产品上的优势或高利润的产品或服务，这无疑为新进入者敞开机会之门（Hess et al.，2016）。客观地说，有关"算法"推荐的法律法规正在不断完善之中，从国际情况看，2020 年 7

---

① 我国数字经济高速发展的同时，信息安全领域的法律框架也正在搭建。2021 年 9 月 1 日，我国第一部有关数据安全的专门法律《数据安全法》开始实施，《个人信息保护法》也自 2021 年 11 月 1 日起实施。

月，英国优步司机对优步公司提起公诉，声称该公司未能按照 GDPR 规定改造其法律业务，指出其算法缺少透明度。同样，在美国，联邦贸易委员会多次对算法推荐研究提供资助，并发布相关的消费者指南，旨在提升消费者隐私和算法责任。总之，数字化改革有助于提高"算法"价值的透明度，为组织或个人在是否退出算法推荐等问题上作出更多的选择，并拥有相应的知情权，尤其是有关个人的决策时，必须避免种族或性别等的歧视或偏见。

2. 数字化改革增进会计工具的智能化水平。波特和贺普曼（2014，2015）认为，人工智能对企业产品生产有深刻影响。智能互联产品不断发展，并逐渐融入更为广阔的产品系统之中，这股浪潮正激烈地重塑今天的企业和竞争格局。数字化改革使行业边界得到极大拓展，尤其是智能互联产品数量不断增多，产品的结构性动因发生改变。即前期的软件开发、更加复杂的产品设计以及搭建"技术架构"等的高昂费用，使产品的固定成本大幅提升。或者说，由于新型供应商与终端用户的紧密关系以及掌握的产品使用数据，智能互联产品成本中的固定成本比重提高，而可变成本的比重降低，这使单纯价格竞争的空间缩小。在边界快速扩张的行业，行业整合的压力会更大。单一企业很难与多平台组织抗衡。同时，智能互联产品的功能得到极大扩展，反过来影响了"智能化"价值实现效果，比如一些企业之间展开"谁的功能更丰富"式的比拼等，这会推高产品的成本，蚕食行业的整体盈利能力（Maas et al.，2016）。对此，需要结合会计工具创新加以引导。随着智能互联产品成为更广泛产品系统的一部分，竞争范围将进一步升级（Porter，2014）。对于行业进入壁垒的向上修正，早期积累数据的企业具有先发优势。亦即，智能互联产品不但能重塑一个行业内部的竞争生态，更能扩展行业本身的范围。因此，行业的竞争基础将从单一产品的功能转向产品系统的性能，而企业仅仅是平台经济组织中的一个参与者。换言之，企业可以通过智能互联将价值主张扩展到产品以外，比如提供有价值的数据和增强服务等。"智能化"的价值实现使收入确认等会计管理工具发生巨大的变化，比如企业如何创造和捕捉价值、对于大量与产品相关的数据如何有效利用和管理、如何改进与传统业务伙伴的关系等。数字化改革的实质是竞争本质的变化，不应局限于技术本身（Liu et al.，2011）。智能互联产品可能给竞争带来重大影响，创造无数产品差异化和增值服务的机会。企业还可以进一步改进自身产品，以对应更加细化的市场分层，甚至根据个人客户进行定制化生产，进一步增强产品差异性和价格均价。从互联网到物联网是"智能化"的一次升级。即智能互联产品的独特之处不在于互联，而在于"物"。一些强大的新进入者会涌现，它们不受传统产品定义和竞争方式的限制，也没有高利润的传统产品需要保护。因此，它们能发挥智能互联产品的全部潜力，创造更多价值。产品新能力体现的数据使企业开创了一个新的竞争时代。此外，从物联网到云计算则是另一次"智能化"的变迁。基于云计算的"智能化"数字技术不仅拓宽了会计工具的广度和深度，也使各种硬件与软件进入现有产品的功能结构之中，实现了企业产品生产和顾客使用之间的人机互动及其深度交互。智能化数字技术除了将业务从线下转移到线上等方式来实现降本增效外，还极大地提高了企业的管理效率，激发出会计工具的创新动能（陈冬梅等，2020）。以矿山采掘为例，一台5G智慧挖矿机吸引了很多人的目光，通过5G无人驾驶技术以及低时延、高带宽的特征可以实现秒级的响应，工作人员坐在空调室里就能远程实施这些危险性"挖矿"作业。在2021年世界互联网大会乌镇峰会上，浙江桐乡的一家化纤企业介绍了实现"智能化"价值的体现。该企业建成的5G智能车间，借助于5G + AI智能巡检机器人进行自动巡检，搭载在机器人上的5G高清摄像头实时传输采集到的纺丝生产线的数据信息。该企业除了打造5G智能车间外，还建成了属于自己的工业互联网平台。这个已建成的数字化平台，通过应用5G、大数据、云计算等新一代信息技术实现"智能化"的数字价值。目前，这个平台已经连接了整个集团七百多条产业线，三万多台设备，目标是要实现整体智能化。

3. 促进数字技术与会计工具的融合创新。会计实践服务于企业数字化转型，离不开会计的管理控制系统与信息支持系统功能的数字化转型。通过会计工具的数字化嫁接，积极融入互联网和大数据等数字技术结构组合下的共享平台，能够提高效率、降低成本，加快推进企业数字化转型。数字技术包括"大智物移云"与"区块链"等内容，前者由大数据、人工智能、物联网、移动计算技术与云计算等构成，后者是一种支持信用的数字技术。将"数字技术"聚焦于"大智物移云"和"区块链"，有助于从会计工具创新视角研究数字化改革，丰富企业数字化转型的理论内涵与外延。21世纪初的智能化产品开发与应用是以物联网为基础展开的，由此而形成的智能互联产品使会计的确认、计量以及相关的会计政策与工具应用面临冲击。当前，数字技术推动了供需信息的透明化，降低了交易成本，使市场参与者更紧密地联系在一起，具有显著的网络效应。数字技术将过去隐性、未充分利用的知识、惯例等显性化、要素化，并以极低的成本推动这些数据要素的积累、交流和扩散，有力地促进了包括会计工具在内的创新活动广泛展开。

以"大智物移云区"等为代表的数字技术对会计的影响分三阶段：一是优化数字化对象，通过强化智能化会计工具的创新促进数字技术在企业中的广泛应用。二是实施企业数字化转型，借助于会计工具的数字化转型，应用大数据、人工智能和云计算等技术重塑企业的价值创造机制。三是数字运算，应用大数据、算法和机器学习等数字技术，使会计工具由传统技术手段的应用转变为面向未来的管理手段。数字技术与会计工具的融合创新使企业的研究与开发费用稳定增长，为企业可持续的发展提供数字技术的保证，使企业盈利的有效性大大提升。一方面通过数字化、网络化转型实现了企业数据采集、数据互联互通，提高了企业生产制造效率，并拓展了远程运维、定制化生产等新业态新模式，提升了企业核心竞争力；另一方面随着数字技术与会计工具的不断融合与深入推进，促进了产品加工精度的提升，一批智能互联产品得以开发与生产，推动企业更好地服务于经济建设。从会计的管理控制系统功能分析，会计要服务于产业数字化与数字化转型。产业数字化是数字经济的主引擎，核心是传统产业的数字化转型。数字化转型是利用数字技术对企业进行全方位、全链条的改造和提升，促进业财融合，催生更多的新业态和新模式。从会计的信息支持系统功能看，数字技术与会计工具的合力作用，能够有序引导数字科技、数字产业、数字治理等的协同发展，并且通过构建新的经营模式与商业新业态来创造新的产品和服务。此外，数字技术与会计工具的融合创新，将对企业的决策方式产生颠覆式影响，多维分析模型、数据算法、可视化工具将成为辅助会计工具的重要手段，会计工具创新与数字化改革的出现使企业数据的数量和质量实现了跃迁，数据的价值被充分地挖掘，推动着会计工具方法的职能范围不断扩大和升级。

4. 会计数字化转型的实现机制。新经济时代的会计实践表明，企业必须重新认识可持续性成功的战略机遇，寻找新的发展路径及其实施的可能性。会计工具创新要面向企业内部流程优化与提升管理效率与效益，即在提高企业管理韧性的同时，满足顾客价值创造并实现企业的价值增值，促进会计制度完善与不断优化。

一是拓展会计工具应用的思维范式，强化创新对企业数字化转型的贡献。《会计改革与发展"十四五"规划纲要》提出："切实加快会计审计数字化转型步伐，为会计事业发展提供新引擎、构筑新优势。"在企业数字化转型中，"数据"是核心，"连接"是关键，"协同"是重点。其中的"数据"需要会计信息系统工具的支持，而"连接"与"协同"则离不开管理控制系统工具的配合。正如《会计改革与发展"十四五"规划纲要》提出的"会计职能需要实现拓展升级"，即借助于会计工具创新将业务与财务聚合在数字化价值的统一平台上，形成标准统一、合理规范、数据归口的会计数字化转型系统；同时，系统间高效协同，资源与服务高效运转，在数据信息反复使用、灵活整合的过程中，为企业数字化转型提供财务与业务的"连接"与"协同"，促进智能化产品的快速开发与迭代。即以数字化信息化技术为依托，以推动会计审计工作数字化转型为抓手，健全完善各种会计审计数据标准和安全使用规范；同时，在会计的信息支持系统平台上，强化数据质量的控制以及数据安全的保障等诸多方面的功能作用。这有助于形成对内提升单位管理水平和风险管控能力、对外服务财政管理和宏观经济治理的会计职能双向拓展新格局。在市场经济条件下，会计工具创新与企业数字化转型的目的是一致的，即都是为了企业的价值创造与价值增值。或者说，数字化转型下的成本管理工具创新仍然是企业关注的核心（陈良华等，2016）。对中国企业来说，即使像芯片这样的产品也并非完全因为技术问题而不能生产，而是生产出来的芯片成本太高，没有商业价值（焦勇，2020）。成本下降速度堪比摩尔定律。比如，有关基因组测序，美国因米纳（Illumina）公司将其单位成本从 2001 年的 1 亿美元降低到 2019 年的 1 000 美元，20 年间成本下降到百万分之一。不仅如此，中国华大基因公司又在 2019 年将其单位价格降低到 600 美元。还有马斯克的电动汽车，其通过降低成本来降低价格进而扩张市场的战略，已经让中国车企感到压力。数字经济时代要求企业不应仅局限于技术本身，还应聚焦于竞争本质的变化。比如，智能互联的工业机器人能够自主地实现优化企业生产行为等的协调机制作用，使企业的竞争本质发生改变。数字技术与业财融合的相互对应，便于构建全新的智能经营模式，能够为会计工具开发与应用确定、分析和评价业务活动的效率与效益以及实施场景创造和实现价值的能力或收入的实现提供决策有用的信息，为全社会、全人类创造价值。以"大智物移云"和"区块链"为代表的数字技术在会计实践中的普及与应用，使会计工具能够更全面地融入企业经营活动的全过程、全环节、全要素和全视野，并在会计信息支持系统的动态化管制下，实时提供信息，消除企业的"信息孤岛"，弥补传统会计控制系统存在的信息滞后性缺陷。数字技术的广泛应用，使会计工具朝"生态"化的动态组合方向进行整合，并不断实施创新。然而，会计工具在嵌入这些数字技术时需要关注相应的风险，需要结合会计的信息支持系统功能予以防范或提出应对策略。

二是提高会计工具的功能边界。目前，数字化正在成为当代社会的主要发展方向，并对会计工具的形成与发展产生重要影响。表面上看，会计数字化就是采用数字技术，使会计信息实现全流程、诸环节的数字化。然而，"从信息化到数字化"只是会计工具智能化的一个中间环节。会计数字化转型的本质是会计工具的智能化，即围绕会计数据收集和分析的数智化，配合企业从"数字化向智能化"方向升级，实现会计信息支持系统与会计控制系统的全面融合，发挥会计工具实现机制的积极作用。因此，重视研究会计实践中数字技术的选择与应用，围绕会计工具创新驱动会计范式的重塑与再造，促进企业或产业集群区域会计工具或方法的开发与应用。这是会计服务于企业数字化转型的内在要求，也是会计数字化转型实现机制的客观体现。

从供给层面来看，会计数字化转型是充分利用数字化技术优化会计的功能结构，以"大智物移云"和"区块链"等数字技术为依托，提高会计信息支持系统对数据资料采集与加工处理的能力，将数据转型为有用的信息，进而转化为数字资产，并在管理控制系统的配合下将数字化价值与企业的业务与财务活动相融合，提高企业价值创造的决策效率与价值增值的管理效益（于增彪，2021）。从需求层面来看，企业数字化转型已经成为一种必然趋势。会计数字化转型的本质是提高会计工具的功能边界，扩展工具应用的传统思维，即从流程驱动转向数据驱动、用户驱动、价值驱动，进而提高企业的核心竞争力。企业组织等应用层面要结合自身的情境特征，推进产业集群或企业运用数字技术的主动性与自觉性，提高企业内部管理的控制水平和风险防范能力；或者说，重新构建会计工具的方法体系，思考工具应用的组合结构，使会计工具体系的设计、搭建、运行与效果反馈（plan、build、operation、effect，PDCA）等活动过程主动匹配数字技术，尤其是确立数字资产等的管理标准，主动化解企业外部的环境不确定性。从现实条件来看，借助会计工具与数字化的深度融合，企业数字化转型的趋势更加明显，会计功能得到了新的更新和拓展，比如通过信息支持的工具系统打造端到端的数据管理平台，帮助企业从非结构性数据中提取有价值的结构性信息，及时输出至企业管理层，提高企业决策效率；通过管理控制的工具系统落实数据层面的企业各项管控要求，主动对接相关专业的系统数据，打通数据流动的渠道，实现数据的自动交换与智能分析，提高企业数字化转型的价值创造能力。

第四节　数字化改革背景下的会计工具创新及其实践应用

数字化改革背景下的会计工具研究应当从宏观、中观和微观财务政策配置的多维度视角出发，重新思考传统经济学假设和管理学的理论基础，并围绕企业经济活动中出现的新情况对会计工具的理论与方法体系加以改进和完善。

一、会计工具创新框架的构建

结合动因理论，将数字化转型与会计工具创新从结构性动因与执行性动因两个视角设计理论模型，重塑数字化改革背景下会计工具创新的理论框架，具体如图6-1所示。

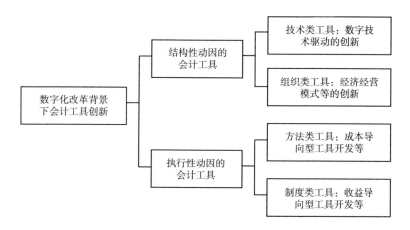

图6-1　数字化改革背景下会计工具创新的理论框架

图6-1表明，在数字化转型背景下，会计工具创新除了考虑工具的技术理性外，还需要结合工具的价值理性，综合分析会计工具开发与应用的广阔前景。从组织视角看，数字化改革关键在于人才，如何培养既懂会计专业技术又懂数字技术的综合性人才，有助于合理选择符合企业情境特征的数字化技术手段，强化数字资产管理工具的价值创造与价值增值功效。结合图6-1，可以从结构性动因与执行性动因视角考察工具创新的情境。

1. 从结构性动因视角看会计工具的创新。一般而言，技术类工具的创新偏向于"工具理性"。从结构性动因视角嵌入数字化改革有助于修正纯技术性可能带来的偏差，进而优化会计工具的性能与成效。或者说，是数字化改革背景下会计工具创新与发展的内在要求。通过数字技术在会计工具创新中的应用，可以归集为图6-1中的技术类工具创新与组织类工具创新两大类。

基于数字技术的会计工具创新路径大致可作如下选择。

一是改造现行的会计工具方法。这是最主要的一种形式，也是企业数字化转型下创新会计工具最行之有效的路径。会计工具不过是企业众多管理方法中的一种形式而已，其作用不是无所不包。数字化转型下的会计工具功能作用也不是无所不能、无边无界。即不能过于高看会计工具。数字化技术的应用是权变的、结构化的，会计工具应用的目的是保持企业可持续性的成功。面对企业效益好（景气）时，可以将数字技术嵌入兼并重组、项目管理与绩效管理等工具之中，帮助企业管理当局拿出好的方案，作出明智的决策。当企业效益不好（不景气）时，可以面向未来，前瞻管理，采用精简、瘦身等管理方式，将数字技术嵌入全面预算管理等工具方法之中，或者利用数字化技术，通过线上与线下财务政策的组合方式寻求企业生存与发展的最佳工具配置。

二是开发新的会计工具。要结合数字技术的核心概念和制造业企业产品优化升级的要求进行会计工具开发与应用。从"理念—概念—工具"的创新路径出发，充分理解与认识数字技术及其产品（如智能互联产品）的内涵与外延，以及制造环节涉及的产品领域与功能边界；同时，针对产品优化升级与数字技术的内在关联，比如数字技术结构的调整、行业特征和产品生命周期作出的合理预期和判断等。最重要的一点，是从会计权益视角探讨数字技术对会计工具外延的认知，比如数字资产的确认、计量与报告的质量特征，尤其是智能互联产品收入的多次获取，以及智能化资产的增值方式特征等。将技术工具理性与组织价值理性互相融合并进一步推动会计工具创新，这是数字化改革背景下会计研究的一种客观必然。

三是整合具有价值相关性的会计工具。在技术类工具中，重点整合基于信息基础设施和运维平台的结构性工具，形成经营管理层、生产执行层、操作控制层责任权限明确的工具属性。在数字化改革的背景下，驱动组织价值创造与价值增值的因素很多，除了传统的有形资产，如人工智能设备、产业互联网设备等硬件系统外，与此关联的软件系统、产品创意、品牌影响、创新能力、团队合作、关系资本等无形资产也至关重要。因此，会计工具的整合创新是一种研究的主流倾向；同时，鉴于数字化技术，比如人工智能对产业链、价值链延伸产生的冲击，以及对产品生产结构和市场销售结构带来的影响等（Porter et al. , 2014），使产品生产与成本管理嵌入的方式发生改变，如产业数字化转型或者制造业内部智能化升级等带来的成本增量（即转型成本），会对原有的收入确认、计量与报告产生新的需求等，使原有的会计工具内在机理与功能发生动摇。对此，如何寻求权变的动态工具整合新机制十分重要。必须从组织创新视角加以观察，并对现行的组织类工具进行整合，使其与技术类工具相互匹配，使数字技术等的工具组合在产品制造的核心数字要素应用中发挥积极功效。

整合会计工具，要进一步优化结构性动因视角的创新机制，催生出数字技术与成本管理整合的新模式。数字技术中的人工智能与成本管理具有天然的融合特性，人工智能在制造业中的应用价值就在于产品生产中的智能化成本管理，比如结合对人工智能环境下的工作岗位和员工被替代概率与人员数量的统计，选择不同的数字化技术工具调整经营模式；同时，采用不同成本管理工具评价可能对生产效率与效益产生的影响等。尽管企业高质量管理需要数字技术的支撑，然而人工智能之类的数字技术更新速度快，不同时期产品生产的特征及消费者的偏好都会受到数字技术的影响，对财务政策的需求也总是处于动态变化之中。从政府层面思考，如何在税收、资金以及产业政策的目标、工具和方向上加以定向配置，是企业产品生产与成本管理良性嵌入的保障。要强化对现有会计工具的优化控制，可以结合西蒙斯（Simons, 1995）提出的四个控制杠杆将数字化技术嵌入财政部已经或需要再颁布的会计工具之中，比如优先将数字技术应用于平衡计分卡（balance scored card, BSC）或目标与关键成果法（objectives and key results, OKR）等工具之中；同时，根据西蒙斯的控制杠杆理论，在数字化改革背景下，基于企业材料价格的上涨原因按"用量差异"或"价格差异"等开展诊断性分析，或者采用数据总结、用户图表等实施理念层面的数据引导，以发现历史数据中的客观规律并实施边界控制，进而提高交互式控制的深度和广度。此外，应调动企业对数字化会计工具开发与应用的积极性，激发广大会计人员的主动性与能动性。从本质上讲，收集数字是会计的基本职能之一，如何发掘深层次的数字信息，并形成有资产价值的"数字资产"，需要会计人员主动转变观念，从扩大企业的控制边界入手，由信念导向的描述性向诊断性控制转变，提高交互式控制下数字资产的可预测性和操作可行性。面对数字化改革背景下的会计工具创新，必须加强前瞻性管理工具的开发与应用，要结合 IASB 对表外信息决策有用性的新规范，理解前瞻性信息与财务报表之间的内在关联，努力扩展企业盈利的空间，通过发挥会计工具的创新机制实现企业经营的可持续性成功。

2. 从执行性动因视角看会计工具的创新。在数字化改革的浪潮下，企业转型升级是一种内在驱动，它不同于传统的制造业企业的转产理念。从会计工具执行性动因看，如何广泛地适应顾客需求进行产品或服务的实时快速调整，需要会计工具在产业链、供应链以及价值链管理方面的协同与配合，并主动探寻数字技术情境下会计工具应用的效率与效益。此外，如何将数字化技术嵌入现有的会计工具之中，或者结合商业模式创新进行会计工具的数字化驱动，成为企业数字化转型中的一项重要内容。结合企业数字化转型发挥会计工具创造价值的功能，全面推进以数字技术为载体的会计管理现代化，需要在方法类工具与制度类工具上进行创新驱动。此外，会计工具要在正式制度工具引导的同时，鼓励企业开发适合自身需求的非正式制度类会计工具，以增强市场竞争的有效性与可行性，促进企业价值创造的持续性成功。

从会计工具的执行性动因出发，要防范利用数字技术损害企业组织间竞争秩序等的负面行为。一方面，大企业在追求和获取用户数据时，往往已深度涉及用户的隐私数据。随着数据变得越来越容易获取和个性化特征增强，会计工具创新的重点是要针对大数据应用可能带来的隐患或风险，进行安全性与可控性的边界控制。另一方面，互联网平台通过自身占有的大量数据优势以及雄厚的资本，以资本疯狂补贴打价格战等的无序扩张方式占领市场，并最终给社会上的中小企业或个体户等的利益带来明显的影响。平台经济的发展表面上提高了效率，而实际上对公平竞争产生了冲击，尤其是在"六稳""六保"的经济政策下显得格格不入。它表明，会计工具的创新驱动不能仅仅停留在微观的企业主体层面，需要结合宏观、中观与微观立体的财务政策配置与工具创新场景，从执行性动因理论出发，围绕国家数字化改革的背景，不断优化会计行为，培植会计工具的创新机制和制度环境。

二、执行性动因下的会计工具案例指引

为了便于对数字化改革背景下会计工具创新的认知，结合图 6 - 1 中的方法类工具与制度类工具的创新类别，围绕执行性动因以收益导向和成本导向为例展开讨论。

1. 收益导向型工具的开发与应用。收益导向型的显性特征是，数字化改革必须能够为企业创造价值并实现价值增值，否则企业数字化转型失去意义。在数字化改革背景下，企业是产业数字化和数字产业化的基础环节，在数字产业链价值形成与创造的过程中，企业需求侧管理显得尤其重要。嵌入企业数字化转型中的收益导向型工具不同于传统的单一会计工具，它是在数字技术开放性特征下的情境化管理工具，是对会计工具边界的一种挑战，也是会计工具创新发展面临的新机遇。数字化技术下的会计工具需要将企业的价值创造源泉由内向外转移，从制造领域逐步转移到消费领域和上下游企业协同的创造价值环节，由此必然会诱导产业价值链的持续重构（傅元略，2020），比如借助于数字化技术在会计工具中的嵌入，开发出创新的智能互联管理工具等。这类会计工具通过交互式控制使制造商与用户数据关联，能够为顾客预测出故障发生的具体时间或多大概率，提高顾客的决策效率。或者，将会计工具嵌入制造环节，使企业生产管理增加柔性制造和精益制造的技术能力及管理水平，积极创建"数字管理"的方法体系。即通过企业数字化转型进一步优化生产流程，提高会计工具的管理效率，实现组织重构与流程再造的效率和效益。

在收益导向型工具开发与应用方面，我国的海尔集团具有较强的代表性。海尔的这种收益导向型工具开发与应用基于的是"物联网"数字化工具的"人单合一"管理创新（张瑞敏，2021）。海尔提出，"企业要么自进化，

要么自僵化",传承的是海尔提出的"斜坡理论"。海尔自进化的目标,一个显著的口号是构建"生生不息的商业生态"。数字化改革背景下的海尔会计工具创新有以下特征。

(1)在公司的价值观上,坚守"人的价值最大化"理念。在不同价值诉求的多元文化中,如何寻找共同点?海尔采取的对策是"人的价值第一"。目前,国内外许多学者都认同海尔的普适价值观,即"人单合一"。2019年8月19日,181家美国顶级公司首席执行官在华盛顿召开的美国商业组织"商业圆桌会议"(Business Roundtable)上,共同联合签署了《公司宗旨宣言书》(以下简称《宣言》)①。《宣言》重新定义了公司运营的宗旨,宣称:股东利益不再是一个公司最重要的目标,公司的首要任务是创造一个更美好的社会。在数字化改革的背景下,社会对企业及其社会责任的履行诉求不断深入,公司价值要不忘初心,并在持续推动社会进步、环境和谐等方面发挥积极的作用。在这一情境特征下,股东利益最大化为信条已不合时宜。在数字经济时代,企业要力图在创造价值的同时,为共享价值打开通道,构建一个美好的社会。海尔的"人的价值最大化"理念与《公司宗旨宣言书》提出的创造"美好的社会"的宗旨是相互吻合的。它带给我们的启示是:尽管股东利益依然很重要,但面对数字经济的新时代,股东及其利益相关者的关切已经发生了显著改变,或者说是颠覆性的革命。公司价值观要服从企业数字化转型的战略需求,强化系统、长远和动态的认知。对此,企业必须树立"以人为本"的人类命运共同体理念,主动调整自身在社会进步中的角色和定位。企业战略决策的落脚点要放在"人的价值最大化"的需求侧管理上,传统经典的战略管理理论和控制理论需要结合数字化改革下的制度变迁加以修正。体现"人的价值最大化"的"商业与社会可持续生态"将成为数字

---

① 1972年成立的"商业圆桌会议",对商业发展有着前瞻性引领作用,自1978年以来定期发布有关公司治理原则的声明。1997年起,该组织发布的每份声明文件都赞同"股东至上"的原则,凸显公司的首要任务就是让股东受益,并实现利润最大化。然而,在最新发布的这份《宣言》中,商界领袖们转而强调,作为一个具有社会责任意识的企业,公司领导团队应该致力于达成以下几个目标:一是向客户传递企业价值;二是通过雇佣不同群体并提供公平的待遇来投资员工;三是与供应商交易时遵守商业道德;四是积极投身社会事业;五是注重可持续发展,为股东创造长期价值。

化背景下会计工具发展的新范式。

（2）突出"人单合一"商业模式，提高组织或员工的满意度或获得感。"人单合一"是海尔创立的一种会计工具，其基本内涵是：人与单结合，其中的"人"就是该工具中的员工，"单"表示用户的需求/用户的体验，把人和单连接起来使员工和用户一体化，将员工创造的价值体现在用户价值上。在数字化改革的背景下，海尔期望基于"人的价值最大化"将员工创造价值和传递的价值合一，希望价值理性和工具理性合一，进而实现员工创造价值和分享价值的统一。对此，海尔对传统的"人单合一"进行了物联网等数字技术工具的嫁接。相较于云计算，物联网只能算作"云计算技术"中算法的初级阶段，但海尔对于自身的定位与企业数字技术环境有清醒的感知，无论是采用物联网还是利用云计算技术，企业经营的本质并没有变，即仍然涉及人、财、物与供、产、销，真正获得改变的是升级数字化后的组织流程、制造模式、业务模式和商业模式。对于海尔来说，当前选择物联网作为执行性动因是明智的决策，即更符合自身的生产力状况。海尔作为全球最大的家电制造商是国内最早成体系使用物联网的集团公司。海尔的物联网有两个特点：一是生态圈的共创共享。物联网的一大特点是与用户零距离，但是传统电商只有在流量之上产生的顾客，没有用户，谈不上与用户零距离交流与沟通。基于"人单合一"的商业模式为相关利益各方形成了一个最大化的生态圈，参与海尔平台的各家企业或用户是这个生态圈中至关重要的一方。二是建设全生态的触点网络。物联网的另一大特点是分布式，"人单合一"最大的特点就是融合，目标不仅是人与单的合一，而是通过物联网实现经营生态的统一，使参与其中的"人"能够通过"单"的获得参与到物联网的交易活动之中，实现最佳的经营体验。三是生态收入的即时价值。表现在用户，就是能瞬间满足用户的个性化需求，带给用户的体验，不是硬件的功能，而是万物互联的服务方案。

在数字化改革背景下，海尔进一步提出了"三生"理念。即所有企业的商业生态系统都应该是共生、互生和重生的交织。其中的"共生"要求所有利益相关者相互结合，由竞争对手转变为合作伙伴，共创用户新体验；"互生"要求相互协作，通过扬长避短，实现共同发展；"重生"是与数字化改革最贴近的概念，借助于数字技术不断对企业进行再造，围绕企业经营的初心，思考价值创造与价值增值的渠道与途径，比如围绕企业战略目标能否另辟蹊径、开发出新品种等。面对数字化改革，海尔在"三生"理念基础上又提出"三创"概念。即：一是创造性破坏。"创造性破坏"要求从理论到实践、个体到整体，围绕企业组织实施激进式变革，形成新的创造性范式。一方面，利用产业互联网（物联网）等数字化技术，在经营环节推行"个性化、定制化"理念，使传统规模经济理论发生动摇；另一方面，利用数字化技术改造组织结构，通过分布式的网络组织体系实现去中心化，使传统的科层组织理论面临挑战。同时，在物联网技术的协同下实施"零距离"与"零成本"管理，从根本上改变了丰田精益成本管理的经验做法，即"零缺陷"自始至终贯穿于组织整体管理的过程之中，使传统的丰田模式发生颠覆。二是创造性重组。"创造性重组"是对组织重组的重新定义。即通过数字化改革将管理模式、组织架构与薪酬体系进行更紧密地勾连，创造组织管理的新范式。这里重点利用"人单合一"进行管理模式重组，并且结合数字化技术实施组织架构的扁平化，通过让渡三权（决策权、用人权和分配权），增强组织管理的权变性。相对而言，薪酬体系最受关注。建立在平台经济之上的链群合约是实施薪酬体系创造性变迁的基础，也是实现增值分享重组的制度保障。三是创造性引领。"创造性引领"体现了企业管理的本质，即"以人为本"，之所以强调"人单合一"的制度属性，是相对于西方模式的渐进性变迁而言。海尔"以人的价值最大化"理念为引领，有助于"人单合一"制度成为一个完全契约。美国商业组织"商业圆桌会议"提出创造"更美好社会"的企业目标就是一种"以人为本"的管理理念。换言之，海尔"以人的价值最大化"的公司价值观，相较于传统西方企业的股东价值最大化价值观，更符合完全契约的特征。因为企业管理的最终目的都是期望走到"人的价值最大化"即"以人为本"的发展轨道上来。

在数字化改革背景下，海尔"人单合一"的商业模式将催生新的业态，使企业进入自主发展的新阶段。为此，海尔提出了"自主治理"的管理原则。传统公司治理力量借助的是两股力量：一是市场的力量，即"无形的手"；二是政府的力量，即"有形的手"。海尔认为，当前必须采用第三股力量，即企业组织的自主治理。它的提出是对海尔"人单合一"制度的巩固，有助于减少团队活动中存在的"搭便车"现象，也为避免"人单合一"陷入不完全契约提供一种强有力的理论支撑。根据新制度经济学理论，要解决契约不完全的问题，必须建立符合市场经济发展要求的信用制度。即通过最优的契约设计，实现剩余控制权的优化分配，规避契约不完全而引发的信用风险。海尔的"人单合一"就是这样一种最优契约安排，并通过"自主治理"降低契约的不完全性风险。客观地讲，理论上的契约通常都包含完全契约与非完全契约。而且，现实中的契约也基本是非完全的，或者只是一种暂时的完全契约，但长期看又是不完全的。因为制度总是存在剩余空间的，要在一个动态发展的契约环境中对某一事项进行完全规范是存在困难的。海尔的"人单合一"模式在完善剩余控制权的基础上，通过经营控制权的扩展，如经营业态（小经营主体等）的逐步确立，有可能使完全契约机制维持在一个较长的期间范围之内。

（3）打造符合自身特点的"生态品牌"。欲实现"人的价值最大化"理念与"人单合一"商业模式的有机统一，必须构建经营生态体系。在数字化改革背景下，"生态品牌"的形成与发展面临巨大的机遇。

一是数字化技术使体验经济产生出更大的溢价效应。体验经济"倡导者"约瑟夫·派恩（Joseph Pine，2012）认为，商品是有形的，服务是无形的，但是体验是令人难忘的。如果你为物品和有形的东西收费，你所从事的是制造业。如果你为自己开展的活动收费，你所从事的是服务业。只有当你为消费者和你在一起的时间收费时，你才算进入了体验业。未来的竞争业态是"体验业"，海尔的目标就是向体验业拓展，并借助于以物联网为代表数字化技术，打造体验业中的"生态品牌"。从会计工具的执行性动因观察，海尔借助于"生态品牌"所获得的收益，实际上就是体验经济带来的价值。生态品牌和传统品牌最大的一个不同，就是传统品牌获得的是产品溢价，比如耐克鞋，别人卖100元，它可以卖1 000元，但是生态品牌获得是体验溢价，体验溢价和产品溢价完全不一样，需要和用户交互。生态品牌不是一个产品，更多的是一个体验，或者说，是一种解决方案。两者的区别，如表6-1所示。

表6-1　　　　　　　　　　　传统品牌与生态品牌的差异

项目	传统品牌	生态品牌
价值体现	产品溢价	体验溢价
销售对象	产品	一组体验

二是注重体验经济的延展效应。体验经济理论已经深入会计的概念体系之中，比如已经提出的"时间流"，就是一个典型代表。"时间流"（time-flow）涉及会计控制系统中有关现金支付等的心理预期，它是一种借助于行为体验来定义时间的动态性的认知理念（Woermann & Rokka，2015）。"时间流"是企业或组织对某种经营或管理活动能够感知的行为体验的时间流速（长度）。行为体验包含外部情境的设置、管理行为的配合、行动规则的初步感知、目标情感的逐渐融入和文化喻义的深入联想五个具体的维度。

三是围绕体验经济实施创新驱动。海尔将数字化技术嵌入平衡计分卡等会计工具之中，即对传统的会计工具实施开源性的改造。比如，将传统平衡计分卡的"二次元"转向数字化技术下的全息视角，并且从企业内部面向产业集群组织，这种集群区域则由"链群"与"生态"进行相互组合。海尔提出"链群合约"，使集群组织不再是他组织，而是一种自组织、自驱动，并进一步向"自增值—自进化"演进。同时，在品牌影响上，积极利用数字化技术，树立高端品牌的良好印象。通过"三创"概念的引入，重塑体验经济的场景品牌，创造性地构建符合自身特征的"生态品牌"。

海尔的"自主治理"管理理念为"生态品牌"的维护提供了一种积极而有效的驱动机制。即引导企业进行"意义构建"，并逐步形成自我发现、自我创造的公司组织体系。对此，张瑞敏（2021）认为，"产品并不重要，重要的是解决方案"。就是通过"自治理"满足用户个性化的市场需求。或者说，就是用"场景"来替代产品。海尔通过"人单合一"突出"人的价值最大化"，使组织沿着"发现价值—创造价值—实现价值"路径拓展，最终满足组织每一个人的价值诉求。从某种意义上讲，海尔的这种工具创新不是一种产品生产的思维模式，而是出人才、出创客，使整个企业变成一个创客中心①。海尔将小经营主体的经营行为定义为"一种满足个人价值最大化的体验行为"。从市场细分角度讲，这种以场景为目标的"产品定位"是有市场的。借助于数字化技术，海尔有可能实现这种"场景"设计，进而扩大市场空间或容量。海尔在以"创客中心"为代表的"自治理"的同时，保留了部分职能。即在总体经营权由总部控制的基础上，让渡决策权、用人权和分配权。同时，各种生产服务职能也让渡给了"小微"组织②。这种满足"人的价值最大化"的体验经济模式③，可以确保海尔长期生存。海尔的这种"收益导向型工具的开发与应用"带给我们的启示如下。

一是坚持以剩余权控制为主体，增值分享为基础。"小微"的组建有的来自研发，有的来自消费市场，比如围绕顾客要求提出的解决方案公司。这种机制形成的前提是需要下放权力，海尔下放所谓的"三权"，即决策权、用人权和分配权。

二是树立"生态品牌"，倡导体验经济。从海尔的发展看，"生态品牌"是收益导向型工具的重要组件，它有助于组织共创体验，共同进化（Pine，2012）。

三是通过"1 + N"整合资源。即以场景替代产品，积极整合资源，主要是两种形式：（1）简单的整合（牵线搭桥）。利用自身的长处（如海尔拥

① "海创汇"是海尔内部的一个平台，分布在全球的海尔公司员工或组织都可以进来创业。某种意义上是一个创业的硅谷。据张瑞敏（2021）介绍，"2020 年 7 月，已经自主创业上市的有 4 家，独角兽有 5 家，瞪羚企业有 23 家，A 轮以上有 66 家，天使轮、种子轮还有很多"。

② 一般的"小微"组织由 10 人左右构成，集团存在无数个小微企业。海尔引导资金（初期的时候百分之百的股权）吸引跟投资金。小微企业围绕海尔的生产主体，相互促进。利润来源则通过资本市场上市后的股权加以收回，以确保能够获得满意的回报。

③ 海尔的经验是：初期的时候百分之百的股权都是海尔的，但是在一定时间里必须能够吸引来风投。如果风投来了之后并投资了小微企业，成员必须跟投，跟投之后海尔的股份跟着稀释，跟投之后所需要的人，小微企业自己到社会上找、在网上找，工资小微企业自己来定，随便定多少都可以，但前提是必须是增值分享，就是定一个基线，在基线之上可以得到分享。如果在一定时间里，也没有风投来，也没做起来，那小微企业就必须要解散，所以完全是一个社会化的组织。

有的用户或渠道）来成全关联企业的利润，通过"1＋N"分成收钱，催生新的业态。（2）整合创新（组织裂变）。即通过整合引导消费，实现业态的数字化创新。即通过整合带动创新，衍生出新的经营业态。

总之，海尔的收益导向型工具强调的是围绕市场进行创新驱动，无论是"人单合一"模式，还是"以人的价值最大化"为理念引领，都是围绕市场需求满足收益导向的既定目标。即加强"以人为本"的企业价值观构建，努力拥有最多的对公司忠诚的终身用户，通过各类战略信息的收集与综合应用，为企业明智决策，实现企业的价值创造与价值增值，并保持可持续性的成功。

2. 成本导向型工具的开发与应用。从数字化改革的特征分析，成本导向型工具的执行性动因是优化自动化与信息化的融合机制。当企业本身处在自动化领域时，数字化改革会主动得到响应；而对于处在产业互联网、消费互联网等领域的企业而言，数字技术的应用会加速商业模式的创新和新业态的兴起（韦斯特曼等，2015）。从这一点来看，成本导向型工具的开发与利用体现出的是一种技术驱动型的运行轨迹。要优化数字化改革背景下的执行性动因，构建会计工具的正向激励机制。即调动企业参与产业链、价值链协同管控的意愿，并共同创造出更多的价值以及在产业联盟中分享更多利益。产业联盟中不同组织节点的合作包括需求和定制之间的管理链、定制和设计之间的创新链、设计和制造之间的制造链以及制造和服务之间的服务链。以个性化定制为例，其流程涉及客户订单、产品定制沟通和设计、生产、产品配送以及售后服务五个环节。数字化改革背景下的流程协同是一种循环的、交叉的合作方式，基于成本导向型的会计工具能够解决该环节中存在的共创价值失灵或利益分配不均等冲突问题。数字化技术下的交叉协同可以分为流程内部的互相合作和流程之间的交叉协作，每个流程的内部协同又包括设计之间的协作集成、生产制造之间的成本管控以及客户服务之间差异化管控等。各个流程之间的协同管控，其目的在于简化作业成本，提高增值性作业的比重，共同实现增量价值份额的攀升。成本导向型成本工具的应用可以调动相关方的主动性与积极性，消除组织之间利益冲突带来的负面影响，促使各协同单位共创增量价值。或者说，在产业链、价值链整体互联与协同过程中，增创价值和降低成本对每一层次和每一业务流程来讲都是非常重要的。

有关成本导向型工具的开发与应用，相关的案例较多。比如，谷方杰、张文锋（2020）以西贝餐饮集团①为个案，应用哈佛大学波特教授的价值链分析工具，构建餐饮企业数字化转型的价值链模型，并对餐饮企业进行数字化转型的路径提出相关的政策建议。谷方杰、张文锋（2020）提出："从内部价值链角度看，西贝的支持性活动主要在基础设施、员工管理、激励机制和菜品研发环节进行了数字化转型，而在基本活动上主要在菜品管理、菜品制作、营销和服务方面进行了数字化转型。从外部价值链角度看，西贝从消费者账号和合作模式两方面进行了数字化转型。"内部价值链的数字化转型为提高企业效率与效益提供了物质基础，而外部价值链的转型有时候执行性动因并不明确。比如，西贝虽然进行了外部价值链的数字化转型，但是对老顾客来说可能带来了一定的便利，然而对于新增的顾客，其需求的关切重点在哪些方面，如何满足这部分消费群体的需求，以及如何在各种业态之间的维持平衡等，西贝的外部价值链构建仍然存在一定的不足。同时，在数字化改革背景下，实现由产品主导朝顾客主导的方向转变，外部价值链有时更为关键。之所以将西贝的数字化转型作为成本导向型会计工具应用的个案，其原因在于：西贝的会计执行性动因是以价值链为核心，并借助于数字化技术将员工、顾客、供应商以及管理者等不同主体归集在一个价值管理框架之中，是围绕成本管理实施创新的一个过程。亦即，作为餐饮企业的西贝，借助于数字技术开展价值链环节的系统性分析，试图甄别出最优的成本战略及其数字化导入的环节。企业的"战略环节"是具有竞争优势的创造价值环节，借助于价值链的成本战略，可以实现费用的节省或者创造更多价值。通过数字化改革，将餐饮企业价值链的不同层面以数字化的方式呈现，可以充

---

① 西贝餐饮集团成立于 1988 年，主营中式休闲正餐，开创性地将独具特色的西北民间菜肴带入大众消费视野。西贝主要采用直营连锁经营的商业模式，旗下有 4 个品牌，截至 2020 年 3 月，西贝在全国 59 个城市共开设了 367 家门店，提供堂食和外卖服务。

分满足成本管理机制结构性动因的内在要求。结合数字化技术的应用，将"外卖驱动消费者门店服务转向到家服务的发展过程，需求侧的数字化逆流而上逐步渗透到供给侧"，体现出的是成本导向型会计工具的执行性动因需求。西贝餐饮集团的做法具有一定的成本导向型意味，也是餐饮企业数字化转型路径中的一种成功选择。

第五节　本章小结

数字化改革涉及面广、内容丰富，从宏观层面的数字化改革到中观行业与产业集群区域的数字技术普及，再到企业数字化转型创造效率与效益，是一个动态、复杂的系统。传统的会计工具，往往从企业层面加以认识与应用，数字化改革背景下的会计工具创新必须转变观念、更新思维。数字技术在企业中的应用，离不开会计工具的协助与整合。作为数字技术领先的平台主导型企业，应主动开放产业互联网等技术平台，降低中小企业数字化改革的技术成本。作为引导数字化改革的各级政府，应以数字技术普及与应用为核心，加大产业基础数字化改造和全球产业链数字化提升等的工程建设。作为数字化改革重要载体的产业集群要引导企业自主选择与应用数字化技术，引导集群区域企业开展会计工具创新。基于"双循环"的发展格局，我国已经成为全球价值链的主战场，会计工具开发与应用正面临极佳的发展环境。根据财政部发布的《关于全面推进管理会计体系建设指导意见》中的时间安排，目前是推出创新会计工具的时间窗口。广大的会计工作者要有历史使命感，要增强理论自信、制度自信与文化自信，大胆创新，使中国管理会计在全球会计体系中发挥更积极的作用。

在数字化改革背景下，企业要有主动选择应用数字化技术与方法的能力，并增强会计工具创新的自觉心与自信心。企业数字化转型需要从业务能力、数字技术应用能力、政策工具组合能力等多个方面提升会计人员的素质，培养一支能够满足数字化改革和企业转型升级的人才队伍。数字化改是数字经济时代会计管理的客观需要，企业会计工作者不仅要从微观视角理解会计工具创新的必要性与可行性，还需要从产业层面利用数字技术协助会计工具的创新与发展，提高平台组织决策的科学性与合理性；同时，积极推动数字化改革背景下的企业经营模式转变，确保会计工具创新的针对性与有效性。

| 第七章 |

数字化改革背景下的组织
创新与成本管理实践

数字化改革是中国经济可持续、高质量发展的基础。关注企业数字化转型是数字经济时代企业管理的内在要求，也是成本管理创新与发展面临的机遇。嵌入数字技术的成本管理创新，提高了企业管理的效率与效益，使现代化成本管理体系得到巩固与拓展。结合数字化改革探讨成本管理创新的结构性动因与执行性动因，从组织、技术与制度建设等不同层面提炼成本管理数字化转型的实践内涵，有助于企业整体的数字化转型，是数字化改革背景下现代成本管理体系建设的客观反映。数字化改革为成本管理理论与方法的完善与发展提供了数字技术应用的政策基础和客观条件。嵌入数字技术的成本管理实践应用，使数字化改革背景下的企业镜像得到及时、系统的反馈与收敛，增进数字化改革及企业数字技术选择的灵活性与实际操作的可行性，为我国经济的全方位开放提供了前进的动力。

第一节　数字化改革背景下成本管理的重要性

传统的成本管理制度以静态的规范形式呈现，而数字化改革背景下的数字经济制度体系可能需要动态揭示成本管理的信息及控制方式。针对数字化改革背景下的组织特征，加强成本管理的创新实践，非常具有价值。

一、数字化改革下成本管理面临的新问题

数字化经济下的企业组织具有适时性、灵活性、个性化、低成本等特性。现实中，强化数字化改革，推进企业数字化转型并非所有的嵌入数字技术的经营业务都能创造出数字化的价值增量，成本管理机制如何使嵌入数字化技术的经营活动、生产流程等代价能够控制在企业允许的最小范围之内，并获得成本效益的最佳组合等，成为成本管理研究的新课题。

1. 数字化成本管理：会计工作数字化转型的内在要求。数字化改革正在成为当今社会的发展趋势，并对现代化成本管理体系的建设带来积极的影响。党的十九大报告明确了现代化经济体系建设的着力点，并从"硬件"和"软件"两个方面加以推进（汪德华，2018）。现代化经济体系的"硬件"是巩固与发展实体经济，通过科技创新、现代金融、人力资源等促进产业协同；现代化经济体系的"软件"是形成制度型开放的高水平市场机制，促进微观主体的企业加快数字化改革，创新成本管理的理论与方法体系。2021年6月10日，中共中央、国务院发布《支持浙江高质量发展建设共同富裕示范区的意见》，提出"深化国家数字经济创新发展试验区建设，强化'云上浙江'和数字强省基础支撑，探索消除数字鸿沟的有效路径，保障不同群体更好共享数字红利"。从宏观角度讲，这是现代化经济体系在区域层面的一种延伸。从微观角度讲，它是现代化成本管理体系在产业或企业集群区域扩展的内在要求。2021年3月24日，财政部颁布的《会计改革与发展"十四五"规划纲要（征求意见稿）》提出[①]："切实加快会计审计数字化转型步伐，为会计事业发展提供新引擎、构筑新优势。"这对数字化改革背景下的成本管理创新带来了政策上的保证，并为现代成本管理体系的建设提供了制

---

① 《会计改革与发展"十四五"规划纲要（征求意见稿）》［EB/OL］. http://kjs. mof. gov. cn/gongzuotongzhi/2021.

度基础。

2. 数字化改革下成本管理创新的意义。从理论上讲，数字化改革借助于数字技术对企业经营模式实施创新驱动，将成本管理的实践具象与数字技术的抽象概念进行方法层面的重组与改造，且由此将数字技术嵌入成本管理实践的具体活动之中；同时，通过构建现代化成本管理体系，为企业数字化转型提供组织支持与制度保障，进而完善与发展数字化改革背景下的成本管理理论与方法体系。基于"数字化改革—数字技术应用—企业数字化转型"的成本管理创新路径，便于总结与提炼企业成本理论发展的价值规律；同时，增进对数字化改革背景下成本管理理论自信、方法自信与文化自信的认知，使数字技术在企业中的应用更具权变性与有效性，并在实践中发挥出更积极的作用。从实践上看，现代化成本管理体系的建设是数字化改革实践的内在要求，是实现现代化经济体系高质量发展的保证。企业数字化转型将形成新的成本管理研究范式并呈现出"变革融合、提质增效"的具象特征。企业在业务与生产环节嵌入大数据、云计算、人工智能、物联网等数字技术，可以实现更高效的业务流程、更完善的客户体验和更广阔的价值创造，推动企业经营模式与产品业态的持续创新。借助于数字化改革，实施成本管理的创新驱动，对内可以更好地与微观主体的经营管理相结合，对外有助于与宏观经济管理、财政税收管理等相互衔接，并为提升国家治理体系和优化企业自主治理能力等提供强有力的支撑。

3. 数字化转型中的成本管理新问题。企业数字化转型是适应宏观数字化改革与中观行业或产业集群数字化技术应用要求的一种自觉行动，其中必然会遇到一些新问题。比如，升级数字化过程中对会计确认与计量中存在的自由裁量权（如收入的多次确认等）如何加以信息披露，以及对会计确认的时机和金额、存货计价及其跌价准备比例如何合理确定，还有应收账款的坏账准备提取比例如何确定，对于稳健性原则的谨慎程度如何规范等均属于成本管理中的新问题。这方面的对策之一是强化财务政策的组合与应用，通过优化企业财务行为来积极加以化解。事实上，除了成本管理中的信息支持系统产生的问题外，管理控制系统也存在一些新问题需要会计工具创新加以解决。比如，数字化技术的应用、人工智能与大数据的结合等使企业的效率有了明显的提高，但是针对生产过程中的虚拟化、模拟化和个性化等问题，产品体验环节的成本管理存在一定的困难。即按照用户需求进行生产制造和应用场景仿真，结合用户体验确定产品的结构、材料与制造工艺，这给传统的成本管理结构性动因的识别与应用带来难题，为了使产品的生产制造能够快速、精准满足用户需求必须投入更大的成本。同时，在企业与平台组织的关联性方面，为了实现产业链、供应链各环节的互联互通、实时联动，必须符合网络组织对生产、供应、销售各环节整体协调、有机组合的要求，积极投入相关的数字技术设备，以实现生产制造环节的程控化、自动化和智能化控制，满足网络系统有求速供、实时响应的状态，这给一般的中小企业又带来了新的成本管理难题，纯粹由企业本身投入肯定不现实，此时如何通过共享经济平台，加强协作共生来予以解决成为企业成本管理者的一项新挑战。此外，还需要提高人员素质，使原材料采购、成本核算、销售结算的无纸化、云端化和自动化具有可操作性，并且满足整个生产制造过程在数字驱动下、在人与人之间无须直接接触的情况下自动实现。

二、数字化改革与转型下的成本管理

在数字化背景下，会计凭证电子化全面推开，会计职能实现从传统的算账、记账、核账、报账向智能化的价值管理、资本运营、战略决策辅助等职能持续转型升级。

（一）数字化企业与转型成本

加强数字化改革背景下的现代化成本管理体系建设，具有紧迫的时代感与转型的迫切性。从制度变迁角度分析，企业数字化转型成本涉及"转换成本与升级成本"，转换成本包括制度摩擦成本、技术转换成本、组织创新成本与社会责任成本等。成功转型后的数字化企业还将在升级成本上完善成本结构，优化成本行为。

1. 数字化改革下的企业转型：数字化企业。狭义地讲，数字化是借助于二进制 0 和 1 数字的编码转变，为计算机识别和处理相关数据、开展数据分析提供技术支撑（郑明珍，2000；蔡曙山，2001）。广义而言，数字化是基于"互联网＋"、云计算、人工智能、物联网等多种技术而实施的相应改革行为（中田敦，2018）。从数字化角度观察，企业可以分为原生型数字化企业与后生型数字化企业（数字化转型企业），前者有阿里巴巴、海尔等；后者企业众多、涉及面很广，当企业转型成功后，就成为数字化企业。简单地说，企业数字化就是要通过数字技术的应用使其成为数字化的企业。其特征是：企业借助于数字技术的应用，极大地改变既定的发展战略并拓宽经营路径的过程。判断数字化企业的标志，至少有以下几个方面：（1）具有独特的战略视野。（2）创新经营模式：形成基于数字化的企业模式。（3）延展新的产品"业态"，比如以新的方式创造并捕捉利润。（4）构建现代化成本管理体系，比如建立新的、强大的客户和员工价值体系。

2. 企业数字化及其转型成本。从动态的视角看，企业数字化转型是一种开发数字化技术及其支持能力以构建新的富有活力的数字化经营模式的过程。数字化转型涉及数字化转换与数字化升级。从成本结构角度分析，可以形成如下方程式：

转型成本 = 转换成本 + 升级成本

企业数字化转型作为一项制度安排，必然会导致相应的成本结构变迁，并对成本执行性行为产生影响。衡量企业是否成功转型为数字化企业，其成本结构与成本行为将围绕以下内容形成转换的代价，比如：（1）通过技术成本的转换，使企业具有数字技术应用的经营新模式；（2）企业的核心经营业务通过数字化改造的成本投入来予以实现；（3）财务关系下的成本结构，如企业与客户、供应商和雇员关系等依赖于数字化技术提高企业的效率与效益；（4）企业的关键资产有机地嵌入数字化管理的手段；（5）快速应对环境变化的执行性能力提升。即通过数字网络技术的投入实现敏捷响应，提高成本管理的效率与效益。

将数字化特征嵌入成本管理的变迁过程之中，除了技术成本、组织成本的转换之外，制度的转换与创新将会在制度设计的合理性与应用的良性、有序发展的博弈中实现成本效益比较的平衡。即通过转换成本的合理配置促进产业集群或区域企业主动实施数字化转型的积极性，并由此形成科技升级和安全可控等成本管理的诚信网络体系。企业数字化转型的升级成本一般是非原生型数字化企业转型成功后所发生的相关费用或代价。亦即，升级成本体现在数字技术应用机制的丰富与完善，企业技术组织的创新与发展等方面。当然，原生型数字化企业也需要升级成本的维系与巩固。比如，原生型数字化公司中的领军企业加快引导和推动区域内其他企业的数字化转型，主动积极承担技术成本与社会成本。从现代化成本管理体系建设视角加以衡量，企业数字化转型的成本具有以下两个特征：一是符合企业数字化转型的战略，能够通过对经营模式、业态创新实施价值创造；二是结合企业的组织架构和核心流程的改造，实现企业价值链的价值增值。

（二）数字技术与数字化转型的成本延展

数字化改革促进了企业数字化转型，带来了企业新模式和新业态的扩展与应用。或者说，数字化转型是建立在数字技术应用上的企业变迁管理，其目的是提高企业的决策效率与经营效益。

1. 数字技术及其应用。数字技术是多种数字化技术的统称，主要包括"大智物移云"和"区块链"等。用方程式来加以概括，即：

数字技术 = 大数据、人工智能、物联网、移动技术、云计算 + 区块链

数字技术的应用是通过大幅提高经济运行的整体效率与综合效益为特征的成本管理行为。数字化改革背景下，企业对嵌入数字技术的成本管理相关事项的会计确认、计量与报告已难以达到可靠性与相关性等质量特征的规范要求，成本核算与控制则具有取长补短的功效，即可以发挥其对数字化改革的补充功能价值。亦即，数字技术借助于直接高效的网络，使传统企业和企业之间、个人和个人之间、人和物之间的平面连接或者构架等具象特征转变为立体的、折叠的、交互式的架构，扭转了以往成本管理活动中存在的接点多、效率低等不足，使时间成本和空间效率与效益得到综合的体现。

数字化改革促进了各种数字技术与成本管理信息化软件的融合，使成本管理的信息化软件更加高效、便捷以及系统、全面（于增彪，2021）。从技术成本角度考察，企业数字化转型的成功与否，本质是能否产生价值创造与价值增值，核心是数据和算法。其中，数据是数字技术应用过程中的基本原材料，算法是对数据背后所隐藏的价值信息的挖掘与利用，并对人工智能的决策效率与效果产生重大影响。从这个层面上讲，数字技术中的"大智物移云"体现的是成本管理中的生产力功效，而有关确保数据的安全与信用的内容，则属于区块链的价值，是"生产关系"的体现。智能化是数字技术的发展方向，数字技术对企业数字化转型的主要贡献是建立一种智能化的成本核算与控制机制。若用数学方程式简单地加以表述的话，可以概括如下：

智能化（人工智能）＝大数据＋云计算

上述方程式中的"大数据"是智能化功能发挥作用的物质基础，可以视为一种"原材料"资源。传统的人工智能借助于物联网来实现智能化成本管理等的控制作用，是借助于物联网环境下的智能处理或人工算法，其中的"物联网"就是数据源和控制的终端。云计算和移动技术则为先进的算力提供强力的保障，充当数据存储与传输的媒介。狭义的人工智能就是数据与算法，在物联网环境下，尽管人工智能也得到了快速应用，但其效率与效益以及成本管理的准确性与有效性仍然受到一定的局限。随着物联网时代向大数据时代的位移，移动技术与云计算的融合，使算力与算法得到更大的提升。[①]与此同时，在原生性数字技术公司积极履行社会成本以及政府对技术成本的投入持续增加的情况下，数字技术应用的成本开始逐步降低，人工智能也开始向广义化的"智能化"扩展，未来企业数字化转型的重要特征就是智能化的普及与应用。亦即，无论企业数字化转型应用何种程度的数字技术，智能化将是一种客观趋势。需要强调的是，数字技术的应用必然会带来数据资源的安全与诚信等信用需求。区块链作为数据存储和验证的专门工具，对"大

---

① 云计算技术正在不断地丰富与扩张，其具体工具包括物联网与狭义的云计算，还有流计算、图计算、内存计算、多方安全计算、类脑计算、绿色计算、认知计算、融合架构、亿级并发、EB级存储、信息物理系统等。

智物移云"等技术的相互协作与共享具有融合的功效，并对人工智能的广泛应用起着助推的促进功效。

2. 数字化转型下的成本概念范式变迁。数字化改革背景下，成本概念范式"创新"的本质应该是促进竞争，提高成本管理工具开发与应用的效率与效益，为企业数字化转型提供所需的成本核算与控制等方面的支撑。然而，现实中一些数字化原生型企业（如大型网络企业等）借助于国家经济发展的数字化改革需要，以成本概念范式创新作为"变量"，比如利用诸如"转换成本"概念范式下的工具开发与应用，达到排除竞争对手的目的。亦即，通过数字化转型过程中的转换成本工具，利用自身资金、规模等优势，为以后争夺市场积蓄有利的竞争优势或地位。即通过事前规划转换成本的"创新"投入，"收割"事后锁定的用户。转换成本使企业有了显著的事后市场势力，在企业间产品不兼容的条件下更容易锁定用户，从而获得局部垄断地位，抬高价格（吴汉、王申，2019）。波特（1980）最早提出的转换成本（switching costs）这一概念，是消费者承担的一种成本，即客户从一个产品或服务的提供者转向另一个提供者时所产生的一次性成本。或者是针对消费者行为开发的一种成本管理工具，比如银行通过顾客办卡来巩固消费群体。从扩张过程来看，企业事前往往以亏损方式吸引消费者转向自己平台的产品，争夺市场份额，并在形成稳定用户规模后，事后抬高价格，"收割"锁定的用户，通过用户规模逐步转向盈利。即一旦双方进行了交易（比如办"卡"），维持交易关系能够产生其他交易所得不到的额外剩余。此外，有学者将心理因素、资产专用性、后续商品等概念融入转换成本范畴之中（Schmalensee，1982a、1982b、1982c；Farrell & Shapiro；1988，Klemperer，1995；Farrell & Klemperer，2007），使转换成本的外延不断扩大，主要有二结构说，即转换成本包括固有转换成本和策略性转换成本（Edlin & Harris，2012）。固有转换成本是由于产品或市场自身的特点而产生的成本。策略性转换成本则指企业人为创造的或者人为偏离其固有水平的转换成本。此外，还有三结构说，即转换成本包括交易成本、学习成本、人工或合同成本（Klemperer，1987）以及六结构说等。比如，克伦佩勒（Klemperer，1995）

将转换成本划分兼容成本、交易成本、学习成本、不确定性成本、合同转换成本和心理成本等。这些不同种类的划分表明，转换成本在不同的视角下具有不同的意义。对于企业数字化转型来说，转换成本是在数字化改革中可以控制的一个变量。企业在数字技术选择与应用时会降低数字化改革的转换成本，以智能化产品等新品种业态吸引更多的顾客，从而提高市场份额；在事后会提高已有用户转向平台其他组织对手产品的成本，从而赚取更多消费者剩余（Farrell & Klemperer，2007）。对于数字化改革的政府部分来说，转换成本可以作为数字化原生企业试图垄断或进行排他性行为的证据，并且可以将其量化（Edlin & Harris，2012）。近年来，一些平台企业的诸如"二选一""大数据杀熟""自我优待""扼杀式并购"等不良行为，已引起社会的广泛关注。①

企业数字化转型促进着成本内涵与外延的扩展，使传统的成本管理工具无论在成本信息支持还是管理控制方面均表现出力不从心的具象特征，发挥的作用已经有限。主要原因是，企业对数字化环境以及平台组织的竞争关系认识参差不齐，成本信息使用的频率远远没有到达常规性，甚至不少企业连经常性都未达到。实践中，企业利用成本管理工具较多的领域为定价决策、预算编制和业绩评价，成本信息的决策相关性还有待提高。换言之，数字化改革使实践中产生的成本问题越来越明显地表现出"瓶颈"效应。比如，数字技术与生产制造结合的智能化产品已大量涌现，成本管理仍处在依靠传统要素进行生产控制的管理阶段。如何实现数字技术下产品生产与成本管理的良性互动，使数字技术有机地在产品生产与成本管理中实现双向嵌入，具有

---

① 2021年10月，国家市场监督管理总局宣布"美团因'二选一'垄断行为被罚34.42亿"。2021年4月，国家市场监督管理总局依据《反垄断法》对美团在中国境内网络餐饮外卖平台服务市场滥用市场支配地位行为立案调查。经查，2018年以来，美团滥用在中国境内网络餐饮外卖平台服务市场的支配地位，以实施差别费率、拖延商家上线等方式，促使平台内商家与其签订独家合作协议，并通过收取独家合作保证金和数据、算法等技术手段，采取多种惩罚性措施，保障"二选一"行为实施，排除、限制了相关市场竞争，妨碍了市场资源要素自由流动，削弱平台创新动力和发展活力，损害平台内商家和消费者的合法权益，构成《反垄断法》第十七条第一款第（四）项禁止"没有正当理由，限定交易相对人只能与其进行交易"的滥用市场支配地位行为。详见国家市场监督管理总局网站。

重要的理论价值和现实意义。要努力形成企业数字化转型相适应的新概念、新范畴和新主张。围绕数字技术在企业中的应用，借助于"大智物移云"和"区块链"等数字化技术辅助手段，在企业产品生产环节实现自主化（智能工厂）的同时，嵌入转换成本等的概念或理念，进一步实现企业生产流程、内部管理与外部组织的优化平衡，并且通过人工智能的深度学习与算法推荐，实现产品生产的成本智能化。使人工智能下的产品生产在不同层次、不同管理场景下自动与成本管理相融合，促进企业产品研发、生产与销售的智能化以及实现人财物管理精益化的相得益彰。

3. 数字技术范式的成本边界延伸。作为数字化改革的典范形态或样式，企业层面的数字技术范式主要有两种样式：（1）"大数据"的视角。一是数据的转化。即从非结构性数据向结构性数据转变。二是数据资源的应用。即将结构性数据资源化，成为可供决策应用的多种解决方案。三是数据的资产化。即从数据中挖掘企业价值，针对数据资源中的备选方案，选择出决策价值最优或者最满意的方案。（2）"云计算"视角。通过云计算，加速传统移动技术下的信息传递以及人工智能下物联网的算力与算法，进一步驱动企业利益相关者创造企业价值。智能化的企业决策可以是生物人，也可以是机器人。数字技术范式下的成本边界在数据驱动的执行性动因下，可能会被深度学习能力的机器人所延展或替代。即通过成本管理知识与信息技术知识的融合，使数字技术的概念沿着"数字资源—数字资产—数字资本"的方向拓展（Nambisan et al. , 2017）。

从成本收益比较的视角考察，数字技术的延展概念正在不断突破传统成本的边界，向效率与效益最佳化的方向转变。首先，分析"数字资源"。数字资源也称数据资源，它体现数字化企业对数据与平台的掌控状态以及所拥有的核心能力。从宏观层面看，大量数据的集成与平台的综合应用，导致全球财富集中的趋势加剧，贫富差距越来越大。国际组织对数据与平台的成本收益状况开始关注，比如联合国贸发会正在大力普及数字化技术，以减少国家之间的贫富差距。从政府管制角度考察，2018 年 5 月 29 日，德国总理默克尔出席在德国柏林召开的全球经济论坛会议时提出，要进行税收制度改革，并提出征收"数据税"的新概念。默克尔认为，长此以往，"你将会经历一个非常不公平的世界，人们免费提供数据，而其他人则利用数据赚钱。数据是未来的原材料……世界上存在巨大的不公平风险，我们必须将其纳入我们的税收体系"。其次，分析"数字资产"。数字资产亦称数据资产，目前尚未有统一的规范。数字资产是"数据税"的基础。从成本管理角度讲，宏观层面数字经济的发展，相关"数据税"的征收等离不开微观企业的成本核算与控制。微观层面成本会计制度必须创新，考虑到会计准则的"公认性"难题，可以由成本会计对"数字资产"进行确认、计量与报告。再次，分析"资字资本"。数字资本也就是数据资本。它是数字价值链与交易成本等融合的一个创新概念，即它有关企业治理与数据价值的范畴。从企业治理看，数字经济下的企业治理具有内部化倾向，即公司自主治理的欲望增强。这是因为数字技术的应用，企业对公司价值创造与价值增值的主张增强，大数据、人工智能与物联网等的应用，企业治理的效率与效益大大提升。当前，以降低交易成本为导向的"数据价值链"已经形成，"数据价值链"涵盖数据收集、数据存储、数据分析、数据见解和数据模型化，数据通过数字智能转化为商业用途货币，为数字资本的功能应用奠定了价值基础。随着数字平台的交易活跃度提升，数字资本的价值就会显现。当前，数字资本的运用仍处于探索阶段，各种相关的配套制度等还须按数字化改革的方向进行转型升级。比如，数字平台的价值与其用户量高度相关，平台资产的价值取决于平台用户量及其使用频率。然而，"这些平台资产仍然按旧经济时代的思维进行会计处理，折旧和摊销不是采用年限法，就是采用工作量法。这种会计处理方式与数字平台的网络效应背道而驰，是新经济遇到的新问题之一。"传统的财务会计聚焦于基础财务数据的收集和整理，加之会计准则的一些固有缺陷，使其对于企业数字化转型中的经营和管理情况的反映相对滞后，会计信息与投资者的决策相关性弱化，很难适应数字经济时代的客观要求，旧标尺衡量不了新经济（黄世忠，2018）。

4. 数字化转型的成本管理特征及其运作模式。数字技术正在重塑国家治理、社会管理、企业战略、成本管理与控制、企业内部业务流程和个人决策的过程和方式（徐宗本等，2014）。在数字化改革背景下，传统的信息搜寻成本、制度摩擦成本和信任成本等大幅下降，利用人工智能等的数据处理能力等进一步增强，数字技术的应用成本持续并大幅度下降，企业间的合作频率加大，个体企业的规模呈现小型化，其经济规模的最优边界持续向左移动。传统的成本管理理念从成本战略向战略成本转移，经营产品向产品经营变迁。数字化改革使企业通过资源平台向协作化的市场机制和共享的契约结合体转型。

从数字化转型的成本管理特征来看，传统的单一企业的会计主体假设在平台经济、共享经济的情境特征下变得不相适应，建立在这一假设基础上的簿记系统需要实施数字化改革。在会计准则体系尚难以作出全面系统改革的情境下，成本核算与控制可以对数字化企业的持续经营与会计期间作出权变性地的分期及其规范，表现在成本管理的特征方面：一是数字化改革后的微观主体从单一企业向平台组织拓展。比如，加入某个产业集群或共享组织之中等，原来可能需要考虑的运输成本、交易成本等成本事项，在数字经济背景下，沟通交流的成本降低，使得企业的业务面扩大，如各种交叉互联的各种业务情境增多，企业获得的收入也明显提高。二是组织间协同下的生产效率提升。随着政府对数字化改革力度的加大，官产学研的紧密度提升，以往的各种摩擦成本等降低。比如，根据《浙江省"未来工厂"试点工作方案》，新智造产业集群作为一种未来产业，重点将聚焦化工、生物医药、汽车及零部件等产业集群。通过政府引导（牵头搭台），可引入供应商、行业协会、金融服务机构等合作伙伴，针对企业智能化改造中的关键共性问题，形成技术、装备、解决方案与标准等制度规范，引导企业加快传统制造装备联网、关键工序数控化，优化工艺流程与装备技术，推广应用新技术、新装备和新模式。

围绕成本管理特征的企业数字化转型具有"二二"特征：一是"二增"，即带来二种增量。一方面，数字化转型给企业带来"效率"和"产出"的收益增量；另一方面，带来"经营模式"与"业态创新"的业务活动增量。二是"二维"，即从两个维度实现成本效益比的最大化。一方面，从经济层面的结构性改革、制度创新、市场竞争和贸易规则等维度上实施转型升级；另一方面，从社会层面的国家治理（如征收"数据税"等）、数字化标准规范、成本管理创新（如"降成本"指引）和可持续发展等维度上实施变迁管理。

企业数字化转型的运作模式大致可以分为三类：一是政府主导模式。针对行业领军的非数字化企业，尤其是国有企业或者民营中的代表性企业，可以借助政府政策加以主导，包括技术、资金、人才与公共服务等的支持。二是行业引导模式。由政府出面引导并稳定数字技术的应用场景，针对不同行业实施重点企业的扶持政策，拉动企业进行数字化转型，具体措施包括政府采购、政府补贴、案例示范、贸易与价格指导等。三是市场化模式。政府采取引导为主的手段帮助企业主动完成数字化转型，比如通过目标规划、法律法规、财政税收、金融政策和产权保护等。总之，从成本管理创新的视角看，市场化模式是终极手段，当前的政府主导与行业引导将是加速企业数字化转型的重要手段，三者之间是一种相互补充的关系。

第二节　数字化改革背景下组织创新：构建数字技术特派员制度

浙江省数字经济走在全国前列，数字经济核心产业增加值已达到 7 020 亿元。近年来，浙江省政府率先出台了《浙江省数字经济促进条例》《浙江省"未来工厂"试点工作方案》等一系列促进数字经济发展为主题的地方性法规。企业数字化转型是浙江省"共同富裕"示范区建设、实现经济高质量发展的重要抓手。本着加快推进浙江省企业数字化转型效率与效益的思考，建议政府积极构建企业数字化转型的数字技术特派员队伍。

一、建立数字技术特派员制度的必要性

1. 为广大中小制造业企业数字化转型提供技术支持。首先，企业数字化

转型具有很强的不确定性。虽然企业数字化转型是一种必然趋势，但面对浙江广大中小企业现状，如规模小、数量多、业务杂等，限于数字技术应用的场景需求及其复杂性特征等，企业转型的基础相对薄弱。比如，对于选择哪些数字技术，企业如何应用等的判断与选择，急需数字技术特派员的协助。其次，企业数字化转型是一个协同能力的过程。具体包括嵌入数字技术并与客户、合作伙伴、政府以及消费者等多方利益相关者进行资源、信息融合，实现多方共治，拓展价值创造与信息传递的范围和程度等，这些仅靠政府的政策引领等无法在短期内快速推进企业数字化转型。最后，弥补企业数字化转型的技术人才不足。尽管企业在转型过程中会遇到资金、设备等方面的问题，但最根本的困难还是数字技术人才队伍的缺乏。比如，广大的中小企业想搞人工智能应用，然而针对本行业与本企业特征的相关人才非常紧缺。为了提高企业数字化转型的效率与效果，需要建立数字技术特派员制度。

2. 体现"共同富裕"的企业数字化转型示范效应。首先，数字技术特派员队伍是"共同富裕"的内在要求。2021年6月10日，中共中央、国务院发布《支持浙江高质量发展建设共同富裕示范区的意见》。共同富裕具有鲜明的时代特征和中国特色，"共同富裕"理念强调收益分配的公平，推动组织效率与效益的提升等。长期以来，我国实施的"让一部分人和一部分地区率先富裕起来"等经济学理论，因现实中存在收入差距过大等问题已经影响效率，并诱发出新的社会矛盾，可能陷入"中等收入陷阱"，必须加以扬弃。借助于数字技术特派员制度建设，有助于加快企业数字化转型的效率与效益，促进区域或企业的共同富裕。其次，由"效率优先、兼顾公平"转向"体现效率、促进公平"，表现出"共同富裕"特征。当前，企业数字化转型在不同地区或行业中存在不平衡不充分等现象，数字技术特派员队伍能够"体现效率"，消除不同区域或产业的数字化鸿沟。浙江省要加快发展以杭州、宁波为核心，金华、台州等多点联动的数字经济发展格局，为推动共同富裕培养数字化技术应用的人才队伍。最后，围绕数字技术特派员制度建设，构建共同富裕的数字化创新平台。即畅通数字化创新向产业集聚的进入通道，鼓励企业组建数字技术转型的创新联合体和知识产权联盟，建设数字技术的共生平台。数字技术特派员制度能够"促进公平"，加强对科技成果应用和技术转化的组织支持，调动企业数字化转型的自主性和积极性。

二、数字技术特派员制度的形成特征

国家宏观层面的降低成本政策，需要坚实的组织制度加以保障。本书提出实施数字技术特派员的制度创新，既是"降成本"政策在供给侧层面的一种创新，也是需求侧管理自身的内在要求。

1. 驱动机制转变与数字技术特派员制度建设。首先，构建成本驱动的数字化转型机制。为了发挥数字经济所具有的低成本、低消耗及广覆盖等的内在优势，需要从成本驱动视角寻求企业数字化转型的运作机制。以"降成本"为代表的成本驱动机制是政府层面供给侧结构性改革的一项重要内容。组建数字技术特派员队伍就是一种最直接的"降成本"对策，它不仅可以提高企业成本管理的自觉与自信，也为企业数字技术的应用增强内生动力，促进企业从成本效益原则入手探寻数字化转型的客观规律。其次，制定企业数字化转型的路线图。企业数字化转型从制度引导转化为实践行动，离不开宏观层面减税降费等成本驱动以及中观层面的案例引导以及微观层面的企业自觉行动。组建数字技术特派员队伍，合理配置企业数字化转型中的经营成本、技术成本与社会成本等的结构组合，是优化企业数字化转型机制与路径的重要选择。亦即，构建"政策引领—典型案例—企业应用"的路线图，离不开数字技术特派员制度的建设。路线图的制定体现了宏观层面政府的"降成本"决心、中观层面行业或产业集群区域典型案例引导的信心以及企业在数字技术特派员协助下主动开展数字化转型的自觉心。

2. 完善现行的科技特派员制度。首先，针对浙江省相关做法进行思考。浙江省的科技厅科技特派员下乡制度，是针对当时的农村扶贫助困而设计的一种技术帮护制度，目前正在探讨新的创新方式。根据我们对浙江省科技厅农村处的调查，目前的科技特派员分"编制内"与"编制外"两种。属于科技厅农村处管理，其中，由"各相关单位推荐的省派科技特派员名单"之中的人员属于"编制内"特派员，其经费由省级财政支付；"编制外"的新增科技特派员的经费由地方县（市、区）级财政自行解决。已担任团队科技特派员成员的，原则上不得推荐为同一县域内的省派个人科技特派员。最后，考察江苏省做法的优缺点。江苏省采取"科技副总"的方式支持企业科技改革。其做法是从全国高校院所等中挑选专家教授带着技术、成果、团队，到江苏省各地企业兼任技术副总或副总工程师。作为产学研合作的一种模式，"科技副总"深入一线，真正接触到企业发展过程中技术、管理等方面的痛点、难点，为企业突破科技创新瓶颈精准"把脉下药"的同时，也使高校科研方向"有的放矢"。作为江苏首创的企业柔性引才机制，"科技副总"通过政府立项的形式，鼓励支持全国高校院所专家教授到江苏企业兼任"科技副总"，充分发挥个人和所在高校院所的综合优势，在开展产学研合作、推进科技成果转化、推进技术需求研发、推进研发机构建设、解决关键技术难题、引进培养人才团队等方面，助力企业科技创新和产业高质量发展。"科技副总"任期两年，每年服务企业不低于三个月，能更深入、更及时地参与到企业的科技研发、生产管理等过程中来。"科技副总"这一模式能明显促进高校教师和企业的交流，显著提升学校横向科研的数量与质量，也有利于教师的科研成果的转移转化。"科技副总"能充分了解地方产业发展水平和特点，比一般的产学研合作更能深入地接触到企业发展过程中技术、管理等方面的痛点、难点，为企业"把脉下药"更精准。据江苏省科技厅统计，自 2013 年以来，江苏省累计从全国 432 家高校院所选聘了 6 440 名科技人才到相关企业兼任"科技副总"，"十三五"期间累计实施合作项目 6 000 多项，解决企业关键技术难题或技术需求 30 000 多个，带动企业新增销售收入 500 多亿元，有力推动了"政产学研"合作，促进了地方经济社会发展；同时，在深化产学研协同创新、推动校企资源共建、促进科技成果转化、推进技术需求研发、加强研发机构建设、引进培养人才团队、完善企业创新体系等方面为企业提供全方位的科技创新服务。实践中反映的问题主要是：（1）新产品研发目标和定位不明确，新技术和新生产工艺缺乏研究基础但试错成本很高、知识产权创新性凝练不够……企业在科技创新、成果产业化方面总会遇到诸如此类的问题。（2）帮助企业解决现有技术难题缺乏组织协同的高效性。这一点浙江省采取共同开展新产品的研发，积极参与企业科技相关的政府指导等方面，较江苏省做法略有优势。

三、数字技术特派员制度的创新特征

数字技术特派员制度是企业数字化转型的实践诉求，体现了会计职能拓展的客观趋势。会计职能的拓展就是要开阔视野，跳出会计看会计，直面数字化改革的现实、大胆创新。

1. 树立"数字技术特派员制度"应用范例。首先，服务于平台经济的数字特派员队伍。这属于行业或区域的典型。结合浙江省产业发展战略，根据国家"降成本"等相关的政策引领，在全省范围内设置不同的数字化平台，如产业互联网平台、大数据分析与集成平台、人工智能引擎服务与运营平台等，通过向平台委派数字技术特派员，既服务于平台经济，又能够为企业数字化转型提供行业领域的带头人。其次，基层中小企业的数字技术特派员队伍。这方面的人员比较多，需要根据典型案例对数字技术特派员进行分类引导。一方面，通过数字技术特派员制度加快数字技术与制造业企业的深度融合。即从各地企业数字化转型需求的"总量"出发，对有需求的企业进行统计并委派数字技术特派员，深入基层企业。另一方面，通过广大的数字技术特派员总结与提炼浙江地方性的数字化标准，尤其要强化与"共同富裕"示范区制度建设的结合。

2. 加强"数字技术特派员"制度与"链长制"制度的融合。首先，促进产业链"链长制"发展。浙江省是产业集群大省，5 亿元以上的集群有500 多个。企业数字化转型需要产业集群区域的数字化引导，可以结合浙江省首创的"链长制"经验，将这种链式价值管理的经验与网式价值管理的数字技术特派员制度相融合。"链长制"的重点是以产业链的链条鲜明为特色，具有较强的国际竞争力。数字技术特派员制度可以与"链长制"的制度进行有效衔接，围绕企业数字化转型加以整合创新。这种整合的积极意义在于：

一方面，可以总结、提炼"链长制"组织的建设经验；另一方面，有助于探索数字化技术在集群区域整体应用的适宜性与可操作性，提高企业数字化转型的效率与效益。其次，将数字特派员制度嵌入"链长制"之中。可以依据组织创新与技术创新，对现行的"链长制"进行改进，形成"群长制"（组织创新需求）与新的"链长制"（技术创新需求）。"群长制"工作重点放在集群自身或集群与集群之间的发展规划上，数字技术特派员从技术、市场两方面协助"群长"企业开展数字化转型，包括促进数字化转型的企业间实施收购兼并、推进工业的绿色化，为 2030 年"碳达峰"、2060 年"碳中和"提供技术支持等。新的"链长制"则是产业链领头人，重点是协调产业链中的数字技术选择与应用等重要事务。将数字特派员嵌入传统的"链长制"之中，促进了组织创新，使数字技术特派员的作用有了更大的发展空间，便于形成浙江省"共同富裕"示范性质的全球产业链集群。

3. 结合需求侧管理嵌入"数字化成本票"的应用。类似于政府发放的消费券，一方面激励企业开展数字化转型，另一方面也将数字化转型过程中的成本做到心中有数。会计数字化工作的重点是根据行业特征、企业规模以及企业信息化或数字化基础等的异质性特征，进行转型升级的分类指引，通过"数字化成本票"等会计手段调动企业数字化转型的积极性，并使其产生正向的约束效果。实践中客观存在的一个现象是，企业数字化转型意愿较强的往往是那些转型能力相对落后的行业。"数字技术特派员制度"的创新之处就在于采取"供给侧 + 需求侧"协同管理的方式推进数字化转型。对于广大的中小企业，则按照企业类型及所处行业特征，围绕企业数字技术应用的需求，采用会计数字化下的"数字化成本票"，根据资金支持总额进行配额制激励与约束，合理引导企业数字化转型，具体如图 7 - 1 所示。

图 7 - 1 表明，对于转型意愿强同时也有相应转型能力的 A 类企业，政府可以采取观望的态度等待其自发转型；对于转型意愿强但是转型能力相对较弱的 B 类企业，政府可以委派"数字技术特派员"到企业驻点指导提供技术支持；对于具有一定转型能力但是转型意愿偏弱的 D 类企业而言，政府可以通过发放"数字化成本票"的形式激励该类企业开展转型；而对于最后一

类转型意愿弱同时能力也较弱的 C 类企业，则可以采取"特派员 + 成本票"双管齐下的制度拉动其转型。总的来说，"数字技术特派员"制度能够促进会计数字化技术与企业数字化转型的深度融合。从各地企业数字化转型需求的"总量"出发，结合财政预算盘子设计"数字化成本票"的额度，并对有需求的企业进行统计，同时委派数字技术特派员，深入基层企业（比如广大的民营企业）提供技术支持，成功实现企业的数字化转型，并使企业在转型过程中实现价值创造和增值。

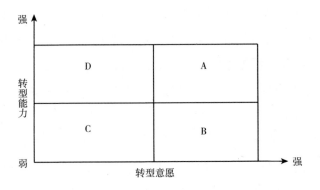

图 7 – 1　中小企业转型意愿与转型能力矩阵

4. 对数字技术特派员能力进行评定。可以通过增设职称系列等手段，区分不同行业、不同数字技术等级水平等的能力情况对数字技术人员进行评定；同时，培育数字技术特派员队伍后备人才，打造"产业群 + 人才群 + 云平台"，加速实现人才集聚和数字化转型的互促共进。针对数字技术领军型人才缺乏的短板，可对高端境外人才在事业编制、岗位设置、养老保险等方面提供便利，还可通过设立海外博士后专项基金积极吸纳青年英才。

第三节　数字化改革背景下的成本管理功能扩展

数字化改革使企业数字化、智能化与网络化等科技进步速度明显加快，并牵引着企业转型升级的变革方向。在数字经济时代，通过内需挖潜和技术创新推动，成本管理功能必将在经济高质量发展过程中发挥出更积极的作用。将数字技术嵌入成本管理的变迁实践之中，需要在企业管理活动中坚持数字化改革的新理念，注重产业集群或企业经营转型面临的科技升级和安全可控等生产网络体系问题。构建数字生态的成本管理功能体系，有助于促进企业组织间成本管理机制的完善，重构成本管理研究的新范式。

一、数字化改革下的成本管理创新

当前，随着数字经济的加速发展，深化企业数字化转型是我国推动企业由大变强和转型升级的关键举措。完善企业数字化转型政策体系将为我国实现制造强国的战略目标提供有力的制度保障。宏观上的构建竞争有序的现代市场体系和公开透明的营商环境，离不开微观会计工作的支持，尤其是成本管理的激励与约束机制的应用。

1. 成本管理数字化转型的目的是提高企业的决策效率与效益。当前，企业决策的科学、合理、高效正面临挑战。将数字经济的时代特征嵌入会计的变迁过程，可以从多维度帮助企业获得具有"相关性"的数据信息，并且据此展开量化分析，提高企业业务规划、商业布局等决策的"可靠性"。数字技术就是数字化的技术。广义而言，数字化是基于"互联网＋"、云计算、人工智能、物联网等多种技术而实施的相应改革行为。数字化带来的经济模式是由"数字产业化＋产业数字化"的结构组成。数字经济通过平台等多种形式存在于各行各业，对企业发展及会计功能作用产生冲击与影响。数字平台的价值与其用户量高度相关，使用数字平台的用户越多，数字平台的价值就越大，反之亦然。换言之，平台资产的价值取决于平台用户量及其使用频率。目前，这些平台资产仍然按旧经济时代的思维进行会计处理，折旧和摊销不是采用年限法，就是采用工作量法。这种会计处理方式与数字平台的网络效应背道而驰，是新经济遇到的新问题之一。此外，宏观层面的数字经济已经将"数字资产"作为统计指标加以报告，作为微观企业层面的"数字资产"必须加快会计的确认、计量与报告，这也是数字化改革背景下会计研究的一个重要课题。

　　成本管理作为产业集群打造共生共赢的市场和技术生态的预算管理与内部控制平台，主动嵌入数字化技术是一种客观必然。从企业经营角度讲，成本管理可以为科技创新与产业变革提供管理控制的系统功能，比如，借助于激励机制加强与全球产业链与供应链节点中的国际企业合作，通过协同攻关和联合推广使用高新技术，可以提高我国科技创新的动力与活力。此外，主动参与全球相关领域的新技术标准的制定，提高我国企业在科技创新上的话语权，进而发挥产业集群中的组织间会计功能体系的作用，能够有效推动东部尤其是东南沿海区域产业集群的开放先行和技术辐射的引领作用，促进华北、东北和西北等各个区域加大开放力度；同时，借助于会计的激励与约束机制，鼓励龙头企业在条件允许的情况下向内地延伸经营领域，扩大老少边等地区因地制宜的投资与发展，以高水平开放促进高质量发展。

　　从实践角度讲，数字技术可以构建一个更加直接高效的网络，打破过去企业和企业之间、个人和个人之间、人和物之间的平面连接，建立立体、折叠、交互式的网络架构。数字技术在会计中的应用，可以实现经营活动中的适时沟通、无缝对接，省去交易的中间节点等，使生产成本大大提升、交易成本进一步降低。同时，数字技术的广泛应用，使数字资产规模不断扩大，未来数字资产占企业资产总额的比例将持续提高。企业数字化转型已成为企业数字化改革的核心。未来，随着区块链技术发展，结合区块链的算法，建立数字信任，将使经济运行实现更低成本、更高效率，带动产业集群及社会经济迅速发展。从理论意义上看，成本管理功能系统利用先进的数字技术手段和方法，创新数据价值的内涵，围绕顾客需求、市场环境和行业发展特征扩展数据价值的外延，为提高企业决策效率，创造商业价值和实现价值增值提供相关的理论支撑。同时，还能够结合业务流程将大数据、云计算、人工智能、物联网等数字技术与生产业务相结合，促使企业数字化转型。即实现更高效的业务流程、更完善的客户体验和更广阔的价值创造，改变制造业原有的商业模式、组织结构、管理模式、决策模式、供应链协同模式和创新模式等。或者说，嵌入数字技术的成本管理有助于企业科学决策，在不断实现价值创造与价值增值的基础上，保持企业的可持续性成功。

2. 嵌入数字技术的成本管理功能扩展。成本管理要以制造业企业为核心展开数字技术应用的研究，通过会计工具创新推动企业新旧动能转化，提高资金韧性。近年来倡导的数字化改革使制造业企业获取信息的渠道多元化，成本管理可以在具体工作中借助于大数据平台，搜集处理相关数据信息以提升管理与控制的效率与效益。亦即，数字化技术有效提升了信息生产率，降低了信息获取成本、学习成本和新技术传播成本，能够自动生成相关的数据资料，进而大大提高了管理控制系统的功能作用。从预算管理功能分析，成本管理可以借助于大数据技术获取量大、信息全、价值高的有用数据，使预算编制环节更加系统、全面、高效。在预算的执行环节，大数据技术可以帮助企业适时掌握市场信息，迅速调整预算差异，优化预算的动态控制。大数据与人工智能等的综合应用，还可以使预算管理智能化，或者形成智能化预算管理。即借助于数字化技术手段能够使企业快速、准确地把握市场动态，高效地编制预算报表，为管理当局明智决策提供科学手段的支撑。

成本管理要促进数字产业化与产业数字化的发展方面发挥积极作用。产业数字化离不开大数据、人工智能与互联网等技术手段的匹配，尤其是形成新的产业后，支付手段和评价体系的创新会应运而生。换言之，随着大数据与人工智能等新技术的快速应用，成本管理等岗位人员将主动作为，2017年，德勤起名为"小勤人"的机器人已经完成了数据的录入、汇总、稽查等工作，使人工智能技术首次成功应用于会计领域。它也使成本管理人员看到了自己未来创造价值的贡献所在。对此，必须顺应科技全球化发展的新趋势，促进企业层面数字产业化与产业数字化的深度融合，推动经营模式创新，通过扩展会计边界为企业数字化转型保驾护航，加速生产性服务业与制造业的协同发展、加快促进产业集群区域企业向数字化、网络化、智能化的方向转变（郭淑芬等，2020），从而实现产业结构调整升级。

当前，数字化改革已经成为成本管理发展的一个重要方向，必须有效地加强成本管理边界的变迁管理。重点从两个方面入手：一是嵌入数字产业化功能结构。对于企业来说，短期内经济发展的风口就是嫁接数字化，实现产品的创新升级。成本管理要结合数字化改革主动规范数字化产品的收入与成本结构，强化收益的执行性结构管理。在数字化产业带动下，企业的产品销售不再仅仅是一次性确认，而是可以多次确认收入，进而为成本降低提供新途径。会计的管理控制系统要结合平台经济的特征，合理分配企业及关联方的固定资本与流动资本、生产时间和流通时间的内在比例关系，关注数字化产业资本的更新方式，通过成本管理制度创新来平衡平台经济中大小企业之间经济交易的和谐利益关系，为数字经济的信用制度建设提供微观层面的核算支撑。同时，成本管理的管理控制系统功能还需要将法律手段嵌入其中，尽快形成企业数字化产品的制度保护体系。二是产业数字化。产业数字化是数字经济的重要载体，即对数字资产进行整合与重组。2020 年 10 月，中国信息通信研究院发布报告，"2019 年，全球数字经济规模达到 31.8 万亿美元，占全球经济总量比重已经达到 41.5%；在经济合作与发展组织（Organization for Economic Co-operation and Development，OECD）36 个成员国的商业研发投入中，用于数字经济研发投入占比 33%，很多国家用于研发数字经济的投入已经超过了本国 GDP 的 0.5%"。数字经济体系框架包括"四化"，即数字产业化、产业数字化以及数字化治理与数据价值化。从我国的现实情况看，产业数字化一项重要内容是对制造业进行转型升级，对于广大的中小制造业企业而言，借助于大数据与人工智能进行转型升级，产品质量肯定能够获得更大的提升，但技术与资金可能受限。对此，成本管理可以结合区域或产业集群组织的目标要求对企业信息加以重新组合，通过构建新的经营模式与商业新业态来创造新的产品和服务，进而使数字产业化。

二、嵌入数字技术的成本管理工具创新

嵌入数字技术的会计创新概念，主要有"组织间资本共享"与"智能互联产品"等。互联网与人工智能促进了企业经营模式的创新，而"组织间资本共享"与"智能互联产品"等会计工具拓展了企业经营的新业态。

1. 组织间资本共享拓展了成本管理工具的功能边界。"组织间资本共

享"是产业互联网发展的一项载体，或者说是互联网生态下成本管理的一种工具。亦即，组织间资本共享是共享经济的一种典型代表，是共享经济延展的新业态。基于共享经济的互联网生态，为探索新时代共享经济背景下成本管理理论与方法体系创造了条件。结合共享经济与互联网平台的财富景象，围绕共享价值、组织生态等的价值创造与价值增值等展开研究，不仅能够丰富成本管理的理论内涵，而且有助于构建经济学或管理学相关的学科新生态（冯巧根，2020）。同样地，嵌入共享经济的互联网生态，为成本管理控制系统提供理论新内涵，使信息支持系统能够在"互联网＋"平台上嫁接大数据和云计算等为表征的新算力。将组织间资本共享作为平台经济中的创新手段，探讨互联网生态下会计控制系统的功能优化，能够扩展成本管理信息支持系统的职能范围，使成本管理功能作用更具针对性与有效性。组织间资本共享正从早期的共享经济"剩余"视角向基于产业互联网的生态系统功能扩展转化，成本管理的功能边界获得了新的解放，形成组织间动态共享和资本有效运作的互联网生态新模式。将共享经济理念嵌入成本管理的概念体系之中，需要重新界定成本管理的功能结构，通过成本管理工具创新提升企业的核心竞争力，借助于市场或平台的运作机制，形成更多互联网结构下的产品种类和服务业态。

在组织间资本共享背景下，成本管理需要针对不同的网络组织特征，在信息系统的支持下合理确定企业的价值定位，并在此基础上为后续的一系列问题提供解决方案。一是细化成本管理要素的分类。比如，主动调整成本管理的"应用环境"要素，使价值管理理论、经济组织理论等有机地嵌入由平台主、小微主和创客等平台结构组成的互联网生态体系之中，推动企业组织架构从科层制向节点组织转型。同时，在"去企业化"的应用环境下，企业数字化转型呈现生态化的竞争态势，跨界拓展新领域与新业态等已成为企业组织发展的客观必然。二是实现企业的可持续性成功。在组织生态的网式结构中，需要发挥协同效应来增强研发生产、决策管理、市场营销、资源管理等多方面的"解决问题"的竞争力，不能仅仅指望网络生态提供的"应用环境"。传统以供应链、产业链、价值链等链式管理工具的社会分工与合作方式，转向平台、网式工具，开展社会经济的协作与整合。三是从互联网价值转向互联网生态。传统的互联网价值是借助于线上交易来实现各种各样的社会化服务，即通过网上的淘宝店和支付宝等手段完成交易过程，如提供信用支持、物流运输、现金支付等。然而，借助于互联网生态所形成的大数据应用，企业可以根据用户的需求与成本信息和产品整体性能等结构性信息，使会计信息与其他数据紧密衔接，进一步扩大网络效应，使平台上的资源和能力得到共享，为组织成员带来新的价值增值机会。四是从"融合创新"中创造价值。成本管理视角的"融合创新"，就是借助于互联网平台实现协同价值。融合创新包括收入实现方式创新、组织管理创新、产品业态创新、市场反馈创新等。要针对市场需求，实施产品创新，加强与中小微企业的合作，注重产业链上下游的利益协调，兼顾组织间资本协同利益均衡，在协作生产过程中，加强与大数据、云计算等互联网生态的组合，形成智能化工厂或派生出新的智能互联产品，实现智能制造与智能管理融合情境下的会计工具创新。

2. 智能互联产品推动了成本管理工具的协同创新。"智能互联产品"是波特（2014）提出的一个新概念，它改变了企业与顾客之间的关系，并使企业的生产流程与组织结构等发生变迁。"智能互联产品"是由硬件、传感器、数据储存装置、微处理器和软件等为载体，通过不同的方式加以组合而构成的一类产品。智能互联产品包含三个核心元素，即物理部件、智能部件和联接部件。智能部件能加强物理部件的功能和价值，而联接部件进一步强化智能部件的功能和价值，这就使得产品价值提升形成了良性循环。借助计算能力和装置迷你化技术的重大突破，这些"智能互联产品"将开启一个企业竞争的新时代，极大地方便人们的生活、工作和学习。智能互联产品将改变现有的产业结构和竞争本质，在带来新机遇的同时，也将企业暴露在新的威胁之下（比如版权等法律风险）。以往经常提及的"未来社会是产品与产品之间的竞争"，或者说是"模式与模式之间的竞争"等，可能都不对了。

成本管理工具创新的重点方向将转向"体验"与"生态"。当前，将面临新的顾客关系、新的流程和新的组织架构，并使公司战略、资本运营和产品设计等方面也发生改变。具体的结构变化情况如下：一是设备结构变化。企业的产品研发将以机械设计为主转向基于互联网生态的多学科系统工程，需要建立一套全新的技术基础设施。或者说，智能互联产品促进企业从量变逐渐走向质变，产业之间加速融合，企业经营模式与产品业态发生结构性转变，积极利用工业互联网、智能物联网、互联网金融、智慧交通等设备的机会增多。二是价值链结构变化。数字化技术催生的新模式新业态，使顾客消费渠道增多、消费偏好增强，加之商品的生命周期变短、市场的进一步细分，企业价值链将在数字技术转型速度和转型效果上发生改变。一方面，对传统价值链产生深刻影响，使企业会计的职能边界发生转变。另一方面，数字技术形成的成本降低动因，使企业的设计、生产、运营和维护更加合理，借助于远程控制和软件升级等手段，成本结构调整与降低成本行为效率与效益明显提升。三是成本管理要素结构变化。企业保持市场优势的一个重要手段就是实施数字化转型，并从数字化改革的特征入手提高成本管理中有关人才、资本等内涵的要素质量。数字化带来的经营模式创新，需要企业的战略规范、营销管理、人才方针也必须围绕数字化需求进行转型升级。换言之，基于商品数字化的"智能互联生态"，必然会对成本管理要素的内涵与外延产生冲击，并使传统的会计假设等面临冲击，企业成本管理文化价值观必须同步转变。同样地，智能互联产品也会使会计的执行性动因发生改变。比如，数字化的立体的、折叠的、交互式（如 CAD 系统）的架构，对会计的管理控制系统和信息支持系统功能的执行性带来冲击。因此，应积极调整顾客关系，主动彰显其个性化与多样化特征，增强企业相关流程的复杂性与模糊性管理，提高组织架构的动态、权变控制能力等。

3. 数字技术为成本管理工具创新提供了新机遇。智能互联产品的兴起与发展需要制造业的各个部门以新的方式协作，未来专注于数据管理的企业组织内新型机构将会出现。此外，以智能互联产品为代表的生产方式变迁，通过组织间资本共享进一步扩展至服务业，并对整个社会作出更大的贡献。对于成本管理来说，新的发展机遇就是要在数字技术的应用中挖掘企业价值，表现出结构性向执行性转变的趋势，具体包括三个步骤：一是将非结构化数据转化为结构化数据；二是将结构化数据转化为多种可供选择的解决方案；三是从多种可供选择的解决方案中选择出最优或者最满意的决策，以驱动企业利益相关者创造企业价值。这三个步骤是相互联系的三个算法，而编写这些算法，既需要信息技术知识和成本管理等会计知识，更需要将这两种知识融会贯通的人才。智能互联产品对成本管理功能的影响突出反映在"智能"和"互联"将赋予产品一系列新的功能，这些功能促进了成本管理功能体系的完善与发展。具体包括：（1）监测。通过传感器和外部数据源，智能互联产品能对产品的状态、运行和外部环境进行全面监测。（2）控制。人们可以通过产品内置或产品云中的命令和算法进行远程控制。算法可以让产品对条件和环境的特定变化作出反应。（3）优化。有了丰富的监测数据流和控制产品运行的能力，公司就可以用多种方法优化产品，过去在这方面很难做到。我们可以对实时数据或历史记录进行分析，植入算法，从而大幅提高产品的产出比、利用率和生产效率。（4）自动。将检测、控制和优化功能融合到一起，产品就能实现前所未有的自动化程度。此外，自动产品还能和其他产品或系统配合。随着越来越多的产品实现互联，这些功能的价值将呈指数级增长。

尽管我们可以将与物理世界中的物理智能对象的交互视为与虚拟仿真世界中的虚拟智能对象的交互不同，但是它们之间可以相互关联。人工智能、物联网等数字技术的广泛应用，使会计工具朝"生态"化的动态组合方向进行整合，并不断实施创新。为了更好地理解和应用智能互联产品提供的数据，企业需要配置一些新的工具，比如使用"数字化映射（digital twin）"工具等。数字映射是数字世界中物理资产的实时表示。它是物理事物或由物理事物组成的系统的软件模型。[①] 可以把它想象成一个实时的 CAD 程序，高德纳公司（Gartner）预测"在三到五年内，数十亿的事物将由数字映射来代表"。然而，会计在嵌入这些数字技术时需要关注相应的风险，比如 IT 系统优化风险、系统集成风险和流程失控方面的风险等，需要结合会计的信息支

---

① 比如，制造商将生产汽车连接到云，同时将汽车有用的信息，如燃料消耗、里程、零件更换日志和位置数字化。

持系统功能防范或提出应对策略。

三、成本管理数字化转型的路径选择

随着数字化转型的推动，成本管理的体验功能将得到增强，并且在数字化技术助力下逐渐形成成本管理的生态体系。综合来看，成本管理数字化转型下功能扩展仍然可以从"管理控制系统"和"信息支持系统"两个方面加以体现。

1. 嵌入"生态""体验"等功能优化会计控制系统。基于互联网生态的共享经济通过优化财务会计的确认、计量与报告，促进会计功能系统的强化，并深化互联网生态环境下的战略管理与控制。"生态"化的成本管理控制功能系统，通过智能化手段能够更好地处理复杂的会计事项，创造出更大的价值，这也是成本管理未来发展的方向。要完善成本管理的管理控制系统功能，注重非程序化决策控制机制的建设。在智能互联的共享时代，企业需要强化战略决策，认真思考产品的功能与特色，维护顾客价值的最大化，适时地扩大自身的业务范围；同时，在公司治理、企业文化等"软"机制的配合下，优化自身的共享模式和经营业态，使成本管理控制系统进一步完善。一是借助于人工智能、物联网、大数字等技术手段，将各个看似不相关的产业融为一体、跨界创新，形成新的经营业态。比如，智能互联的工业机器人能够自主地实现优化企业生产行为等的协调机制作用，使企业的竞争本质发生改变。二是应用互联网生态系统构建全新的智能经营模式，为全社会、全人类创造价值。"体验"化的成本管理控制功能系统，在数字技术的协助下，其工作步骤包括以下几个方面：一是对产品本身的运行状况和周边环境进行检测和报告，帮助制造商获得前所未有的产品性能和使用情境。二是用户可以通过多种远程接入技术，对复杂产品进行远程操作。三是将检测数据和远程控制能力结合在一起，获得对产品进行优化的机会。四是在上述步骤完成的基础上，将监测数据、远程控制和优化算法融合到一起，实现产品的全自动化（波特，2014）。

互联网生态注重成本管理的权变性特征，也是成本管理发展到权变性阶段的一个重要体现。从成本管理的管理控制系统观察，早期的互联网价值是借助于线上交易来实现各种各样的社会化服务，通过网上的淘宝店和支付宝等手段提供信用支持、物流运输、现金支付等多种形式的交易活动，是一种非常复杂的协同网络，也使互联网的组织生态急剧膨胀。构建互联网生态下的成本管理系统，一方面，借助于价值增值的合作机制，将成本管理等会计信息与其他数据紧密衔接，通过相互协同强化会计沟通的能力，通过匹配互联网组织的效率提升网络主体交流的深度与广度，创造更大的企业价值；另一方面，利用平台经济提供各种基础服务，提升网络效应，使平台上的资源和能力得到共享，为组织成员带来新的价值增值机会。而且，大数据与人工智能使组织之间相互联结。比如，借助于成本管理的控制系统，顾客可以自动地将汽车的系统运行、地理位置和行驶环境等信息传输给厂家，一方面，便于汽车生产商（厂家）对软件进行升级，增强性能；另一方面，可以提前对汽车运行状况进行诊断，预防事故的发生。

2. 拓展成本管理控制系统功能的内涵与外延。在成本管理数字化转型过程中，可以按不同区域进行多层次的控制功能设计，照顾不同地区经济发展水平，使区域资源整合消除制度性障碍，实现产业要素共享。成本管理侧重从调整分配关系层面研究驱动经济"包容性"增长的体制机制及其政策选择问题。包容性的绿色发展追求公平与效率、发展与环境的内在一致性，致力于实现经济、社会、生态的高质量同步发展。我国未来制造业数字化转型政策的制定应从加大以鼓励创新为导向的供给型政策工具的推动力度、强化以完善机制为导向的环境型政策工具的影响作用、增强以分担风险为导向的需求型政策工具的拉动效应等方面予以会计功能扩展，强调各类政策工具组合的整体协调性，加快构建完备的制造业数字化转型政策框架体系。从微观层面看，必须强化企业家的市场主体功能，增强资本循环效率与效益意识，注重经营活动的连续性和可持续性。成本管理要结合资本结构配置，推动产业集群高端化、智能化、绿色化转变，结合"双循环"要求提升实体产业链、供应链现代化水平。从宏观层面上看，必须依据基本实现社会主义现代化远景目标要求，理顺市场配置资源与政府宏观调控之间的辩证关系（周小亮，2021）；同时，大力发展数字化经济，重视工业互联网的改造及其与流通、配送领域的融合，促进企业资金良性循环，资本周转持续加速。

从成本管理控制系统的内涵与外延考察，传统的"收入"要素正在发生改变。收入实现形式更加丰富（收入实现的可靠性减弱，相关性增多），确认、计量与报告难度增加。网络价值的实现使企业主体模糊，收益分配的会计功能需要创新。比如，利用物联网技术，通过软件升级等手段，可以使产品的产权转移后，仍然使收入获得多次确认。从"成本"要素角度看，"数据互通，信息共享"降低了信息获取成本。低时延、低能耗、低成本可以实现对企业信息资源的高效整合与多维度利用，大大提高会计的工作效率，能够为企业决策层提供更加完善、准确的决策依据，同时还可以降低工作成本，进而提高企业利润。由于数字技术的发展而导致世界变"平"，整个世界可以便利地实现市场、劳动力和产品的共享，一切都可能以低成本、高效率的方式实现（弗里德曼，2006）。客观地讲，数字化转型下的成本管理仍然是核心（虽然有"零成本""零边际成本"等理念的存在）。总之，企业要结合成本管理的控制系统功能作出清晰的选择，并且保证每个选择都能连贯统一、相互促进。

3. 结合数字技术特征丰富成本管理的信息支持系统功能。根据财政部发布的《会计改革与发展"十四五"规划纲要》，"十四五"时期是加快会计审计数字化转型、支撑会计职能拓展的重要阶段。以数字化技术改造传统的成本管理信息支持系统，既是贯彻落实国家信息化发展战略、推动数字经济和实体经济深度融合的需要，也是加快企业数字化转型的必然要求。要结合《会计信息化发展规划（2021－2025年）》的精神实质，进一步推动成本管理等会计信息系统的丰富与发展。嵌入数字技术的成本管理信息支持系统，主要从两个方面拓展边界：一是"大数据"视角下的信息化向数据化转变以及具体的数据应用及其数字资产的确认、计量与报告；二是"云计算"视角下的信息传递效率与效益，要改造成本管理的信息支持系统，加快提升会计系统的算力算法，进而为企业利益相关者创造企业价值提供核心竞争力（冯圆，2021）。成本管理要结合数字技术特征，建立基于"大数据"视角的信息支持系统，提升成本管理辅助决策的算力算法，进而促进数据共享与深度挖掘，帮助企业明智决策，在实现企业价值创造的同时获得价值增值，并且保持企业的可持续性成功。成本管理信息支持系统的丰富与发展，既有赖于企业在梳理业务流程、完善核算制度、规范数据标准、建立分析模型等方面的经验积累，更需要在制度、平台、协同、人才等保障机制上的充分完善，进而提供足够的规模、量级和应用场景。

从数字技术特征观察成本管理信息支持系统，互联网生态的信息结构已经使成本管理功能结构发生改变。传统的成本管理信息是直线式、单方向的传播路径，而基于网络生态的数字技术则是并联的，使用者可以实时互动。这是互联网生态在信息构造和传播方式上延展的价值创造能力，成本管理必须适应数字化技术所体现的从串联向并联分享的变化规律，主动响应网络生态的价值管理需求。当前，我国拥有产业互联网平台的企业至少分两大类：一类是数字化原生企业。例如，《2019 年中国互联网企业 100 强发展报告》显示的榜单前十名，即阿里巴巴、腾讯、百度、京东、蚂蚁金服、网易、美团、字节跳动、三六零、新浪，都是原生型的数字化企业。另一类是数字化转型成功企业[①]。比如，富士康、佳能以及海尔、华为等集团公司都拥有自己的互联网平台。会计数字化转型下的信息支持系统功能传递的是平台经济下的"体验"产品服务，必须重视对国家有关平台经济的法律法规的学习。比如，《互联网信息服务管理办法》《网络交易监督管理办法》等。未来的竞争业态是"体验业"，成本管理数字化转型应当向体验业拓展，且要与数字技术相结合，形成体验业中的"生态"，即构建与新业态相关的管理工具。生态品牌和传统品牌最大的一个不同，就是传统品牌获得的是产品溢价，比如耐克鞋，别人卖一百块，它可以卖一千块，但是生态品牌获得是体验溢价，体验溢价和产品溢价完全不一样，需要和用户交互（张瑞敏，2020）。

[①] 富士康、佳能采取的是生产方式的改造模式，海尔和华为则是改革企业管理模式，特斯拉和小米通过改革商业模式来实施数字化转型。

生态品牌不仅是一个产品，更多的是一个体验，是一种解决方案。体验经济理论已经深入到会计的概念体系之中，比如，近年来提出的"时间流"，就是一个典型代表。"时间流"（timeflow）涉及会计控制系统中有关现金支付等的心理预期，它是一种借助于行为体验来定义时间的动态性的认知理念（Woermann & Rokka，2015）。"时间流"是企业或组织对某种经营或管理活动能够感知的行为体验的时间流速（长度）。行为体验包含五个具体的维度：一是外部情境的设置；二是管理行为的配合；三是行动规则的初步感知；四是目标情感的逐渐融入；五是文化喻义的深入联想。

4. 围绕"数字化改革"强化成本管理的核心竞争力。进入数字经济时代，成本管理正由人工与计算机处理的信息化向数字化处理转型。传统的成本管理理论与方法是与规模、效率等相协调的，数字化改革要求企业适应市场多变性与不稳定性的环境特征，通过成本管理的数字化转型提升企业的核心能力或资源，打造长久的竞争优势。未来，企业的可持续竞争优势不再源于区域定位或资源禀赋，而是能够培育快速适应外部环境变化的成本管理核心竞争力。一般有以下四种能力：一是对信息的敏感性强。成本管理信息支持系统要主动嵌入数字技术的工具方法，提升对应用环境的及时应对与反馈能力。即通过成本管理工具的创新，使企业拥有对瞬息万变的市场信息作出及时行动的能力。二是数字技术灵活应用的能力。在充分发挥数字技术"生产力"作用，还要对数字技术形成的"生产关系"进行协调。比如，在算法推荐应用的过程中，必须聚焦提高公司声誉与顾客忠诚度，了解本公司定价算法呈现的客户信息传递内容，并妥善管理这些信息。换言之，算法推荐的"生产关系"是至关重要的。比如，是基于赢得顾客好感还是赚取更多利润；或者需要组织创新，还是决定进行微调，乃至选择暂停。三是处理组织间关系的能力。成本管理控制功能在协调企业与顾客利益的同时，还要对产品或服务，以及其背后的商业模式、流程及战略进行及时调整与创新，尤其是不同利益相关者之间的复杂情境。比如，处理平台型组织系统之间复杂关联关系的能力。四是企业文化价值观的感召能力。成本管理的信息支持系统除了具有信息传递功能外，还有具备动员员工及伙伴的信息感召力。构建与数字技术环境相适应的生态系统，要注意与众不同的竞争者，克服固有的观念与狭隘的行业定义，发现与应对不确定性，为每一次风险安排制定对应的方案，通过考察多个备选方案，加快企业数字化改革的步伐。

成本管理数字化转型将各种信息技术与会计信息化软件相融合，使成本管理信息支持系统功能更加全面且高效、便捷。中国企业的规模及制度特征决定着成本管理数字化转型是渐进的，传统的成本管理工具方法只要适应企业组织环境，能够带来效率与效益，就应该允许在某些集群区域和企业中持续存在。如此，强调数字化对接，提高管理控制的效率与效益，并不是说线上经济就一定好于线下经济。换言之，线上和线下的交融最有可能是发展的方向。要结合全面推进成本管理体系建设的路线图，深入实施成本管理工具创新战略，强化会计人才培养计划，不断推进会计创新的路径机制，比如在企业中设立人才激励机制、鼓励会计人员向管理型会计转型、帮助会计人员学习数字化技术及其相关的管理理论；同时，加强与高校的交流与合作，除了通过定向招收具有大数据与人工智能技术的会计人员外，可以与高校合作培训广大的会计实务工作者，进一步促进高校改变教学方法，完善会计学科体系，强化多学科融合，加快会计人才队伍建设。在数字经济时代，会计要适应新经济发展格局对功能作用重新定位的客观要求，深入分析和把握国内所处的发展阶段，因地制宜地规划成本管理数字化转型中的工具开发与应用。同时，在国际大循环中优化成本管理的信息支持系统功能，并使其成为一项长期、复杂的系统工程，合理匹配成本管理理论与方法体系的建设目标。

第四节　数字化改革背景下成本管理实践与启示

数字化背景下的成本管理要强化管理控制系统与信息支持系统的功能作用，通过价值分层管理，针对不同层级、各个环节等确立价值创造的目标，并结合数字化改革的数字技术特征与需求选择适合企业自身发展路径的价值实现方式。

一、现代化成本管理体系下的企业数字化转型实践

诚然，现代化成本管理体系是现代化经济体系的重要组成部分，是经济高质量发展的客观需求。将现代化成本管理体系与数字技术相互融合，有助于遏制平台经济中存在的盲目竞争，克服一些大型数字化原生企业数字资产的无序扩张等现象。借助于现代化的成本管理体系可以加强对经营模式与商品业态的变迁引导，通过供给侧进行结构性的调整与改革，满足消费者个性化、多样化和定制化的需求；同时，针对产业集群或平台组织的特征，将供给侧的所有企业连接起来，结合需求侧的消费偏好或市场需求，进行资源的重新组合，实现生产与消费的无缝对接。

1. 正确认识企业数字化转型的成本管理本质。通过成本管理理论与方法创新，促进产业集群或企业主动实施数字化转型，在"大智物移云"的技术背景下，借助于区块链形成科技升级和安全可控等诚信网络体系。换言之，企业数字化转型的本质是以数字技术驱动价值创造，数字技术不仅对企业经营模式产生深刻影响，给成本管理方式或工具应用也带来巨大影响。以人工智能为代表的新一代信息技术，是数字技术发展的方向。结合前述的财务政策配置视角的数字技术生产力与生产关系的分析，"大智物移云"极大地促进了生产力的发展，区块链则进一步优化生产关系中的成本管理，为正确理解并正确掌握企业数字化转型提供指引或指南，具体如表 7 - 1 所示。

表 7 - 1　　　　　　　财务政策配置视角的企业数字化转型

大智物移云：数字化价值带来的生产力的提升	区块链：通过组织间信任与诚信验证等优化生产关系
具体的表现场景有： 移动互联网、工业互联网、移动互联、互联网医疗、电子商务、移动支付、第三方支付、NFC 支付、智能能源、B2B、B2C、C2C、O2O、网联、智能穿戴、智慧农业、智能交通、智能医疗、智能客服、智能家居、智能投顾、智能文旅、智能环保、智能电网、智能营销、无人零售、互联网金融、数字金融、金融科技（Fintech）、量化金融、开放银行，等等	具体应用工具有： 传统区块链、数字货币、分步式计算、差分隐私技术、智能金融合约，等等

表7-1的数字化转型特征表明，在数字化改革背景下，企业成本创新需要在理念上树立新使命：（1）树立成本新观念，如价值创造与价值增值的新观念、成本战略与战略成本的新认识等。（2）增强成本竞争力，如重塑流程与优化经营环节、丰富数字技术的知识管理、选择和应用新技术、规范品牌与创造数字新产品、培养成本管理人才队伍等。

2. 寻找企业数字化转型的有效路径或手段。从当前企业数字化改革的实践出发，企业数字化转型的切入口主要有以下两个路径。

一是开发数字化产品。即通过经营模式创新，创造出数字化产品，以提升企业的延展能力与核心竞争力。数字化产品可以帮助企业细分市场，重塑差异化的市场定位，帮助企业与客户及供应商建立协作关系，使数字化产品的制造商成为低成本的引领者。早期的数字化产品是在移动通信技术发展基础上的"互联网+产品"，即进入21世纪以来，基于移动互联网技术开发出的一系列数字化产品（Kaino et al.，2015），如文旅系统的网络订票，即跨国酒店和国内航线预定系统等以及制造业技术升级开发生产的"数码相机""自动柜员机"等。现代化成本管理体系下的数字化产品可以分为以下几类：（1）基于物联网的新产品。开发时期大约为2000年后的10年时间，最具代表性的是"智能互联产品"（波特、贺普曼，2014、2015），主要的代表性数字产品有物联网智能汽车、物联网智能电梯等。（2）基于大数据的新产品。开发时期大约以近10年为主，这类代表性数字化产品的特征具有"体验"的产品属性，比如日本茑屋书店的线上线下组合，以线上体验为主的营销模式。这家日本的网红书店，以"书+X"的数字产品方式使价值创造与价值增值发挥到了极致。从最早期的"互联网+"产品，如"影音""咖啡""餐饮""文创""家电"一直到最新的购书体验。即通过大数据挖掘和分析消费者的偏好，当顾客走进这家书店，可以感受到不同年代的购书情境，让人如同进入梦境，尤其让那些最富有的20世纪60~70年代出生的消费者流连忘返，即通过大数据技术不断刷新人们对书店的认知。（3）基于云计算的新产品。开发时间大约5年，数字产品的特征是通过搭载云（或平台）延展产品的内涵与外延，代表性的新产品有云上图书馆、天猫精灵等产品。

总之，未来开发新的数字化产品将遵循"智能化（人工智能）＝大数据＋云计算"的方程式以体现公平与效率。比如，居民楼里电梯等都需要定期检查、维护，而这些维护数据一般都掌握在制造商手里，新企业如果想要加入竞争，在数据上势必存在劣势，竞争力也就明显被削弱，造成不公平。同时，还有的原生型数字化企业通过不正当手段收集并存储数据，对数据进行盲目垄断与"圈占"，妨碍正常数据的市场竞争，进而影响市场公平。亦即，通过综合物互联、大数据、云计算和区块链等技术对智能化产品施加影响，为企业数字化转型升级提供公平、公正的环境。

二是通过工具开发延展组织间的共享产品。针对不同的企业，应用开发的数字化工具作为企业数字化转型的重要抓手，不失为一种有效的路径。比如，海尔提出的"物联网"下"人单合一"管理模式（张瑞敏，2021）。针对数字技术的现状，海尔选择物联网作为数字技术改革的抓手，通过"人单合一"的工具创新性地提出构建"生生不息的商业生态"。即通过"人单合一"的"1"，来带动相关企业的"N"，即由工具牵引数字化改革，形成"1＋N"的数字化情境。具体的成本管理特征表现在：（1）创新公司的价值理念。即在不同价值诉求的多元文化中，如何寻找共同点。海尔采取的对策是"人的价值第一"。在数字化改革的背景下，企业要力图在创造价值的同时，为共享价值打开通道，构建一个美好的社会，即形成一种"人的价值最大化"的"商业—社会可持续生态"新范式。（2）突出"人单合一"商业延展价值。"人单合一"是海尔创立的一种管理工具，其基本内涵是：人与单结合，其中的"人"就是该工具中的员工，"单"表示用户的需求/用户的体验，把人和单连接起来使员工和用户一体化，将员工创造的价值体现在用户价值上。在数字化改革的背景下，海尔期望基于"人的价值最大化"将员工创造价值和传递的价值合一，希望价值理性和工具理性合一，进而实现员工创造价值和分享价值的统一。对此，海尔对传统的"人单合一"进行了物联网等数字技术工具的嫁接。比如，借助于数字技术，海尔的预算管理真正实现了全员、全过程、全环节的"人单合一"，每个人都可以在权限范围内参与预算编制与管理，使各级组织与团队动态了解企业经营情况，员工清楚自身的绩效状况，具有很强的激励功效。即实现了"人人见数据（多少钱），个个知因果（为什么）"。在数字化改革背景下，海尔进一步提出了"三生"理念。即所有企业的商业生态系统都应该是共生、互生和重生的交织。其中的"共生"要求所有利益相关者相互结合，由竞争对手转变为合作伙伴，共创用户新体验；"互生"要求相互协作，通过扬长避短，实现共同发展；"重生"是与数字化改革最贴近的概念，借助于数字技术不断对企业进行再造，围绕企业经营的初心，思考价值创造与价值增值的渠道与途径，比如围绕企业战略目标能否另辟蹊径、开发出新品种等。

二、数字化改革背景下的成本管理启示

数字化改革背景下的成本管理能够提高实体经济企业的效率与效益，通过数字化产品的生产丰富和发展企业的经营模式和商品业态。

1. 结合成本动因探寻企业数字化转型的规律。数字化改革必须坚持成本效益原则，任何制度创新都是建立在适宜自身成长的土壤之中的产物，否则数字化转型就容易成为一种"风潮"，难以体现现代化成本管理体系的内在要求，并且偏离企业发展的价值创造与价值增值的本质。从一定意义上讲，成本就是收益。成本动因作为一种成本管理工具，对于模拟数字化转型后的成本效益具有重要的理论价值和积极的现实意义。结合成本动因中的结构性动因与执行性动因，围绕成本管理控制系统的激励与约束机制，寻求数字化产品创新的新方向，即"体验"与"生态"，具体如图7-2所示。

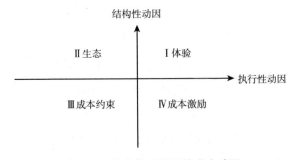

图7-2　数字化改革下的成本动因

图 7-2 的数字化改革下的成本动因，对于我们认识企业数字化转型具有积极的现实意义。从纵向的成本结构性动因看，与实践中的供给侧结构性改革具有紧密的相关性，传统的成本管理激励与约束机制，通过"生态"与"体验"的数字技术发展方向，转向以正向的激励机制为重点。作为一种制度性安排，企业数字化转型要能够为企业带来价值增值，符合成本效益原则，体现数字经济时代承载正能量的重任。"生态"化的数字技术产品是共享经济的一种典型代表，是共享经济延展的产品或工具"新业态"。尤其是在数字化改革背景下持续得到扩展，并逐渐成为成本管理中的一种新的动因。"体验"则是基于"生态"系统下的成本管理激励机制的反映，使传统的"互联网+"在数字化改革情境下变成"互联网×"，促进生态效应发生革命性的变化。从横向的成本执行性动因看，企业可以根据用户的需求与成本信息和产品整体性能等的结构性信息，进一步生成"生态"价值，通过"生态"向"体验"的执行性转变，使企业成本结构发生改变，比如空间占据、时间消耗和信息交换等成为零成本（里夫金，2014）。在传统成本约束为主导的机制下，利用平台经济的生态效应提供各种基础性服务，扩大网络效应，使平台上的资源和能力得到充分激励，为组织成员带来新的价值增值机会。企业数字化转型需要重点抓好两方面工作：一是从"效率优先、兼顾公平"转向"体现效率、促进公平"的成本动因。当前，企业数字化转型在不同地区或行业中存在不平衡不充分等现象，"体现效率"需要成本理念的转变与创新，成本驱动机制可以兼顾不同企业或产业的数字化差异，为推动共同富裕创造基础和提供条件。二是主动构建共同富裕的数字化创新平台。即畅通数字化创新向产业集聚的进入通道，鼓励企业组建数字技术转型的创新联合体和知识产权联盟，建设数字技术的共生平台。"促进公平"就是要加强对科技成果应用和产业化的政策支持力度，打造辐射全国、链接全球的技术交易平台，推动成本实践创新。

2. 巩固数字化改革背景下的创新成果。随着数字技术的不断成熟和性能完善，数字技术与实体经济的深度融合具备了条件，且成本也呈现下降趋势，提供了成本管理创新的经济基础。现阶段的企业数字化转型的创新成果主要有：（1）借助于企业数字化转型，催生新产业、新模式与新业态。比如，借助于财务支付方式的改变以及成本理念的变迁，企业将从价值主张、消费者群体、分销渠道、客户关系、价值配置、合作伙伴网络、收入与成本结构等要素上改变成本管理逻辑。（2）利用数字化改革的成本动因提高企业价值活动的竞争力。企业数字化转型将数字技术嵌入价值链与网络链，不断提高企业的核心竞争力。具体可以从内外价值链角度加以分析。从内部价值链观察，对于企业的内部物流可以通过智能化手段构建仓储成本管理系统；企业的内部经营活动或者制造环节可以通过物联网和大数据寻求智能化控制的新机遇，比如通过人工智能的机器人控制系统来完成常规的工作任务；企业的销售情境与市场价格行为，可以将成本的执行性动因嵌入数字技术条件下智能化的订货系统之中，由数字化手段来主动加以实施，售后服务等可以通过设备维护和顾客沟通系统实现高质量的成本管理。（3）丰富和拓展嵌入数字技术的组织创新。一是依据平台组织创造数字化新产品；二是借助于数字化技术改变信息传递的方式与方法；三是主动应对组织的不确定性。比如企业组织架构有很多新的选择，即扁平化、柔性化、虚拟化、网络化和共享化等。目前，一些企业通过财务共享中心来实施数字化改造，实际上就是组织共享化的一个表现，应当在进一步完善的基础上拓展数字技术的应用空间。（4）强化企业数字化转型的流程再造。企业数字化转型要求成本管理实现数字化改革，与传统的成本管理模式下的企业流程相比，创新的流程具有以下特征：一是权变性增加。即摆脱传统组织分工理论的束缚。二是顾客导向。即借助于数字技术主动服务于顾客价值。三是积极应对组织结构复杂性增强的环境变化（Tucker & Parker，2014）。四是丰富数字化背景下的沟通手段。即员工授权及正确地运用信息技术，达到适应快速变化的环境的目的。

第五节　本章小结

数字化改革背景下的现代化成本管理体系建设是现代经济体系实现高质

量发展的客观保证和组织基础。以大数据、人工智能、物联网、移动技术、云计算和区块链为代表的数字技术应用，正在改变着企业的经营模式与生产方式，促进企业新模式和新业态的创新与发展。成本管理创新必须适应企业数字化转型，对现代化成本管理体系中存在的问题展开研究，帮助企业实现可持续性成功。现代化成本管理体系在调动"智能化产品"功能的同时，通过"组织间共享工具"的开发与创新提高企业的核心竞争能力。成本管理在优化管理控制系统功能的过程中，完善成本的结构性动因，结合成本的信息支持系统功能分析执行性成本动因的推进趋向。通过交互方式下的数字资源向数字资产和数字资本等的方向转变，优化成本会计的核算与控制功能，增进企业数字资源或资产的价值实现，为数字资本的确认、计量与报告提供成本核算的创新驱动和管理控制的技术保障。

企业数字化转型的切入口可以从数字化产品和成本管理工具或手段中加以选择，无论是政府主导、行业引领，还是市场化手段的推进，企业数字化转型必须重视对数字化产品的功能理解与认知，并且在成本管理工具开发与创新的过程中优化企业数字化改革的执行性动因。概括地讲，企业数字技术的应用，应注意思考以下几个问题：（1）在数字技术环境下，企业应选择应用哪些成本管理工具和方法；（2）面对现代成本管理体系的构建，企业如何在成本效益原则的基础上嵌入数字化技术，开发的成本管理工具应率先用于企业的哪些方面；（3）针对成本管理创新，企业数字技术的采用是拿来主义，还是进行深入的加工、改造与升华；（4）成本管理工具方法是仅应用于企业内部，还是要兼顾企业内外部整体的价值链系统；（5）成本管理的功能设计和制度优化，是依赖企业内部自行开发、创新，还是借助于外部咨询机构来实施；（6）现代化的成本管理组织如何捕捉相关的数据资源，并开展有效的分析与利用，进而为企业的价值创造与价值增值服务，并实现企业的可持续成功；（7）面对成本管理主体多元化情境下的链式、网式与群式组织结构，如何与现代化的经济体系相协调，成本管理如何与数字化改革情境相互匹配与整合；（8）现代化成本管理体系的绩效评价工具是否能够实现"业务扩展与财务经营"的融合，并有效地在数字经济环境下开展评价；（9）成本管理工具方法如何适应商业模式创新与生产方式的变革；（10）怎样引导企业开展成本管理工具与方法的创新，如何提高数字技术方法的延展性，等等。可以预见，在数字化改革背景下的新经济时代，传统而经典的成本管理理论与方法将在数字经济新理念下不断得到更新的同时，逐步被替换或淘汰。亦即，必须转变固有的成本观念，要"用成本管理的新理念，打破传统会计的旧算盘"。必须具有"国际视野、战略思维和市场意识"。

| 第八章 |

企业数字化转型的转换与升级
成本："情境满意" 的行为特征

　　企业数字化转型是数字经济时代的一种客观必然，"情境满意"是企业数字化转型有效"落地"并产生效率与效益的基础保证。数字化转型作为企业组织的一项变革，会对企业经营模式、商品业态及其行为方式等产生冲击，必须及时对数字技术的嵌入过程及其会计工具的应用等进行适宜性的调整或整合，以促进企业数字化转型的"情境满意"。从企业数字化转型的成本结构考察，最直接的转型代价是转换成本与升级成本，同时涉及数字化改革的转换方式、升级流程等行为机制的优化等问题。加强企业数字化转型下"情境满意"的行为特征研究，合理配置转换与升级过程中的成本政策，促进企业成本管理控制系统和信息支持系统的功能扩展，是企业数字化转型中成本结构优化的重要内容。

第一节　企业数字化转型下的成本管理意义

　　数字经济时代三大思想家之一乔治·吉尔德（George Gilder）说："所有的变化都集中在一个划时代的事件：物质的颠覆。"能够快速识别产业链中的不增值环节和节点，并在数字技术，如人工智能、大数据等手段支撑下自动消除这些不增值的流程，是企业数字化转型过程中成本管理的一个重要课题。

一、企业数字化转型的成本性态与相关文献

充分理解数字技术的价值功能，并对企业数字化转型中的转换成本与升级成本等概念有一个总体把握，才能获得满意的行为情境。

1. 企业数字化转型下的成本性态。数字化转型是企业借助于数字技术实施创新培育，并获得竞争优势的重要手段。长期以来，我国经济发展的资源禀赋优势已逐渐失去支撑，并开始向创新竞争的方向转变（洪银兴，2020）。通过企业数字化转型实现企业组织或产业间的技术协同，弥补地区或行业之间存在的短板弱项，是中国经济进入新发展阶段的客观需要。换言之，企业数字化转型体现的是创新驱动的内在要求，以往借助于物质资源和廉价劳动力的要素驱动方式已经丧失基础，传统以来采取的高积累、低消费政策也面临转变。通过企业数字化转型增强国内产业集群的活力与动力，围绕"情境满意"调整转型成本的结构组合与政策配置，加快形成若干具有世界级影响力并具有中国特色的数字化竞争优势的产业集群，已成为一种必然。面对企业数字化转型所产生的转换成本与升级成本，一些非数字原生企业可能会有理性不足之嫌①，即不仅不能快速带来价值增值，还会给企业带来资金、人才等的经营压力。然而，从我国经济进入新发展阶段，贯彻新发展理念、构建新发展格局的重大战略部署着眼，其实这种转型是很合理的，是一种促进企业深层理性的主动谋划。② 有效利用企业数字化转型的深层理性，加快转换成本与升级成本的"情境满意"选择，是科学决策、实现企业价值创造与

---

① 企业可以分为数字原生企业与数字后生企业（数字化转型企业）。前者有阿里巴巴、海尔等；后者的企业数量众多、涉及面很广。

② 从"情境满意"来看，企业数字化转型决策的原因可以分为近因和远因，在分析转换与升级成本的行为特征时，企业不能只看近因而忽略远因。值得注意的是，成本决策的合理与准确并不是判断企业数字化转型决策好坏的唯一标准（肯里克、格里斯克维西斯，2014）。

价值增值的内在需要。本书的研究涉及企业数字化转型的相关概念界定与研究意义、转型成本与升级成本的情境特征，以及数字化转型情境下的成本优化等问题。

2. 数字技术在企业转型中的价值功能。探寻企业转型功能的最低成本，实现数字技术应用的最大价值，是企业数字化转型的重要目的（Tsai，2000）。数字技术是多种数字化技术的集称，主要包括"大智物移云"和"区块链"等。数字技术借助于直接高效的网络，使传统企业和企业之间、个人和个人之间、人和物之间的平面连接或者框架等具象特征转变为立体的、折叠的、交互式的架构（李礼辉，2019），扭转了以往成本管理活动中存在的接点多、效率低等不足，使时间成本与空间效率与效益得到综合的体现。从数字化角度观察，企业可以分为数字原生企业与数字转型企业，未来企业要么是数字化原生，要么是数字化转型（王文京，2018）。企业数字化就是借助于数字技术的应用，极大地改变既定的发展战略并拓宽经营的路径，使其成为数字化的企业（刘飞，2020）。企业数字化转型的标志有：（1）具有独特的战略视野；（2）创新经营模式：形成基于数字化的企业生态；（3）延展新的商品"业态"；（4）构建现代化的成本管理体系（冯圆，2021）。从成本价值特征来看，传统的单一企业的会计主体假设在平台经济、共享经济的情境特征下变得不相适应，建立在这一假设基础上的簿记系统需要实施数字化改造（黄世忠，2018）。在会计准则体系尚难以作出全面系统改革的情境下，成本核算与控制可以对数字化企业的持续经营与会计期间作出权变性地的分期及其规范。比如，微观主体从单一企业向平台组织拓展，企业各种交叉互联的业务情境增多（刘向东、汤培青，2018）。

3. 企业数字化转型的成本"情境"。在"大智物移云"的数字技术结构中，"大数据"是智能化功能发挥作用的物质基础，属于一种"原材料"资源（谢文，2016）。以往的人工智能借助于物联网来实现智能化成本管理等的控制作用，是借助于物联网环境下的智能处理或人工算法，其中的"物联网"就是数据源和控制的终端（波特、贺普曼，2014）。云计算和移动技术则为先进的算力提供强力的保障，充当数据存储与传输的媒介。随着物联网时代向大数据时代的位移，移动技术与云计算的融合，使算力与算法得到更大的提升（于增彪，2021）。与此同时，随着数字原生企业积极履行社会成本以及政府对技术成本的投入持续增加，数字技术的应用成本开始逐步降低（张瑞敏，2021）。此外，区块链作为数据存储和验证的专门工具，对"大智物移云"等技术的相互协作与共享具有融合的功效，并对人工智能的广泛应用起着助推作用。实现数字化转型成本管理的"情境满意"，是企业深层理性的具象特征。从衡量标准看，"情境满意"要符合企业数字化转型的战略需求，并且借助于对经营模式及其业态创新，结合企业的组织架构和核心流程的改造，实现企业价值链的创造，并实现企业的价值增值（祝合良、王春娟，2021）。数字技术与情境满意的融合，使成本管理知识与信息技术知识的结合速度加快（Nambisan et al.，2017）。

相关文献述评如下。

首先，数字技术中的"大智物移云"体现的是成本情境中的生产力功效，"区块链"则是"生产关系"的体现。智能化作为数字技术的发展方向，数字技术对企业数字化转型的主要贡献是建立一种智能化的成本核算与控制机制。其次，企业数字化转型是一种开发数字化技术及其支持能力以构建新的富有活力的企业数字化经营模式的过程。从成本价值角度考察，企业数字化转型的成功与否，本质是能否产生价值创造与价值增值。最后，企业数字化转型涉及数字化转换与数字化升级。将数字化特征嵌入成本管理的变迁过程之中，除了技术成本、组织成本的转换之外，制度的转换与创新将会在制度设计的合理性与应用的良性、有序发展的博弈中实现成本效益比较的平衡。即通过转换成本的合理配置调动产业集群或区域企业主动实施数字化转型的积极性，并由此形成科技升级和安全可控等成本管理的诚信网络体系。企业数字化转型的升级成本一般是非数字原生企业转型成功后所发生的相关费用或代价。亦即，升级成本体现在数字技术应用机制的丰富与完善、企业技术组织的创新与发展等方面。当然，数字原生企业也需要有升级成本的维系及其巩固。本书重点对数字转型企业的转换成本与升级成本展开研究。

二、研究意义

借助企业数字化转型的成本结构分析可以提高企业经营效率，实现降低企业人力成本以及技术设备等投入成本的效益产出，优化企业数字化转型中的成本结构与成本决策，扩展"组织间资本共享"和"智能互联产品"等的新业态，同时也有利于用好"两个市场、两种资源"，在"双循环"的新发展格局中取得更大的成效。

1. 理论意义。从理论上讲，开展企业数字化转型下的成本情境及其满意度研究，能够促进成本结构理论的丰富与完善。围绕转换成本与升级成本的"情境满意"思考，可以总结和增进数字化技术深层理性对传统成本管理理论与方法改进的欲望与需求，进而强化企业数字化转型的情境配置及其成本行为；同时，结合产业数字化与数字化产业等的内在要求，有助于总结与评估产业或行业发展的数字技术需求。企业实施数字化改革，既不要低估自身在行业中的地位，也不要高估自己的转型能力与升级行为，必须科学决策，且在强化企业数字化转型制度建设的同时，创新出"情境满意"的数字化技术标准与组织制度规范等。

2. 实践意义。从实践上看，企业数字化转型需要了解"情境满意"的应用环境，并对企业数字技术、工具选择以及数字化改革的转换与升级能力等有充足的理解与认识。企业数字化转型实践需要政府宏观及产业或行业中观视角实施综合判断与制度协调，选择有利于不同技术环境、不同组织特征等相融的转型机遇或运作平台。企业数字化转型有助于成本结构的优化，促进企业数字化转型成本效益的提升。通过企业数字化转型实践能够提炼适合企业情境的数字化技术手段，并在经营模式创新、成本结构配置等方式的协助下，为企业数字化转型的价值创造与价值增值提供有益的财务政策组合及其行动方案。

第二节　企业数字化转型的成本情境：
转换成本与升级成本

产业结构的转型升级是扩大内需的重要手段，企业数字化转型与产业结构转型升级在本质上是一致的。

一、企业数字化转型的转换成本与情境特征

"情境满意"是数字化转型下成本管理的内在要求。"情境满意"的企业转型升级是数字化改革下微观主体对转换成本与升级成本的结构性特征的欲望表达。

1. 转换成本是由企业数字化转型本身特征决定的。从成本动因上看，转换成本涉及数字化流程的全过程，如自动化场景的转变、业务流程场景的呈现、从数据共享到驱动共享、数据录入的实时无感采集以及从 IT 技术到 DT 技术等。从成本管理来看，涉及宏观与微观不同的情境。从宏观层面考察，"十四五"时期是我国新兴产业发展的关键时期，越来越多的数字技术将进入产业集群区域，并开展商业化应用。就转换成本而言，产业集群数字化改革使区域经济环境、产业创新资金、市场准入门槛和贸易规则发生根本性改变，产业链中的"资产"空间布局以及价值链中的"收入"与"成本"规则、相关管理工具的内涵与外延、商业模式或经营业态的可持续发展等战略能够更紧密地与数字化生态系统相联结。必须结合"双循环"的新发展格局，优化产业集群区域的营商环境①，引导大型科技企业主动降低数字技术的应用成本，为产业集群区域的企业数字化转型提供发展动力。从微观层面着眼，企业数字化转型的前提是将软硬件系统嵌入产品生产环节，构建数字技术一体化的制造体系。比

---

① 2020 年开始已经正式生效的相关制度有《中华人民共和国外商投资法》《优化营商环境条例》等，它标志着我国营商环境建设已经进入法治化的新阶段。

如，借助于仓库、工厂的智能化升级，实现降本增效；通过组织创新，设立诸如首席技术官、首席数据官、首席创新官等职位助力企业数字化转型。当前，企业数字化转型有两种观点：（1）技术观，强调数字技术的重要性。即注重不同技术条件下的价值链整合，提高企业效率并降低成本。（2）价值观，围绕数字技术改进组织方式与收益模式，比如利用物联网、人工智能等创新企业经营模式等。对于企业来说，数字化转型是企业情境特征与数字化技术整合的制度安排，目的是嵌入数字化技术提高生产效率与效益。企业数字化转型具有开源性的显性特征，各项政策配置的市场价值易于捕捉。从我国的现实情况看，大量中小企业数字化转型面临技术与资金的考验。对此，加强企业数字化转型的转换成本与升级成本研究，积极创新基于商业模式与经营业态的"情境满意"的成本管理工具，是中小企业数字化转型的客观保证。

2. 财务政策配置与转换成本的实践价值。企业数字化转型必须坚持供给侧结构性改革不动摇，在数字经济政策等的支持下优化自身的改革情境，并且在需求侧管理过程中调整成本结构。"情境满意"的数字化改革需要供给侧和需求侧共同发力：一方面从数字技术的"总量"上加强需求侧管理，发挥短期调控的积极作用；另一方面，通过"结构性"的供给侧改革，激发微观主体的内生动力，着眼长远发展。针对不同阶段供给侧与需求侧管理重点的差异，数字化改革必须主动衔接国家和地方政府的财政、税收、金融等制度规范，提炼出企业数字化转型所注重的财务政策，并与其他政策进行有机整合（否则难以有效"落地"），进而不断提升数字化改革的效率与效益，优化产业集群区域或企业数字技术转换的应用机制，为社会创造价值并实现企业的价值增值。若将企业分为数字原生企业与非数字原生企业，则转换成本主要发生在非数字原生企业之中。转换成本（switching cost）是影响企业数字化转型的重要因素，它是指企业应用数字化技术改造原有技术流程与生产环节等所发生的各种费用或代价。[①] 亦即，数字化转型能够助力企业释放

①　本章中的"转换成本"是从企业数字化转型角度出发而设计的成本管理与控制概念，与前面章节提及的转换成本的机会主义理念是不相同的。

数字生产力，实现高质量发展。然而，企业在对业务流程、用户体系、产品服务、商业模式和运营管理等进行数字化改造的过程中，需要加强协作与创新，以实现企业数字化转型的目标，这一过程所发生的费用或代价就是企业转型过程中的转换成本。从成本管理视角看，企业数字化转型是一种价值实现方式的变迁，它借助于数字技术使企业与客户、供应商等利益相关者的关系发生结构性改变。亦即，必须为重塑全方位商业伙伴的协同关系付出数字技术应用的转换成本，尤其是在国家强调保证供应链安全的政策驱动下，部分产业已经回归国内大市场，"双循环"的新发展格局使各级政府加大企业转换成本的投入，未来必将涌现出一批新的高科技公司。

客观地讲，传统财务会计在转换环节中存在成本与收入确认、计量等的不足或欠缺，成本管理必须借助于转换成本等结构性动因加以弥补。换言之，企业数字化转型作为一项制度安排，必然会导致相应转换成本的发生，加强数字化改革背景下的成本管理研究具有紧迫性与重要性。2002 年和 2003 年，伯纳姆等（Burnham et al.，2003）和琼斯等（Jones et al.，2002）构建了"转换成本"的分类框架。其中，伯纳姆等（2003）将转换成本分为三种，即"程序性成本、财务性成本和联系性成本（procedural costs, financial costs, relational costs）"，该框架得到了较为广泛的认同①。从成本要素的结构性动因上观察，数字化转型使自由组合、自由流动成为常态，借助数字技术（平台）可以实现人才、技术、资本等要素的高效匹配与重组，这一程序中的数据环节及其应用可以看作是一种程序性成本。各项分工协作、优势互补的网络组织，由于自身边界的模糊性从而导致的企业数字化转型过程中的会计确认、计量与报告等环节发生的增量成本属于财务性成本和联系性成本。研究转换成本的现实意义体现在：（1）明确企业数字化转型的特殊性与独特性，需要从个性化等特征出发进行设计或技术转型；（2）数字化转

---

① 琼斯等（2002）提出了一个六维度的分类框架。这个框架有两类成本，即机会损失成本（转换后损失的机会）和沉没成本（建立和维持交易关系时的投入）。琼斯等（2007）进一步将这两类成本合并称之为"社会性转换成本"。琼斯等（2007）提出的"社会性转换成本"与伯纳姆等（2003）提出的"联系性成本"对数字化改革中的转型成本管理与控制具有一定的实践价值。

型是一种未来价值观引导下的企业行为，企业要结合自身发展战略进行综合
分析与判断；（3）数字化转型的程度要从安全性、稳定性、适配性等视角予
以权衡；（4）企业战略对数字化转型有积极的影响，企业必须具有清晰的思
路，并保证每一种选择都能连贯统一，相互促进。它表明，企业数字化转型
中的转换成本需要结合企业竞争优势分析其价值创造能力，并依据其相应的
转型战略及其数字化产业的发展水平进行权衡。亦即，数字化改革会对企业
的"收入""成本"以及内含于新技术应用及其纵向一体化等产业链、价值
链布局中的"资产"等产生影响，进而影响成本结构及其成本关系的执行效
率。除了程序性成本与财务性成本外，企业数字化转型将在研发、生产、用
户与协同过程中产生与数字化技术应用相关的其他转换成本，可以将这些成
本看作是联系性成本。

从研发视角看，在数字化改革背景下，企业与用户之间的双向互动增
强，需要采用定制化等手段及时调整研发成本及其结构要素，并使传统的封
闭式自我研发向开放式众包研发等方向转变。从制造环节看，根据用户需求
精准定位、生产数据的深度挖掘与利用，需要投入相关的生产成本，如应用
软件的成本、智能化制造等的成本。从用户需求角度观察，利用数字化手段
开拓市场和扩大利润源泉，加强线上线下多渠道交互沟通，精准匹配用户需
求等也会增加相应的成本。从组织协同角度看，企业数字化转型需要协调好
企业内外不同部门、多环节的关系，通过协同联动来完善企业生产流程，优
化经营业态，而这种协同共生的生态系统需要各方投入一定的成本。实践
中，不能简单地将数字化改革理解为把数字化这种"硬"技术嵌入企业就算
完成转型，它还需要企业的组织机构、业务流程与企业文化等"软"技术的
衔接与融合。这种"软硬兼施"的改革过程在完成转型目标的同时，也产生
出相关的"转换成本"。数字化转换与企业战略升级密切相关，需要重点把
握以下要点：一是企业应用的数字技术主要用于开发哪一类产品或服务；二
是嵌入数字技术的产品功能与投入这项转型的成本之间是否匹配；三是如何
处理数字技术的开源性与企业生产活动的保密性之间的关系；四是企业数字
化转型是依赖外部组织还是企业自行选择与应用；五是应否从顾客价值最大

化视角选择和应用数字化技术；六是突出数字化技术对企业商业模式或经营业态创新的价值驱动；七是企业数字化转型后的产品重新嵌入产业链与供应链等的方式选择；八是数字化技术与业务扩展之间的合理安排，等等。

3. "情境满意"是企业数字化转型的重要驱动因素。当前，有关数字经济或数字化改革的文献很多，学者大都采取由上而下的宏大叙事方式研究企业数字化转型的重要性与必要性，其视角往往以宏观层面的对策与措施为主。本书认为，可以从企业尤其是制造业企业数字化转型的"情境满意"入手进行细分化，或者更小化研究，这样便于从微观层面观察企业的满意度。比如，数字化转型带来的企业规模扩张，可能因系统风险的存在而导致投入成本过高，无法实现预期的收益目标等。企业数字化转型是有前提的，需要构建信息系统并加以集成，使系统实现点对点的链接等。即将多个系统整合为一个"平台"，借助于平台实现互联互通。这是"情境满意"在组织层面的基本要求，也是数字化转型的硬件保障。据此，企业流程、组织架构、市场需求、制度规则、管理功能、数据处理、用户体验、沟通界面、交互接口、资源配置等就会变得系统完备，企业数字化转型便进入有序运行的"情境满意"状态。换言之，企业数字化转型催生了数字平台，促进了包括跨境电子商务模式在内的更多新业态，企业参与跨境贸易的门槛大大降低，且在数字化平台的全球营销活动中增强了满意度；同时，利用物联网、区块链等数字技术开展货物运输的实时追踪，降低物流成本和运输时间，尤其是降低跨境交易成本，改变地理位置上的结构性成本，使更多中小企业主动参与到全球价值链的贸易活动中去。它表明，"情境满意"下的企业数字化转型，离不开数字平台、共享经济等的概念范畴及其具体应用。然而，实现这种满意情境既需要考虑企业数字化转型本身的客观条件，也要从成本结构的性质上正确认识数字化改革的必要性与可行性。"情境满意"与转型成本等的相关性如图 8 - 1 所示。

图 8 - 1 表明，从企业数字化转型视角（象限）看，面对"满意情境"，一部分企业符合情境特征，实现了"满意"的企业数字化转型，步入升级通道；另一部分企业可能越不过"满意情境"这个坎，最终数字技术转型失

败。从成本结构看，转型成功企业的情境特征是：成本总量上升，即在转换成本的基础上追加后续相应的升级成本，同时企业竞争力大大提升；转型失败的情境：转换成本变为沉没成本，用于企业转型的总体成本将会下降（数字化技术方面的升级成本就不再发生了），然而企业竞争力将会受挫，并面临持续发展的生存考验，因为未来的发展一定是数字化的。对此，企业数字化转型中的“情境满意”还将研究转型成功企业兼并重组转型不成功企业等的成本特征，并考虑企业文化与员工激情等具体因素。从企业文化因素来看，企业数字化转型需要针对内部不同层级、岗位等的组织单元实施数字化产业政策和产业生态知识等的培训，提高其对经营模式与业态创新的认知，以及提升价值创造和价值增值的能力，为组织文化的深入做好成本政策的储备。从技术性能方面考察，成本政策组合的配置要维护客户、员工、合作伙伴、政府等利益相关者的权益。企业选择采用何种数字技术手段需要在范围与目标上认真思考，比如是局部采用还是整体嵌入，如何优化企业内部组织之间的信息沟通与行为方式等。从员工激情来看，要改变过去自上而下的战略部署策略，激励员工提高相关数字工具应用或操作等技能的欲望；同时，注重培育数字化转型中的企业领军人才，重塑员工在生产过程中的角色定位，加强数字化成本核算与控制能力的培训，包括数字化知识理解与应用能力、组织间交流沟通能力、网络化治理控制能力等。此外，还要强化企业数字化转型的综合能力管理，使技术成本、社会成本与经营成本等实现最优配比，创新数字化转型的转换与升级成本的应用工具。

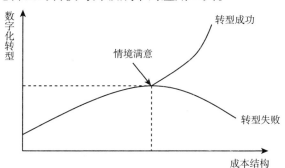

图 8-1　企业数字化转型下“情境满意”的成本特征

二、企业数字化转型的升级成本

从学理上讲，升级成本是转型成本扣除转换成本之后的余额。实践中，数字化转型的成本结构与企业的类别需要放在一个协同框架中加以思考，升级成本是"情境满意"拐点之后人们对成本管理应用机制的认知。

1. 符合"情境满意"的企业数字化升级应用机制。针对企业的不同类别及客户需求，结合企业数字化转型的转换与升级成本情境，可以提炼出符合"情境满意"的企业数字化升级应用机制。企业类型除了数字原生型公司与非数字原生公司外，企业数字化转型还可以按初学者（beginners）、新潮者（fashionistas）、保守派（conservatives）和数字人（digirati）等类别进行划分（韦斯特曼等，2015）。

（1）传播与普及机制。对于数字化初学者（企业）而言，结合数字化改革的新情境，积极加以传播与普及是十分重要的。或者说，在传播数字化改革理念的同时普及数字化技术的应用，可以使企业成本管理模式与流程等环节增强创新功能。换言之，加快将数字化技术嵌入企业产品生产的经营模式和流程之中，使企业价值链与产业链相互融合，并引导其从产业链向创新链拓展。亦即，围绕传播与普及机制加快整合与创新的升级成本配置，比如，从研发入手加强官产学研的匹配，强化数据成本标准、隐私等安全政策的制定，通过财务治理破解企业存在的难题，并采取自我治理等的主动作为方式推动公司治理在传播与普及机制下的深入拓展。一般而言，案例引导是一种比较可行的方式，它有助于数字化改革的理念与数字化技术应用的效果传播和普及到产业集群区域的每个角落。换言之，以产业集群区域为示范，通过"政策创新—试点应用—经验总结—工具推广"等完整的数字化传播与普及应用，寻求财务政策配置的最佳效率与效益。

（2）协同与共生机制。对于"新潮者"和"保守派"之类的企业而言，数字化改革需要加强各方协同效果的宣传，使"新潮者"更有激情，使"保守派"看到数字化发展的前景。数字化技术在企业的普及应用，能够使企业获得市场竞争优势、提升价值创造的能力，使协同与共生机制发挥更积极的作用。共生机制是产业集群或区域经济协同的关键因素。目前，我国在人工智能、物联网、云计算、数据中心、智能终端等数字技术方面的协同发展还落后于发达国家（王一鸣，2020），要加强数字化基础设施的建设，通过协同机制引导国内外相关各方（包括企业与数字化设备供应商）进一步合作。同时，要结合产业链与价值链重构的情境特征，合理选择产业互联网等数字技术应用的"满意"平台，并将共生机制嵌入产业集群区域不同企业的组织之间，比如，利用电子商务平台，宣传产业集群共生效率与效益，主动整合区域资源，促进协同与共生机制成为产业集群发展的内生机制，推动产业集群与其他区域企业共同发展。

（3）开放与共享机制。对于数字人（原生型数字化企业）而言，其在数字化改革中处于领先地位，在产业互联网等的应用方面发挥着主导优势。要结合国家对数字经济平台与数字经济发展的政策规范，通过开放与共享机制构建，使数字化领先企业成为带动数字技术应用的领头人，使数字化技术的开放与共享更大范围地进入各个不同的应用领域。即通过升级成本应用机制的整合，构建开放融合及共享创新的数字平台，使更多中小企业有机会参与到平台经营活动的竞争之中；同时，通过引导数字技术领头企业的开放与共享，使数字技术的成本大大降低。相应地，随着应用面的扩大这些原生型数字化企业反而进一步增强了研发能力。换言之，在这种开放与共享机制的"情境满意"状态下，数字化成本标准的构建将成为可能，并具有普及推广与操作便利的共性特征。亦即，通过开放与共享机制，鼓励数字技术共生共建，使数字技术与数据、人工智能等紧密衔接，引导数字化转型企业进入"情境满意"的升级通道。

（4）制度与保障机制。无论处于数字化改革进程中的哪一类企业，制度与保障都是关键。对于初学者（企业）而言，资金等政策的倾斜是必须的，尤其是对中小微企业的数字化转型要实施成本驱动的政策支持，比如通过财税、金融等宏观"降成本"政策等加以体现。或者说，围绕企业数字化转型的效率与效益提升，消除行政与区域等的数字化推进障碍。必须重视数字资产的核算与控制，突出数字资产中的人力资本价值。亦即，数字化改革中制度是基础、人才是保障。要通过大力发展职业教育等来培养既熟悉数字化工具应用又具有管理新理念、新视野与新格局的人才队伍。[①] 同时，企业组织管理必须向扁平化、多元化、模块化的数字化方向转型，通过转换成本与升级成本等的创新为企业数字化转型提供基础保障。

（5）动态与权变机制。升级成本管理是一种导向，企业在数字化转型中需要具备动态与权变的应用机制。对于大型央企而言，国资委管辖企业已经基本完成转型升级任务。从动态机制看，现阶段央企的重点是数字化改造。亦即，国资委已下发文件，要求央企加快数字化改革的步伐。[②] 国资委的总体思路是："结合国有资本改革的经验，以资本为纽带，推进新业态、新模式、新产品与新服务的转型，逐步形成一批国际领先的数字化应用的领跑型企业"。即通过制度型开放政策促进商业模式的数字化转型，加快形成企业数字化转型的生态系统。优化数字化赋能的动态与权变机制，提升企业数字化转型过程中的升级水平，提高财务政策配置的效率与效益，促进升级成本应用机制的数字化渗透，积极利用数字化技术改造传统管理工具，为企业数字化转型提供"情境满意"的方法支持。

2. 优化企业数字化升级成本的组织保障。企业数字化转型中的升级成本涉及宏观经济的高质量发展，以及国家"共同富裕"目标的实现。诚然，企业数字化转型是一种必然趋势，但面对广大中小微企业的现状，如规模小、数量多、业务杂等情境，数字技术应用的场景升级往往具有动态性与复杂性等的不确定性特征，企业数字化转型的成本政策亟须各级组织的支持和配

---

① 在《2021 年职业教育专业目录》中，会计专业名称已作了全面调整，增设一些新的专业，比如在以往存在的会计信息管理专业（编号 530304）的基础上，增设了与大数据相关的大数据财务管理专业、大数据会计专业与大数据审计专业（编号为 530301、530302 与 530303）。据专业备案结果统计，2020 年全国有 1 616 所高职院校成功申报大数据与会计专业，专业学习年限为 2 年、3 年或 5 年。目录显示，该专业前瞻性培养适应当今人工智能与大数据时代会计业务和会计信息日益呈现海量数据处理、实时云计算化、会计智能决策等新型会计业务特征的专业会计人才。

② 2021 年 4 月 25 日，国资委领导在第四届数字中国建设峰会国有企业数字化转型论坛上指出，从国资国企发展全局出发，更加坚定、更加全面、更加深入地推进国有企业数字化转型，坚持整体推进，实施专项行动计划，加快开创数字化转型新局面。

合。比如，广大的中小企业想搞人工智能应用，然而针对本行业与本企业特征的相关人才非常紧缺。为了提高企业数字化转型的升级效率与效果，建议政府出面构建数字技术特派员制度。① 浙江省试行的科技特派员下乡制度中包含了一部分数字技术特派员的职责，从渐进式改革的思路着眼，短期内可以继续保留，待条件成熟时转入数字技术特派员队伍。当前的一种思路是：数字技术特派员队伍采取"供给侧＋需求侧"管理的方式进行制度建设。针对广大的中小企业，可以结合企业类型及所处行业特征，围绕企业数字技术应用的需求，设计"数字化升级成本票"之类的资金配额提供给有数字化转型需求的企业，由企业（尤其是处于乡镇的小微企业）按照科技管理部门的"数字技术特派员"名单或自行确定上报的人选名单，由科技管理部门或相关机构派出，同时定期检查企业数字化改造的效果或取得的效益。

长期以来，我国实施的"让一部分人和一部分地区率先富裕起来"等的经济学理论或政策，因现实中存在收入差距过大等问题已经影响效率，并诱发出新的社会矛盾，可能陷入"中等收入陷阱"，必须加以扬弃（洪银兴，2021）。借助于数字技术特派员制度建设，有助于加快企业数字化转型的升级效率与效益，促进区域或企业的共同富裕。当前，企业数字化转型在不同地区或行业中存在不平衡、不充分等现象，数字技术特派员队伍能够"体现效率"，消除不同区域或产业的数字化鸿沟，为推动"共同富裕"以及培养数字化技术应用的人才队伍助力。现阶段，应结合企业数字化转型中的升级成本等的政策配置，主动集聚各种有利要素，积极构建"共同富裕"的数字化创新平台。即畅通数字化创新向产业集聚的进入通道，鼓励企业组建数字技术转型的创新联合体和知识产权联盟，建设数字技术的共生平台。数字技术特派员制度能够"促进公平"，加强对科技成果应用和技术转化的组织保障，调动企业数字化转型的自主性和积极性；同时，加快数字化升级平台建设，如产业互联网平台、大数据分析与集成平台、人工智能引擎服务与运营

---

① 组建数字技术特派员队伍是一种最直接的"升级成本"政策安排，它不仅可以提高企业成本管理的自觉与自信，也为企业数字技术的应用增强内生动力，促进企业从成本效益原则入手探寻数字化转型的客观规律。

平台等。与此同时，通过向平台委派数字技术特派员，既服务于平台经济，又能够为企业数字化改造提供行业应用领域的转型升级服务人才。

第三节　企业数字化转型的行为优化与情境选择

数字经济是数字技术广泛应用的社会制度体系，产业数字化是面向产业链为主体的企业数字化改造，而数字化产业是对现有产业下的企业进行数字化转型。"产业数字化"与"数字化产业"是一个事物的两个方面，是数字化改革在产业领域或企业层面的全面嵌入或推进。

一、转换成本情境下的行为优化

企业要保持对数字知识、技术、技能的吸收与改造能力，通过思考转换成本的内容及其政策配置，提高企业数字化转型的可操作性与有效性。

1. 企业数字化的转换成本是企业高质量发展的基础。从一定意义上讲，成本就是收入。企业数字化转型是新发展理念的重要体现，通过数字化转型提高企业发展质量，比如促进经营模式与业态的创新等。企业数字化转型改变了传统物质资源和低成本劳动力驱动的运作方式，并朝工业绿色化、产业低碳化的成本结构优化升级方向转变。改革开放初期，我们一直强调出口导向，实施外资推动的"双嵌入"发展（刘志彪、吴福象，2018；冯圆，2020）。现在已经进入"双循环"的新发展格局（张二震，2020），企业数字化的转换成本必须面向国内大市场进行结构优化，寻求国内国际市场动态平衡的成本管理工具，以及国内东西部差距缩小的"情境满意"的成本政策安排。即在国内循环为主体的国际国内相互促进的"双循环"新发展格局中转换过去依靠沿海地区外向型经济解决问题的机制与路径，通过企业数字化转型构建国内经济增长的新引擎。从宏观层面观察，企业数字化转型的转换成本是由"双嵌入"向"双循环"变迁所需支付的代价。传统的"双嵌入"发展模式是以资源禀赋的劳动和资源的比较优势融入全球化的价值链，主要以发达国家的大企业作为产业链的引领者，企业成本管理相对简单。现在转变为"双循环"发展模式，企业进入新发展阶段，实行的是"制度型开放"的对外大开放，企业数字化的转换成本需要建立在"人类命运共同体"这一大理念的高度来认知。比如，企业在面向国内大市场的同时，加快数字化改造是"引进来"与"走出去"并重的转换成本的政策配置要求等。从微观主体的企业经营环境看，数字化改造的转换成本发生了情境变迁，数字贸易正在成为企业收入增长的"主力军"。对此，国际贸易的发展重点放在了我国陆海空运输成本的转换与升级环节，必须提高企业内外联动的加速度，重新规划国内东西部经济双向发展的新格局，在"双循环"的背景下解决好高水平贸易和投资自由化、便利化等问题。此外，从"效率优先、兼顾公平"转向"体现效率、促进公平"是企业数字化转型中转换成本的另一种"情境满意"，表明我们在坚持提高效率理念的同时，保留要素参与收入分配的效率性制度安排。转换成本情境下的行为优化要克服企业数字化转型中由于权利的不公平而造成新的分配不公等问题，并且倡导企业在发展中实现数字经济红利共享的"共同富裕"理念等。

2. 企业数字化的转换成本体现了"双循环"战略的发展需要。"双循环"推进着产业数字化和数字化产业的发展，企业需要结合数字经济时代的成本管理特征，合理选择数字化技术的种类并权变性地应用。"双循环"背景下的内需挖潜和数字技术等的创新与应用，将给企业数字化转型中的成本结构与方法提出新挑战，许多处于传统产业的企业借助于数字化转型，重塑了企业的研发和生产经营方式，提高了企业生产效率。传统的人工智能依赖物联网技术的应用，带来了大量新的有效供给和投资消费需求，开发出诸如智能互联产品等的产品新"业态"（波特、贺普曼，2014、2015）。现代的人工智能可以用如下公式加以体现，即"现代人工智能 = 大数据 + 云计算"。这一转换，在技术路线上遵循的是"物联网采样—云计算处理—大数据应用—智能化体现"的基本路径。企业数字化的转换成本是"双循环"战略的客观体现，强调的是以国内大市场为主体，展示的是一种开放合作的共赢与共享的生态体系。亦即，中国市场已经成为世界的市场、共享的市场，中国也由全球参与者转变为全球化的推动者和引领者。企业数字化的转换成本将从定制化、个性化商品的收入中得到补偿或平衡。企业数字化转型中的转换成本要引导企业促进数字技术与实体经济的深度融合，通过转换成本的效益流入赋能企业产品或业态的转型升级，催生新的经营模式和新的产品种类，提高企业市场的核心竞争力。从"双循环"战略的发展需求看，企业数字化转型的转换成本可以结合技术创新的不同等级加以设计，并按照"跟跑""并跑""领跑"的情境特征来观察数字化改造的应用场景（安同良等，2020）。具体思路是：（1）跟跑型企业及其情境需求。这类企业典型的应用是结合企业情境特征嵌入人工智能、大数据等技术，并灵活加以推进。比如，小米造车是数字化技术的"跟跑"应用，其核心竞争力是营销，即小米的卖车渠道会给行业带来冲击。汽车行业从燃油车到新能源车，从"发动机 + 变速箱"转变为"电机 + 电池"，这一过程意味着转换成本、技术门槛都在发生巨大变化，过去制约汽车的发动机、变速箱技术等转换成本已经失去竞争力。在"内循环"为主的市场环境下，一旦小米组合"渠道数量 + 体验 + 低成本"的汽车产品进入市场，中国的汽车行业版图可能发生改变。（2）并跑与领跑型企业的情境需求。这类企业往往是原生型的数字技术企业，拥有自己可以控制的产业互联网基础系统，数字化技术平台也基本完成。在"双循环"的新发展格局下，这类企业的重点是立足国内、调整结构，使数字化改造围绕着国内需求加以推进，最终目标是"以内带外"，延长产业链、优化供应链，积极攀升全球价值链的中高端。企业数字化转型必须明确转型的成本及其结构特征，使企业拥有更加灵活、敏捷、智慧的情境选择，通过打造数字产业链，培育数字产业集群以及相关的创新联盟等，进一步释放数字化改革对产业及其企业带来的乘数效应。

二、升级成本情境下的行为优化

结合企业数字化转型下"情境满意"的成本特征，升级成本的情境主要体现在非原生型的数字化改造企业。嵌入数字技术，企业的升级成本需要在成本政策与其他政策之间寻求良性融合的路径，并通过政策配置、信息公开与透明等推动企业数字化转型的效率与效益，形成有效的竞争机制和公平的市场秩序。

1. 强化企业数字化升级的财务政策配置。企业数字化升级的财务政策选择主要包括三点：一是以鼓励创新为导向的成本政策选择，比如结合供给侧结构性改革提供相关的成本管理工具组合，如减税降费等"降成本"的工具创新。二是以完善激励与约束机制为导向的成本政策选择，主要是围绕环境不确定性与不稳定性，促进中小制造业加快数字化改革的成本工具组合，如组织间交易成本协同等的成本收益管理。三是以风险控制为导向的成本政策选择，侧重于需求侧方面的成本管理工具开发与应用，强调数字化技术的拉动效应，注重各类政策工具的优化配置与组合（Brooks & Oikonomou，2018），搭建完备的财政、税收与金融、会计等融合的政策框架体系。企业财务政策配置的应用效果可以概括为四个方面：一是企业数字化转型下成本选择的适宜性评价；二是通过成本确认、计量与报告的有效引导与规范带来的企业数字化权益的变动情况；三是数字化改革拓展企业发展新空间或新领域，使成本政策效应增强的能力；四是将升级成本相关的制度规范嵌入企业数字化转型框架，进而规避企业经营可能面临风险与挑战的能力。

2. 提高企业数字化升级的会计信息质量。企业要保持对数字知识、技术方法、操作技能等的升级改造能力，围绕政策配置进行成本行为优化，具体包括以下几点：（1）提供成本政策与数字技术融合的有用信息。即通过构建嵌入数字技术的成本政策工具（如数据成本管理工具）等，快速学习并减少试错成本，提高知识的有效性。（2）完善成本确认与计量的核算政策。数字技术及其引导下的经济模式增长方式给传统成本确认与计量带来挑战，成本核算政策需要从结构性、执行性等方面加以整合，以提高信息的披露质量。比如，各类票据在人工智能技术的辅助下进入会计确认的数字化流程，自动对票据进行成本分类，并为相关交易提供合适的会计代码并进入对应的成本中心。（3）提高成本政策在企业决策中的地位与作用。数字化技术的应用使企业利益相关方能够更加便利地参与到产品的研发、生产和维护及改进之中，深化了对数字技术、价值创造与价值增值的理解。即借助于需求侧管理，优化企业管理流程，通过精益管理、智能管理降低企业升级成本，使企业数字化转型获得"情境满意"的效果。

3. 加强中小企业实现数字化升级的财务政策保障。对此，应做到：（1）降低组织间交易成本。一是大企业或有产业互联网支撑的企业应该放开技术限制。一方面，让更多的中小企业参与数字化环境下的交易活动；另一方面，要协调好产业链、价值链上下游之间的利益关系。否则，不仅大企业自身利益难以持续增长，也可能给整条供应链的完整、有序带来挑战。[①] 二是重视数据的治理。对于各类数据的获得与利用以及数据自身的安全与保护、跨境的数据流动等，需要结合国家宏观政策的规制进行适合企业自身特征的内部化制度建设。三是推动数字化人才的培养。应结合国家对职业技术院校扩招及资金支持的利好环境，应用财务政策配置手段，鼓励高校与企业联合开展数字化人才的培养，并且加强对操作层面员工数字知识的普及和相关技能培训。四是加强供应链管理。要围绕企业数字化转型中供应链管理出现的新情况，如供需边界扩展、"双循环"进出口政策变化、"一带一路"需求结构转变等带来的成本管理新问题采取相应的对策。（2）构建成本信息安全联盟。有条件的企业可以采用诸如以"区块链＋供应链"的产业协同方式降低升级环节的成本投入，或者通过嵌入其他企业的数字技术平台，比如阿里、华为等的企业平台等[②]，促进成本信息的可比性与相关性，满足联盟组织间的共同利益（陈劲等，2019）。（3）加快成本政策方面的制度安排。传统的"资产"要素划分为固定资产与流动资产，"数字资产"如何分类，什么情

---

① 从生鲜行业的成本关系来看，大型互联网平台企业应结合市场特征，主动实施产品创新，加强与行业内中小微企业（包括个体户）合作等，以满足各相关参与者的利益需求。现实中，某些互联网企业采取低价倾销等方式与菜贩等商户抢市场，利益仅掌握在少数企业或个人手里，使价值链中的成本关系发生严重扭曲。

② 数字经济下的平台开放已经成为一种趋势。比如，开源软件已经成为全球技术创新和协同发展的一种模式，是新一代信息技术发展的基础和动力。比如，华为的鸿蒙系统，作为新一代的智能终端操作系统，已经为不同的设备智能化、互联与协同提供了统一的语言，为用户带来简捷流畅的交互体验。

况下可以将其视为固定资产或者流动资产，成本政策怎样加以引导。当前，由于缺乏"数字资产"之类确认、计量等的底层成本政策规范，宏观的数字GDP计算等缺乏牢固与坚实的基础。而且，在涉及相关的责任事件或事故责任认定以及维护公民权益等方面已经或者正在面临诸多的制度"空白"，损害相关方的利益。在全球产业链、供应链的机制重构中，数字化改革带来的"成本"问题还牵涉国际经贸规则体系的再造以及数字技术标准的构建，并对"一带一路"发展产生影响。因此，正确处理数字化背景下的财务政策配置及其行为选择、加快成本管理工具创新等的研究是提高企业数字化升级效率与效果的重要课题。

第四节　本章小结

企业数字化转型遵循的是"变革融合、提质增效"的管理原则。即通过数字化技术的改造，加快企业经营模式、生产流程与产品业态等的转换；借助于财务政策的合理配置，加快企业数字化转型的升级步伐，对内更好地与企业经营活动有机融合，对外更好地与宏观经济政策、"双循环"新发展格局等相结合，提高企业数字化转型的效率与效益。企业数字化转型中的转换成本与升级成本代表的是企业"情境满意"下的成本结构组合，通过聚焦企业数字化转型中的成本管理短板弱项，提升企业经营管理的工作质量，是数字经济时代对高质量成本管理的迫切需要。"情境满意"是企业数字化转型情境下的一种状态，在企业数字化转型与成本结构有机匹配的过程中，成本情境特征与数字化转型的满意程度具有一致性，能够为企业数字化转型提供有效"落地"的定量标准和效益评价的定性基础。

随着数字经济时代企业转型升级需求增加，传统的成本核算与控制在一些会计事项的确认、计量与报告上已难以满足企业数字化转型的"情境满意"追求，优化企业数字化转型的转换成本行为与升级成本行为，必须与国家宏观、产业或行业中观成本政策相匹配，并且需要满足新产业、新模式与新业态对碳达峰、碳中和目标相符的内在要求。根据企业的不同类型以及数字化程度不同企业的情境特征，对于领跑型、并跑型企业要加快构建"情境满意"的数字化平台建设，并开放给广大的中小微企业，降低企业数字化转型的技术成本。大型原生型数字化企业要积极构建具有国际话语权的成本管理理论与方法体系，并从观念与知识层面介入"情境满意"背景下转换成本与升级成本的优化工作，进而前瞻性地为成本管理学科体系建设打下理论基础，并且在成本管理结构理论与方法体系建设中，为提升我国企业的数字化转型效率与效益作出应有的贡献。

第九章

结论与展望

数字化改革背景下的企业数字化转型，将从根本上改变我国经济的增长方式。企业无论是主动或是被动转型，数字化改革的潮流不可阻挡。企业嵌入数字技术并实施转型升级，使物理空间与数字空间渐趋统一，技术、业务与财务更加融合。研究数字化改革背景下的财务政策配置与工具创新，离不开先进数字技术带动的会计概念组织及其演进、企业数字化转型的成本效益等动因机制牵引的变迁管理以及围绕效率及效益进行数字化价值增量的评价与思考。因此，本章针对数字化价值的未来走向及实现方式提出进一步的期望。

第一节　研究结论

数字化改革涉及面广，传统从企业层面认识财务政策与会计工具的思维需要转变。本书中的"财务政策"是一种数字技术赋能后的"政策组合"，涉及宏观层面的财政、税收与金融等的经济政策，也包括区域经济发展中的产业政策和资金扶持等的诸如减免税等的政策，以及企业自身制定的财务方针、会计核算与控制的政策等。充分发挥数字化改革背景下的财务政策配置功能与作用，是提高企业数字化转型、发挥会计工具在企业转型升级中功能作用的重要手段。"产业数字化 + 数字化产业"既是我国数字化改革的一项重要战略，也是企业数字化转型中会计管理工作创新的引擎。主要研究结论概括如下。

1. 数字化改革对会计范畴的冲击与影响。数字化改革是数字经济时代会计管理的现实需要，企业会计工作者不仅要从微观视角理解企业经营模式与业态的转变，还需要从产业层面利用数字技术传导财务政策配置与会计工具创新的协同理念，提高平台组织决策的合理性与有效性。必须从宏观政策层面理解会计概念组合与演进的趋势，积极推动数字化改革背景下的企业经营模式转变，主动利用财务政策配置的信息支持系统手段引导企业数字化转型，发挥会计管理控制系统对会计工具创新的促进作用，主动转变会计概念的范畴属性，通过数字技术与会计技术的融合实现稳定企业发展以及助力企业实现可持续成功的积极效果。数字化改革既要重视"硬科技"的发展（比如大数据、人工智能与物联网等的结合应用），也要重视财务政策、会计工具等"软实力"的发展。企业数字化转型只有"软硬兼施"才能在数字化改革的"风口"上扩展会计范畴的内涵与外延。数字化改革对国内市场结构的冲击与影响，需要会计范畴采取"多元化"的价值理性加以应对，比如，借助于数字化技术的应用，推动全方位感知和全流程编码，打破信息孤岛，实现全时空穿透和传承等。数字化改革扩展了会计要素中的资产、收入与成本等相关概念，并使资本、劳动力、土地等生产要素得到了合理配置，带来数字化价值创新的收入增长等，为会计改革与发展提供坚实的物质基础。

2. "情境满意"与"自主治理"下的数字化价值。要充分发挥数字化改革带来的各种机遇，鼓励市场主体在数字化转型中向智能化方向迈进，构建具有"情境满意"的数字技术应用模式，使企业获得数字化价值的各项红利。亦即，强调企业数字化转型中的"情境满意"，是提高数字化改革效率与效果的客观追求。作为升级数字化行为的主体，企业通过对数字化价值之类的"情境"进行及时发现或挖掘，并在力所能及的范围内借助于适宜的数字技术工具方法，进而提高数字化价值的实现能力，这种"满意"的情境不仅能够满足顾客需求，也能够为企业创造价值和实现价值增值提供新的空间。基于这种"情境"的企业动机与行为，或者与之相关的未来预期，体现的就是一种"满意情境"。然而，尽管"情境"能够呈现数字化价值，但是有时并不一定能够带来价值增值，从而使企业"满意"。这是因为，随着各类企业纷纷进入数字化价值领域，收入成本比的潜在价值空间可能逐渐缩小，若此时只强调"情境"满意，恐怕难以通过数字化价值的获得产生价值增量。况且，数字化价值本身就是在动态变化中形成与发展的价值创造行为，在企业数字化转型过程中往往具有个性化或情境化特征。因此，"情境满意"需要通过"自主治理"的提升来加以控制，以保证企业获得数字化价值带来的增长红利。换言之，数字化价值是在技术（technical）、组织（organizational）、行为（behavioral）和场景（contextual）四个维度基础上"共生"的产物。即便拥有理想的数字技术，如果不能很好地与后三个维度的概念进行组合与演进，也难以真正实现数字化价值带来的价值增量。"自主治理"是企业顺应政府数字化改革或产业经济政策的号召，根据自身的实际情况所采取的财务政策组合与会计工具创新活动。数字化价值的发现机制体现了企业管理控制系统和信息支持系统在企业数字化转型升级中的客观映像，它借助于"情境满意"传导出企业"自主治理"的组织、技术等管理活动的内在要求。

3. 突出财务政策配置下的企业数字化转型。财务政策配置的重点是聚焦，即将体现在国家宏观、产业中观及企业微观等多层面的有关企业数字化转型的经济政策，从会计视角加以整合并重新加以规范，以形成具有会计特征的政策组合。为了提高财务政策配置的针对性与有效性，必须对数字化技术有一个客观的认知。首先，数字技术只是信息技术的一个组成部分。必须全面认识数字技术的结构性特征，针对不同的应用场景进行财务政策的组合或配置。即"财务政策"组合行为在为企业数字化转型提供积极的信息支持的同时，发挥会计管理控制系统的功能作用。其次，数字技术本身是权变发展的，要具有财务政策配置的时空价值观。企业数字化转型面临各种限制性条件，比如，各自面临的转型时间与所处的行业、规模等空间场景就不尽相同。必须结合不同时期、不同阶段以及不同的行业或区域布局选择适合自身的数字技术并加以转型升级或应用。以数字技术的发展为例，21世纪初智能互联产品的形成是以人工智能与物联网等的结合而得以扩展并持续发展的。进入21世纪20年代以来，大数据与云计算的结合使人工智能的运用场景发生了激进式的变迁，财务政策配置必须适应这种变革，加快对宏观数字经济与中观的产业经济中的政策措施等进行会计穿透性或抽象性的提炼与总结，通过及时地归纳、整理与升华，提高财务政策配置与工具创新的可行性与有效性。

4. 成本驱动机制下的企业数字化转型。企业数字化转型的成本驱动机制是政府层面供给侧结构性改革的体现。在宏观"降成本"政策引领下，成本驱动的内在机制通过成本效益原则，实现企业经营活动的点对点、端对端的交互式连接，使交易更直接，业务流程效率持续提升。数字经济政策促进成本驱动的外在机制产生激励作用，调动各平台经济主体主动降低平台运作的技术成本。对于各级地方政府来说，数字经济在成本战略上具有独特优势，比如投入成本相对少和进入门槛比较低。从成本理念上看，企业数字化转型战略是收益高、周期短、发展速度快，并且有助于经营模式创新和商品业态形成与发展的载体。从企业视角看，数字经济时代的成本管理工具往往具有不确定性与不稳定性，必须按照政府"降成本"政策的总体要求，构建成本驱动机制来应对数字化转型中的长期性和艰巨性，稳步推进企业的转型升级。近年来，随着数字技术的不断成熟和发展，数字技术与实体经济的深度融合具备了条件，且成本也呈现下降趋势，提供了成本驱动机制运行的经济基础。成本驱动机制的实质是供给侧结构性改革在企业数字化转型实践中的应用。根据成本效益原则，合理规划数字化转型中的经营成本、技术成本与社会成本等，并结合区块链的算法等建立数字信任，促进成本驱动机制更合理、高效率，进而带动整个产业集群及其区域企业的快速发展，是提高企业数字化转型企业效率与效益的客观追求。

5. 会计工具创新视角的数字化价值动因。尽管数字化转型是一种企业发展的客观必然，但并不意味着企业升级数字技术就会成为一个"无所不为"

的"救世主",企业在天时地利的情境下,选择恰到好处的数字技术方法加以嫁接,应该说才算是一种明智的决策。会计工具创新能够帮助企业适应这种数字化改革的情境特征,通过"工具箱"的储备,便于企业根据自身情况选择适宜的数字技术工具。即会计工具强调企业的价值创造动因(value creation driver)。数字化改革必须能够带给企业转型或数字化背后所隐藏的价值创造动因,此种情境下的企业数字化转型才能成为数字化改革的成功实践。比如,"情境满意"的行为选择强调的因企制宜的理念,"自主治理"体现的是企业主动作为,努力实现数字化价值的组织创新追求。财务政策配置是实现会计工具创新的基础。亦即,会计工具创新需要提供"情境满意"的非货币性信息,而"自主治理"需要管理控制所应用的非货币信息。从结构性动因与执行性动因不同视角考察数字化改革背景下的会计工具创新,能比较充分地诠释财务政策配置综合提供货币性信息与非货币性信息的基本逻辑,也能够完整体现财务政策配置与会计工具创新的内在联系。本章中,我们以案例的形式就执行性动因下的企业实践进行了阐述,希望能够从货币性信息与非货币性信息的政策选择以及管理控制的会计工具创新视角认识数字化价值,为企业升级数字化后的价值创造"披荆斩棘""乘风破浪",迎来生存和发展的新空间。

6. 规范数字化转型的财务行为。就数字技术本身而言,无论是以大数据、人工智能、物联网、移动通信与云计算("大智物移云"技术)还是"区块链"技术等为主体的数字化技术工具,其本质均属于提升数据归集与处理的信息技术范畴。它们能够通过信息技术的结构性变迁引导财务行为发生转变,并通过生产力与生产关系方式的调整改善企业的财务活动,使财务政策组合与会计工具创新有了发挥作用的财务运作新场景。对此,在企业数字化转型过程中要树立正确的会计新观念,比如,围绕货币性信息与非货币性信息挖掘数字化价值的源泉,实现更大程度的价值创造与价值增值,强化会计战略与战略会计的新认识以及重塑企业的生产流程、优化企业的经营环节等,促进数字技术的知识管理与价值转化有序推进。从财务政策配置角度讲,规范数字化转型的财务行为,重点在于"数据"的结构性变迁。会计工具能够较为迅速地将各种数据转化为货币性信息与非货币性信息，企业则应用数据模型展开场景的规划与预测，即体现"行为创造数据，数据表达行为，数据驱动行为"的具象特征（于增彪，2014）。诚然，"信息技术只是会计应用的外生变量和应用条件，其根本作用在于'催化'和促进业财深度融合并提高会计应用的效果，信息技术本身并不是会计的组成部分（王斌等，2014）"。会计工具通过归集和处理业已存在的数据，结合数据背后的内在规律，发现或挖掘商业机会，这样就使数字技术转化为了生产力。为了提高数据的效率与效果，避免"信息孤岛"的困境，区块链技术的应用能够为商业信用、诚信交易提供生产关系的保障，这样数字技术就使生产力与生产关系得到了统一。

7. 从结构视角划分数字化转型成本。从结构视角考察企业数字化转型的情境特征，需要结合结构性与执行性不同的动因理论加以甄别与分析。从制度变迁的角度考察，数字化转型需要对传统的模式与业态加强转换创新，对于一些新形成的商品业态等则需要开展升级等活动。这样，势必会导致成本结构变迁。从便于理解与实际操作的视角考察，可以将企业数字化转型成本区分为转换成本与升级成本。其中，转换成本包括制度交易成本、技术转换成本、组织创新成本与社会责任成本等。成功转型后的数字化企业还将在升级成本上完善成本结构，如企业文化成本、共生协同成本等。为了提高企业数字化转型的效率与效益，数字技术领先的平台主导型企业（数字化原生企业），应主动开放产业互联网等技术平台，降低中小企业数字技术的应用成本。政府应加大基础设施建设，通过对诸如信息技术设备等的投入优化微观主体的成本结构，基础设施是实现社会经济生活各领域信息化、数字化的基础平台，也是推动信息技术、通信技术、数据处理技术、人工智能技术持续迭代升级的阶梯。企业数字化转型不仅仅涉及企业经营模式和业态的数字化嫁接，还要与产业链、价值链相衔接。即通过产业价值链数字化和智能化，提高企业针对市场与客户的数字化能力，并且在开放与共享机制的配合下，提高产业链或平台组织的共创价值和利益分享的数字化和智能化能力。

8. 延伸数字技术范式的会计组织边界。数字化转型后企业具有适合自身情境的技术经济应用范式，比如，建立一种基于数字技术的经营模式和会计组织形式，能够以新的数字技术与业务、财务融合方式创造并实现价值增值，建立新的、强大的符合数字技术范式的顾客和员工的价值理念。此时，财务政策配置打通了宏观、中观与微观之间的政策障碍，会计工具创新促进了企业组织边界的扩展。应用开发的数字化会计工具延伸至数字技术范式的传统约束领域，促进企业数字化转型，体现企业获取数字化价值的客观特征或内在要求。现代化数字技术应用在调动"智能化产品"功能的同时，通过"组织间共享工具"的开发与创新提高企业核心竞争力的技术经济新范式。亦即，智能化层面的数字技术范式通过"大数据"与"云计算"重塑了组织边界，促进了数字技术的升级与创新驱动，带来了企业生产力的增长。数字技术范式中的"区块链技术"则包括一般意义上的区块链、数字货币、分布式计算、差分隐私技术与智能金融合约等，巩固了数字技术范式中的生产关系，使企业组织之间的诚信规范得到丰富与发展。"逐步形成以国内大循环为主体、国内国际双循环相互促进的新发展格局"是我国的既定方针，也是延伸数字技术范式下会计组织边界的指引。对此，企业数字化转型必须以内需作为战略基点，更好地联通和利用国内国际两个市场、两种资源。比如，区块链技术中的数字货币的兴起促进了内外循环对接，为"双循环"战略的实施以及扩展和维护国家的数字主权提供了技术支持等。要通过制度创新，深化数字化投资、打破数据孤岛等一系列措施，推动中国数字化转型向深度展开。

9. 因企制宜选择企业数字化转型路径。数字技术可以以低成本、无物质消耗等方式实现企业之间、产业之间、个人之间的互联互通，然而若片面地强调企业数字化转型能够创造价值，过于放大数字化的功能作用，则有可能让一些中小企业进入误区。比如，企业可能认为只要购买了人工智能设备，实施了数字化转型或者设置了相应的转型机构或管控部门，就可以"大功告成"，"高枕无忧"地创造数字化价值了。事实上，数字化转型涉及不同的应用场景，既受内部信息化、数字化基础条件的制约，也与所处行业或企业本身的人财物等情况相关。如果单纯地升级数字化就可以创造价值，那么数字化改革就不是一项系统性工程了。企业必须克服盲目冲动的数字化转型理念，应该尽量客观、冷静，充分考虑企业的"情境满意"与"自主治理"等需求，通过财务政策配置与会计工具创新理解行业特征或产业布局情境，增强企业组织之间的合作与互信。当前，我国已经成为全球价值链的主战场，财务政策配置的可行性与有效性增强，会计工具开发与应用也面临极佳的发展环境。在数字化改革背景下，需要引导企业自主选择数字化技术与方法的能动性，增强企业管理者的自觉心和自信心。作为数字化改革的各级政府，应以数字技术为核心，实施产业基础数字化再造和全球产业链数字化提升等的工程建设。作为数字化改革重要载体的产业集群要引导企业自主选择与应用数字化技术，引导集群区域企业因地制宜实施数字化转型；或者说，在巩固传统产业分工优势的同时，重点对战略新兴产业实施布局，结合国内外新形势，基于"双循环"的发展格局，提高产业链在全球市场上的分工地位和参与价值分配的能力。企业数字化转型需要从业务能力、数字技术应用能力、政策工具组合能力等多个方面提升相关人员的素质，特别是要主动构建企业的学习型组织，培养一支能够满足数字化改革和企业数字化转型的会计人才队伍。

第二节　未来展望

本书以数字化改革为背景，围绕企业数字化转型下的财务政策配置与会计工具创新，从概念范畴、数字价值发现以及成本驱动机制、组织与成本管理创新等视角，展示数字经济时代会计管理工作的内容特征及其客观规律。当前，面对宏观经济层面的数字化改革、中观行业或产业集群区域的数字技术普及与应用以及微观企业数字化转型的大背景，企业要积极抓住这一有利时机，多措并举主动升级适合本企业特征的数字技术及其配套方法。要正确认识企业的数字化转型，企业的不同属性及行业的异质性特征等，会使不同企业在资源禀赋等方面存在差异（Tiessen et al.，2000），政府要加快各项支持体系的构建，出台具有针对性的方针、政策，创新并发展多元化的数字化转型路径，引导企业在管理组织结构、内部治理等方面进行创新实践。

企业数字化转型的财务政策配置不仅在信息支持系统上提升了传导效应，疏通信息传递过程中的"堵点"和"盲点"，还强化了管理控制系统的数字化价值发现功能。即通过多元化的数字化创新生态，推动企业加快技术研发，主动融合人工智能等数字技术，提高了企业创新的自主性与能动性，通过企业数字化转型中的会计工具创新，营造了良好的利益传导机制，释缓了企业的融资约束，使数字化改革背景下的政策红利转化为了企业的价值创造与价值增值。展望未来，我们将在以下两个方面，围绕本书的研究主题进一步展开研究。

1. 开展经典案例研究。数字化改革带动数字技术快速发展，在国资委的推动下，大批国有企业凭借数字化力量，不断探索与创新，在行业内脱颖而出。2020年9月，国务院国资委科技创新局组织开展了国有企业数字化转型案例征集工作，其中70家中央企业和31个地方国资委共推荐了759个案例。可以说，研究企业数字化典型案例已经成为一种风尚，各类教学主体，如MBA、MPAcc等教学或研究中心也纷纷组织学生开展此类主题的研究。我们课题组也正在抓紧推进这项工作，这与计划研究的方向与目标是一致的。从已经取得的研究成果看，比较典型的案例有：（1）中国电信。其成功经验是：在移动互联向智能互联转化的浪潮下，中国电信推出个人云存储产品——天翼网盘，成功为超过3.5亿中国电信移动用户和近1.6亿宽带用户提供高速、安全、智能的云存储服务体验。（2）中兴通讯。其成功经验是：为深化数字化转型、加强集团信息化建设，中兴通讯与百望云达成合作，在电子专票推进的关键时刻，率先发力，共建电子专票服务平台，建立健全数字发票的全生命周期管理，为中兴通讯实现业财税全面数字化管理提供支撑。

实践表明，企业数字化转型在中国大地风生水起，典型性或代表性企业也越来越多。但是，我们的调查研究也发现一个问题。即在实施数字化转型的企业中，积极性最高的往往是那些相对落后的行业，如服装、小家电、石材、建筑、矿山等企业，这在我们课题组的实证研究成果中也得到验证。为了进一步探究原因，我们需要进一步设计变量，区分高新科技产业与一般传统产业等，进一步展开典型案例的规范或实证研究。

2. 利用沪深两市数据进一步开展经验研究。针对数字化改革背景下上市公司升级数字化过程中的财务政策配置与会计工具创新，结合经营环境的不同场景展开变量选择与应用，结合沪深两市的上市公司数据进行经验检验，仍然是一个"富矿"。比如，处于经济环境不确定性强的行业或企业，对于数字化转型的稳健性要求往往比较高，数字化转型的实用性特征比较突出。企业数字技术转型，对于这些企业来说需要更多地放在内外部数据的分析与调研上。一般来讲，企业升级数字化积极性高，其期望值也相对高，即想借助于数字技术应用带活或盘活企业，获取数字化价值带来的增长红利。然而，对于相对稳定的企业（包括经营活动稳定或销售活动稳定的企业）来说，由于他们在新冠肺炎疫情期间并未受到外部环境的过大冲击或影响，可能对这些企业反而有带动作用，如电池制造业、刀具加工业等企业，因这些行业的企业收入实现的稳定性强（外销比重大，供不应求），数字化转型的积极性反倒是不高。这也与企业战略或文化有关，即想利用这一有利时机，抓住机会大干快干。这些企业担心后期随着新冠肺炎疫情的稳定，可能工作重点需要发生改变。所以，这类企业的经验研究宜拖后展开。此外，不同产权性质的企业，其数字化转型的主动性与积极性也存在差异，这已经成为一种共识。那么，这是为什么呢，我们前期结合相关材料已经做过一些探讨。得到的结论是：近年来，国资委加大了对央企的转型升级力度，央企数量压缩至50家以内，业务类型与经营范围等的整治也基本完成。现阶段的重点，是对国有企业数字化转型进行引导并强力规范。这是国有企业数字化转型效果好的一个重要方面，即各级政府重视并增强政策引导力度所致。

从国内有关实施企业数字化转型的实证研究成果看，相对于非国有企业，国有企业的数字化转型对主营业绩的驱动效果更强。综合本课题组与国内学者的研究结论，具体的理由概括如下：（1）产权性质具有正向调节效果，表现在国家的信誉支持、资源与市场领域的优势地位以及政府的财税支持等。（2）国有企业政策响应迅速快，国家战略的契合度高。即国有企业开展数字化转型的速度快，或者说深度彻底，且能够将数字化转型的宏观要求与企业自身的实体项目发展结合起来，往往后顾之忧少，并且主营业绩基本有保障。然而，非国有企业在资源与能力边界上明显处下下风，对于企业数字化转型所需要的周期长、成本投入相对高，面对风险有无法承受的压力，或者担心数字化转型失控（如受各种条件制约无法继续下去等）等的心态，这些恐怕代表了部分中小企业数字化转型积极性不高的原因吧。

此外，数字化转型强度大，企业对应的技术与财务的融合程度要求也很高，资源利用效率与效益的诉求相对也很大。不可否认，企业数字化转型有助于建立健全高效的财务制度，促进企业财务稳定性的提升，能够更好地把握技术创新的前沿方向，对于整合资源服务于创新有一定的积极意义。未来，我们将在对不同产权性质企业进行典型案例研究的同时，进一步开展相关的实证研究，以期为我国数字化改革以及企业数字化转型作出贡献。

参考文献

［1］阿兰·斯密德．制度与行为经济学［M］．刘璨，吴水荣，译．北京：中国人民大学出版社，2002．

［2］安同良，魏婕，舒欣．中国制造业企业创新测度［J］．中国社会科学，2020（3）：67－82．

［3］安筱鹏．重构数字化转型的逻辑［M］．北京：电子工业出版社，2019．

［4］奥德姆·巴雷特．生态学基础［M］．陆健健，等译．北京：高等教育出版社，2009．

［5］财政部．财政部关于全面推进会计体系建设的指导意见［Z］．2014．

［6］财政部．会计基本指引［Z］．2016．

［7］财政部．会计应用指引［Z］．2017．

［8］蔡曙山．论数字化［J］．中国社会科学，2001（4）：33－42．

［9］蔡志兴．人工智能及其应用［M］．北京：清华大学出版社，1996．

［10］曹正勇．数字经济背景下促进我国工业高质量发展的新制造模式研究［J］．理论探讨，2018（2）：99－104．

［11］陈琛．智能制造助力人类命运共同体构建［J］．中国科技论坛，2020（4）：4－5．

［12］陈东玲．大数据时代下会计面临的挑战及对策探讨［J］．宏观经

济管理，2017（1）：113 - 114.

［13］陈冬梅，王俐珍，陈安霓．数字化与战略管理理论——回顾、挑战与展望［J］．管理世界，2020（5）：220 - 236，20.

［14］陈剑，黄朔，刘运辉．从赋能到使能——数字化环境下的企业运营管理［J］．管理世界，2020（2）：123 - 134.

［15］陈劲，杨文池，于飞．数字化转型中的生态协同创新战略——基于华为企业业务集团（EBG）中国区的战略研讨［J］．清华管理评论，2019（6）：22 - 26.

［16］陈晓红．数字经济时代的技术融合与应用创新趋势分析［J］．中南大学学报（社会科学版），2018（5）：8 - 23.

［17］程博．分析师关注与企业环境治理——来自中国上市公司的证据［J］．广东财经大学学报，2019，34（2）：74 - 89.

［18］戴璐．企业从战略联盟的学习中发展了能力吗？——绩效理论的解释与拓展［J］．会计研究，2013（12）：65 - 71.

［19］戴水文，符正平，祝振铎．中国新兴企业的组织模块化构建及价值创造——基于战略复杂性视角的华为公司案例研究［J］．南京大学学报（哲学·人文科学·社会科学），2018（2）：56 - 68.

［20］戴维·P.道尔．战略成本控制［M］．刘俊勇，等译．北京：中国人民大学出版社，2013.

［21］稻盛和夫．阿米巴经营［M］．陈忠，译．北京：中国大百科全书出版社，2009.

［22］杜金岷，李亚菲，吴非．股票流动性、媒体关注与企业创新［J］．中国经济问题，2020（3）：73 - 89.

［23］杜勇，张欢，陈建英．金融化对实体企业未来主业发展的影响：促进还是抑制［J］．中国工业经济，2017（12）：113 - 131.

［24］渡边岳夫．会计与行为动机［J］．商学论丛（日本中央大学），2003 年第 45 卷第 1、2 号（11 月）：61 - 87.

［25］范周．数字经济变革中的文化产业创新与发展［J］．深圳大学学

报（人文社会科学版），2020（1）：50 –56.

[26] 冯巧根. 共享经济、互联网生态与组织间资本共享 [J]. 会计之友，2020（19）：1 –10.

[27] 冯巧根. 管理会计的变迁管理与创新探索 [J]. 会计研究，2015（10）：30 –36.

[28] 冯巧根. 管理会计的制度博弈与工具创新研究 [M]. 南京：南京大学出版社，2022.

[29] 冯巧根. 中国管理会计：情境特征与前景展望 [M]. 南京：南京大学出版社，2019.

[30] 冯圆. 成本管理的概念框架及其扩展应用 [M]. 北京：清华大学出版社，2019.

[31] 冯圆. 基于"双循环"格局的企业集群成本管理 [J]. 财会月刊，2020（23）：36 –43.

[32] 冯圆. 实体经济企业降成本的路径选择与行为优化研究 [J]. 会计研究，2018（1）：9 –15.

[33] 傅元略. 数字经济下的产业价值链四维度协同管控 [J]. 财务研究，2020（4）：5 –12.

[34] 傅元略. 网络时代的适时财务监控与公司治理 [J]. 南开管理评论，2003（1）：50 –55.

[35] 傅元略. 智慧会计：财务机器人与会计变革 [J]. 辽宁大学学报（哲学社会科学版），2019（1）：68 –78.

[36] 高晨，汤谷良. 管理控制工具的整合模式：理论分析与中国企业的创新 [J]. 会计研究，2007（4）：68 –75.

[37] 葛建华. 企业环境经营与能源管理 [M]. 北京：中国人民大学出版社，2012.

[38] 谷方杰，张文锋. 基于价值链视角下企业数字化转型策略探究——以西贝餐饮集团为例 [J]. 中国软科学，2020（11）：139 –147.

[39] 顾夏铭，陈勇民，潘士远. 经济政策不确定性与创新——基于我

国上市公司的实证分析［J］．经济研究，2018（2）：109－123．

［40］郭春丽．引导"降成本"向纵深推进［N］．中国经济网，2017：5－5．

［41］郭淑芬，裴耀琳，吴延瑞．生产性服务业发展的产业结构调整升级效应研究——来自中国267个城市的经验数据［J］．数量经济技术经济研究，2020（10）：45－62．

［42］郭阳生，沈烈，郭枚香．沪港通改善了上市公司信息环境吗？——基于分析师关注度的视角［J］．证券市场导报，2018（10）：35－43，50．

［43］哈默．领导企业变革［M］．曲昭光，等译．北京：人民邮电出版社，2002．

［44］韩践，关怡茜．企业数字化转型不可忽视了软实力［J］．中欧商业评论，2020（7）：22－28．

［45］何帆，刘红霞．数字经济视角下实体企业数字化变革的业绩提升效应评估［J］．改革，2019（4）：137－148．

［46］何涛，查志刚．促进我国制造业高端化发展的财税政策选择［J］．经济纵横，2015（12）：45－48．

［47］何小钢，梁权熙，王善骝．信息技术、劳动力结构与企业生产率——破解"信息技术生产率悖论"之谜［J］．管理世界，2019，35（9）：65－80．

［48］亨利·切萨布鲁夫，维姆·范哈弗贝克．开放式创新：创新方法论之新语境［M］．扈喜林，译．上海：复旦大学出版社，2016．

［49］洪银兴．参与全球经济治理：攀升全球价值链中高端［J］．南京大学学报（哲学·人文科学·社会科学），2017（4）：13－23．

［50］洪银兴．改革发展的伟大实践推动中国经济学的创新与发展［N］．光明日报，2021－04－14．

［51］洪银兴．新时代社会主义现代化的新视角：新型工业化、信息化、城镇化、农业现代化的同步发展［J］．南京大学学报（哲学·人文科学·社会科学），2018（2）：5－11．

［52］洪银兴．中国特色社会主义政治经济学财富理论的探讨——基于马克思的财富理论的延展性思考［J］．经济研究，2020（5）：25－34．

［53］胡继晔．"十四五"时期数字经济发展的挑战和机遇［J］．国家治理，2021，4（1）：14．

［54］黄静如，刘永模．媒体关注对企业债务融资成本的影响研究——基于会计稳健性的中介效应检验［J］．投资研究，2020（2）：113－133．

［55］黄群慧，余泳泽，张松林．互联网发展与制造业生产率提升：内在机制与中国经验［J］．中国工业经济，2019（8）：5－23．

［56］黄世忠．旧标尺衡量不了新经济：论会计信息相关性的恶化与救赎［J］．当代会计评论，2018（4）：1－24．

［57］黄世忠，叶丰滢，陈朝琳，等．新经济、新模式、新会计［M］．北京：中国财政经济出版社，2020．

［58］黄世忠．移动互联网时代财务与会计的变革与创新［J］．财务与会计，2015（21）：6－9．

［59］黄益平，黄卓．中国的数字金融发展：现在与未来［J］．经济学（季刊），2018（4）：1489－1502．

［60］黄永金．大数据时代及会计变革［J］．财务与会计，2015（11）：6－9．

［61］贾康，苏京春．探析"供给侧"经济学派所经历的两轮"否定之否定"——对"供给侧"学派的评价、学理启示及立足于中国的研讨展望［J］．财政研究，2014（8）：2－16．

［62］江鸿，贺俊．发展智能制造产业政策亟需跟进［N］．经济日报，2016－10－13（14）．

［63］蒋德嵩．双周期下中国企业四大战略变革选择［J］．企业家信息，2020（7）：6－10．

［64］焦勇．数字经济赋能制造业转型：从价值重塑到价值创造［J］．经济学家，2020（6）：87－94．

［65］杰里米·里夫金．第三次工业革命［M］．北京：中信出版社，

2012.

［66］杰里米·里夫金. 零边际成本社会［M］. 赛迪研究院专家组，译. 北京：中信出版社，2014.

［67］康芒斯. 制度经济学（上、下册）［M］. 赵睿，译. 上海：商务印书馆，1987.

［68］科斯. 社会成本问题［M］. 上海：上海三联书店，1994.

［69］肯里克，格里斯克维西斯. 理性动物［M］. 魏群，译. 北京：中信出版社，2014.

［70］李春发，李冬冬，周驰. 数字经济驱动制造业转型升级的作用机理——基于产业链视角的分析［J］. 商业研究，2020（2）：73－82.

［71］李辉，梁丹丹. 企业数字化转型的机制、路径与对策［J］. 贵州社会科学，2020（10）：120－125.

［72］李礼辉. 数字技术发展将大幅提升经济效率［EB/OL］. 新华网，2019－12－19.

［73］李舒沁. 欧盟支持中小企业数字化转型发展政策主张及启示［J］. 管理现代化，2020（5）：65－68.

［74］李心合. 会计、成本会计与财务管理的关系新论［J］. 财经科学，1995（1）：61－66.

［75］李增福，董志强，连玉君. 应计项目盈余管理还是真实活动盈余管理？——基于我国2007年所得税改革的研究［J］. 管理世界，2011（1）：121－134.

［76］刘斌. 德勤、安永、普华永道、毕马威的人工智能应用的比较［EB/OL］. 点滴科技咨询，［2018－05－30］http：//www. 360doc. com/content/18/0530/19/17753496_758315697. shtml.

［77］刘飞. 数字化转型如何提升制造业生产率：基于数字化转型的三重影响机制［J］. 财经科学，2020（10）：93－107.

［78］刘淑春，闫津臣，张思雪，等. 企业管理数字化变革能提升投入产出效率吗［J］. 管理世界，2021（5）：170－190，13.

［79］刘淑春．中国数字经济高质量发展的靶向路径与政策供给［J］．经济学家，2019（6）：52－61．

［80］刘向东，汤培青．实体零售商数字化转型过程的实践与经验——基于天虹股份的案例分析［J］．北京工商大学学报（社会科学版），2018（4）：12－21．

［81］刘志彪，吴福象．"一带一路"倡议下全球价值链的双重嵌入［J］．中国社会科学，2018（8）：17－32．

［82］吕铁．传统产业数字化转型的主要趋向、挑战及对策［EB/OL］．中国经济网［2020－02－04］．

［83］罗宾斯，贾奇．组织行为学［M］．北京：中国人民大学出版社，2008．

［84］罗伯特·D. 巴泽尔，布拉德利·T. 盖泽尔．战略与绩效——PIMS［M］．吴冠之，等译．北京：华夏出版社，2000．

［85］马克斯·韦伯．社会科学方法论［M］．北京：中国人民大学出版社，1999．

［86］马赛，李晨溪．基于悖论管理视角的老字号企业数字化转型研究——以张弓酒业为例［J］．中国软科学，2020（4）：184－192．

［87］迈克尔·波特，克拉斯·范德林德．环保与竞争力：对峙的终结［J］．哈佛商业评论（中文版），2006（1）：58－75．

［88］迈克尔·波特，詹姆斯·贺普曼．物联网时代企业竞争战略［J］．哈佛商业评论（中文版），2014（11）：50－67．

［89］迈克尔·波特，詹姆斯·贺普曼．物联网时代企业竞争战略（续篇）［J］．哈佛商业评论（中文版），2015（10）：79－95．

［90］梅瑞狄斯·布鲁萨德著．人工不智能（计算机如何误解世界）［M］．陈少芸，译．北京：中信出版社，2021：1－284．

［91］那丹丹，李英．我国制造业数字化转型的政策工具研究［J］．行政论坛，2021（1）：92－97．

［92］诺思．经济史中的结构与变迁［M］．陈郁，罗华平，等译．上

海：上海三联书店，1994.

［93］彭家钧．海尔财务信息化系统的构建与运行［J］．财务与会计，2015（15）：18－20.

［94］平新乔．"互联网＋"与制造业创新驱动发展［J］．学术研究，2019（3）：76－82.

［95］齐默尔曼．决策与控制会计［M］．邱寒，译．大连：东北财经大学出版社，2000.

［96］乔治·韦斯特曼，迪迪埃·邦尼特，安德鲁·麦卡菲．TD转型：企业互联网＋行动路线图［M］．张纯，译．北京：中信出版社，2015.

［97］热若尔·罗兰．理解制度变迁：迅捷变革的制度与缓慢演进的制度［J］．南大商学评论，2005（2）：1－22.

［98］阮坚，申么，范忠宝．何以驱动企业债务融资降成本——基于数字金融的效用识别、异质性特征与机制检验［J］．金融经济学研究，2020（1）：32－44.

［99］沈恒超．中国制造业数字化转型的特点、问题与对策［J］．中国经济报告，2019（5）：102－107.

［100］斯蒂格利茨．让全球化造福全球［M］．雷达，等译．北京：中国人民大学出版社，2011.

［101］孙华平，包卿．产业链链长制的来龙去脉与功能角色［J］．中国工业和信息化，2020（7）：28－34.

［102］孙书娜，孙谦．投资者关注和股市表现——基于雪球关注度的研究［J］．管理科学学报，2018（6）：60－71.

［103］孙早，梁晓辉，许薛璐．新一轮技术革命与工业化国家的工业再升级战略［J］．审计与经济研究，2016（2）：91－99.

［104］索拉夫·杜塔．会计演变之我见［J］．会计之友，2020（1）：2－9.

［105］汤谷良，穆林娟，彭家钧．SBU：战略执行与管理控制系统在中国的实践与创新——基于海尔集团SBU制度的描述性案例研究［J］．会计研究，2010（5）：47－53.

［106］唐纳德·迈克尔．公司创新与创业［M］．李波，等译．北京：机械工业出版社，2013.

［107］田高良，高军武，高晔乔．大数据背景下业财融合的内在机理探讨［J］．会计之友，2021（13）：16－21.

［108］田中雅康．最新业绩评价会计：多元化、多方位的视角［M］．东京：中央经济社，2006.

［109］童有好．"互联网＋制造业服务化"融合发展研究［J］．经济纵横，2015（10）：62－67.

［110］汪德华．降成本是建设现代化经济体系的长期任务［EB/OL］．(2018－02－09)［2020－05－21］．http：//wap.ycwb.com/2018－02/09/content_25987789.htm.

［111］汪寿阳，等．大数据时代下计量经济学若干重要发展方向［J］．中国科学基金，2019（4）：386－393.

［112］王斌，顾惠忠．内嵌于组织管理活动的会计：边界、信息特征及研究未来［J］．会计研究，2014（1）：13－20.

［113］王开科，吴国兵，章贵军．数字经济发展改善了生产效率吗［J］．经济学家，2020（10）：24－34.

［114］王文京．未来企业要么是数字化原生，要么是数字化转型［EB/OL］．［2018－5－18］.

［115］王欣怡．美国工业互联网发展的新进展和新启示［J］．电信网技术，2017（11）：37－39.

［116］王永贵，汪淋淋．传统企业数字化转型的问题及对策研究［J］．广西财经学院学报，2021（3）：37－46.

［117］王宇，王铁男，易希薇．R&D投入对IT投资的协同效应研究——基于一个内部组织特征的情境视角［J］．管理世界，2020（7）：77－89.

［118］王玉泽，罗能生，刘文彬．什么样的杠杆率有利于企业创新［J］．中国工业经济，2019（3）：138－155.

［119］卫龙宝．产业集群升级、区域经济转型与中小企业成长——基于

浙江特色产业集群案例的研究［M］. 杭州：浙江大学出版社 . 2011.

［120］魏江，邬爱其，彭雪蓉 . 中国战略管理研究：情境问题与理论前沿［J］. 管理世界，2014（12）：167－171.

［121］温忠麟，张雷，侯杰泰，等 . 中介效应检验程序及其应用［J］. 心理学报，2004（5）：614－620.

［122］吴非，常曦，任晓怡 . 政府驱动型创新：财政科技支出与企业数字化转型［J］. 财政研究，2021（1）：102－115.

［123］吴非，胡慧芷，林慧妍，等 . 企业数字化转型与资本市场表现——来自股票流动性的经验证据［J］. 管理世界，2021（7）：130－144.

［124］吴勇毅 . 抢占数字经济发展高地大数据产业集群崛起［J］. 上海信息化，2018（8）：10－15.

［125］夏妍娜，赵胜 . 工业 4.0［M］. 北京：机械工业出版社，2015.

［126］肖旭，戚聿东 . 产业数字化转型的价值维度与理论逻辑［J］. 改革，2019（8）：61－70.

［127］谢文 . 大数据经济［M］. 北京：北京联合出版公司，2016.

［128］熊彼特 . 经济发展理论［M］. 何畏，等译 . 北京：北京出版社，2008.

［129］徐宗本，冯芷艳，郭迅华，等 . 大数据驱动的管理与决策前沿课题［J］. 管理世界，2014（11）：158－163.

［130］许冠南 . 新范式下中国制造业数字化转型——理论与实践［M］. 北京：北京邮电大学出版社，2019.

［131］杨佩卿 . 数字经济的价值、发展重点及政策供给［J］. 西安交通大学学报（社会科学版），2020（2）：57－65.

［132］杨志波 . 我国智能制造发展趋势及政策支持体系研究［J］. 中州学刊，2017（5）：31－36.

［133］杨卓凡 . 我国产业数字化转型的模式、短板与对策［J］. 中国流通经济，2020（7）：60－68.

［134］叶康涛 . 会计与经济高质量发展［J］. 会计之友，2019（22）：

2 - 9.

［135］易加斌，柳振龙，杨小平．数字经济能力驱动商业模式创新的机理研究［J］．会计之友，2021（8）：101 - 106.

［136］易露霞，吴非，徐斯旸．企业数字化转型的业绩驱动效应研究［J］．证券市场导报，2021（8）：15 - 25，69.

［137］殷群，田玉秀．数字化转型影响高技术产业创新效率的机制［J］．中国科技论坛，2021（3）：103 - 112.

［138］于增彪．会计概念的重新界定［J］．会计之友，2018（3）：6 - 10.

［139］于增彪．中美会计：互通、互容、互鉴［J］．战略财务（中文版），2021（1）：4 - 6.

［140］约翰·马修斯，赵东成．技术撬动战略：21 世纪产业升级之路［M］．刘立，译．北京：北京大学出版社，2009.

［141］约瑟夫·派恩．体验经济［M］．北京：机械工业出版社，2012.

［142］唐纳德·H. 邱．公司财务和治理机制：美国、日本和欧洲的比较［M］．杨其静，译．北京：中国人民大学出版社，2005.

［143］曾德麟，蔡家玮，欧阳桃花．数字化转型研究：整合框架与未来展望［J］．外国经济与管理，2021（5）：63 - 76.

［144］张俊瑞，危雁麟，宋晓悦．企业数据资产的会计处理及信息列报研究［J］．会计与经济研究，2020（3）：3 - 15.

［145］张林，丁鑫，谷风．互联网 + 时代会计改革与发展［J］．会计研究，2015（8）：93 - 95.

［146］张瑞敏．论物联网时代的管理模式创新［J］．企业管理，2020（12）：14 - 20.

［147］张瑞敏．"人单合一"与物联网时代的管理革命［EB/OL］．新浪财经，［2021 - 02 - 23］.

［148］张为国．影响国际会计准则的关键因素之二：理论之争（中）［J］．财会月刊，2021（6）：3 - 11.

［149］赵宸宇，王文春，李雪松．数字化转型如何影响企业全要素生产

率［J］．财贸经济，2021（7）：114－129．

［150］郑明珍．人类社会生存发展的新概念：数字化［J］．党政干部文摘，2000（8）：14．

［151］中田敦．变革：制造业巨 GE 的数字化转型之路［M］．北京：机械工业出版社，2018．

［152］朱嘉明 .2021－2030：全球科技革命将进入叠加爆炸的十年［EB/OL］．中国网财经，［2021－02－03］．

［153］朱森第．中国制造转型升级：智能制造到底该如何发力？［J］．机器人产业，2017（1）：36－41．

［154］朱元午．会计基础理论及其研究中的几个问题与思考［J］．会计研究，2019（9）：7－13．

［155］祝合良，王春娟．"双循环"新发展格局战略背景下产业数字化转型：理论与对策［J］．财贸经济，2021（3）：14－27．

［156］Acemoglu D.，P. Restrepo. The Race between Man and Machine：Implications of Technology for Growth，Factor Shares，and Employment［J］．American Economic Review，2018，108（6）：1488－1520．

［157］Ahrens T. Talking Accounting：An Ethnography of Management Knowledge in British and Germany Brewers［J］．Accounting Organizations and Society，1997，22（7）：123－149．

［158］Altman E I. Financial ratios，discriminant analysis and the prediction of corporate bankruptcy［J］．Journal of Finance，1968，23（1）：589－609．

［159］Arrfelt M，Wiseman R，McNamara G，Hult. Examining a key corporate role：The influence of capital allocation competency on business unit performance［J］．Strategic Management Journal，2015，36（7）：1017－1034．

［160］Baker S R，Bloom N，Davis S J. Measuring economic policy uncertainty［J］．Quarterly Journal of Economics，2016，131（4）：1593－1636．

［161］Banos-Caballero S，Garcia-Teruel P J，Martinez-Solano，P.，Working capital management，corporate performance，and financial constraints［J］．

Journal of Business Research, 2014（67）：332 – 338.

［162］Bazerman M, Judgement in Managerial Decision Making ［M］. John Wiley & Son, New York. 1998.

［163］Beer P D, F. Francois. Environmental Accounting：A Management Tool for Enhancing Corporate Environmental and Economic Performance ［J］. Ecological Economics, 2006, 58（3）：548 – 560.

［164］Berry J W. Immigration, acculturation and adaptation ［J］. Applied Psychology, 1997（4）.

［165］Bharadwaj A, Sawy O A E, Pavlou P A, et al. . Digital Business Strategy：Toward a Next Generation of Insights ［J］. MIS Quarterly, 2013, 37（2）：471 – 482.

［166］Birkett W P. Management Accounting and Knowledge Management ［N］. Management Accounting November, 1995.

［167］Blahová. Bata and Amoeba：Successful Management Systems to Maximize Corporate Performance ［M］. Proceedings of the European Conference on Management, Leadership & Governance, 2012：39 – 49.

［168］Blahová M, Zelený. Effective strategic action：Exploring synergy sources of European and Asian management systems ［J］. Human Systems Management, 2013, 32（3）：155 – 170.

［169］Blocher et al. . Cost Management：A Strategic Emphasis ［M］. 2th McGraw Hill, 2003.

［170］Boland R J, Lyytinen K, Yoo Y, et al. . Wakes of innovation in project networks：the case of digital 3-D representations in architecture, engineering, and construction ［J］. Organization Science, 2007, 18（4）：631 – 647.

［171］Brickley et al. . Managerial Economics and Organization Architecture ［M］. Richard D. Irwin, 1997.

［172］Briel F V, Recker J, Davidsson P. Not all digital venture ideas are created equal：implications for venture creation processes ［J］. Journal of Strategic Information Systems, 2018, 27 (4): 278 – 295.

[173] Brooks C, I. Oikonomou. The effects of environmental, social and governance disclosures and performance on firm value: A review of the literature in accounting and finance [J]. British Accounting Review, 2018, 50 (1): 1 – 15.

[174] Bruce N I, Murthi B P S, Rao R C. A dynamic model for digital advertising: the effects of creative format, message content, and targeting on engagement [J]. Journal of Marketing Research, 2017, 54 (2): 202 – 218.

[175] Bunce P, RFraser, and J. Hope, Beyond Budgeting White Paper [N]. Hampshire, UK: Beyond Budgeting Round Table, CAM-I, Inc. , Europe, June. 2002.

[176] Burnham T A, Frels J, Mahajan V. Consumer switching costs: A typology, antecedents, and consequences [J]. Journal of the Academy of Marketing Science, 2003, 31 (2): 109 – 126.

[177] Burns J, R. W. Scapens. Conceptualizing management accounting change: an institutional framework [J]. Management Accounting Research, 2000 (11): 3 – 25.

[178] Burns J. The Dynamics of Accounting Change: Inter-play between New Practices, Routines Institutions, Power, and Politics [J]. Accounting Auditing and Accountability Journal, 2000, 13 (5): 566 – 596.

[179] Chenhall R H, D. Morris. The Impact of Structure, Environment, and Interdependence on the Percieved Usefulness of Management Accounting Systems [J]. Accounting Review, 1986, 61 (1): 16 – 35.

[180] Chong V K, K. M. Chong. Strategic Choices, Environmental Uncertainty and SBU Performance: A Note on the Intervening Role of Management Accounting Systems [J]. Accounting and Business Research, 1997, 27 (4): 268 – 276.

[181] Cobb I, Helliar C, Innes J. Management Accounting Change in a Bank [J]. Management Accounting Research, 1995, 6 (2): 155 – 175.

[182] C. O liver. Determinants Inter organizational Relationships: Integration

and Future Directions [J]. Academy of Management Review, 1990, 15 (2): 241 – 265.

[183] Cooke P. P. Boekholt and F. Todtling, The Covernance of Innovation in Europe. Regional Perspectives on Global competitiveness [J]. Pinter: London and New York, 2000, 6 (1): 14 – 19.

[184] Cooper, Kyocera Corp., The Amoeba Management System [M]. Harvard Business School Cases, 1994.

[185] Cooper, Robin. Activity-Based Costing. Handbuch Kostenrechnung [M]. Gabler Verlag, 1992.

[186] Covaleski, Mark A., Evans Ⅲ, John H., Luft, Joan L., Shields, Michael D., Budgeting Research: Theoretical Perspectives and Criteria for Selective Integration [J]. Journal of Management Accounting Research, 2003 (15): 186 – 210.

[187] Cristopher D. Itter, David F. Larcker. Assessing empirical research in managerial accounting: a value-based management perspective [J]. Journal of Accounting & Economics, 2001 (32): 349 – 410.

[188] Daft R L. A dual-core model of organizational innovation [J]. Academy of Management Journal, 1978, 21 (2): 193 – 210.

[189] Daft R L. Essentials of Organization Theory & Design, 2nd Ed. [M]. South-Western College Publishing, 2001.

[190] Damanpour F. Organizational innovation: A meta-analysis of effects of determinants and moderators [J]. The Academy of Management Journal, 1991, 34 (3): 23 – 32.

[191] Das, T. K. /Teng, B. -S., A Resource-Based Theory of Strategic Alliances [J]. Journal of Management, 2000, 26 (1): 31 – 61.

[192] David Otley, Performance management: a framework for management control systems research [J]. Management Accounting Research, 1999 (10): 363 – 382.

［193］David T. Otley, The contingency theory of management Accounting: achievement and prognosis ［J］. Accounting, Organizations and Society, 1980, 5 (4): 413 – 428.

［194］David T. Otley, The contingency theory of management accounting and control: 1980 – 2014 ［J］. Management Accounting Research, 2016 (31): 45 – 62.

［195］Detert J R, R. G. Schroeder, J. J. Mauriel. A Framework for Linking Culture and Improvement Initiatives in Organizations ［J］. Academy of Management Review, 2000, 25 (4): 850 – 863.

［196］Dovev L, R. H. Pamela, K. Poonam. Organizational Differences, Relational Mechanisms, and Alliance Performance ［J］. Strategic Managment Journal, 2012, 33 (13): 1453 – 1479.

［197］Downey K. Hellriegel, D. and Slocum Jr., t., Environmental Uncertainty: The Construct and Its Applications ［J］. Administrative Science Quarterly. 1975 (20): 613 – 629.

［198］Duncan, O. D, A. O. Haller, A. Portes, Peer Influences on Aspirations: A Reinterpretation ［J］. American Journal of Sociology, 1968 (74): 123 – 145.

［199］Dyer J. H., Singh H., The Relational View: Cooperative Strategy and Sources of Inter-Organizational Competitive Advantage ［J］. Academy of Management Review, 1998 (23): 660 – 679.

［200］Fitzgerald M., Kruschwitz N., Bonnet D, et al.. Embracing Digital Technology: A New Strategic imperative ［J］. MIT Sloan Management Review, 2014, 55 (2): 1 – 12.

［201］Frynas J G, Mol M J, Mellahi K. Management innovation made in China: Haier's Rendanheyi ［J］. California Management Review, 2018, 61 (1): 71 – 93.

［202］Fu Y., Research on the design and optimization of management control mechanism ［N］. Keynote speech paper in APMAA 2012 Conference, 2012.

［203］ Gale R. Environmental Costs at a Canadian Paper Mill: A Case Study of Environmental Management Accounting. Journal of Cleaner Production, 2006, 14 (14): 1237 – 1251.

［204］ Gary M S, R. E. Wood. Mental Models, Decision Rules, and Performance Heterogeneity ［J］. Strategic Management Journal, 2011, 32 (6): 569 – 5948.

［205］ Ge Z. , Hu Q. . Collaboration in R&D Activities: Firm-Specific Decisions ［J］. European Journal of Operational Research, 2008 (185): 864 – 883.

［206］ Glaeser E L. Framework for the Changing Nature of Work ［Z］. Cambridge: Harvard University, MA, 2018.

［207］ Gong M Z, Michael S. C. . Pick, Mix or match? A discussion of theories for management accounting research ［J］. Journal of accounting business & management, 2009, 16 (2): 54 – 66.

［208］ Gordon L. A. , V. K. Narayanan. Management Accounting Systems, Percievd Environmental Uncertainty and Organization Structure: An Empirical Investigation ［J］. Accounting, Organizations and Society, 1984, 9 (1): 33 – 47.

［209］ Granlund M, K. Lukka. It's a Small world of Management Accounting Practice ［J］. Journal of Management Accounting Research. 1998 (10): 154 – 171.

［210］ Gul F. A. , Y. M. Chia. The Effects of Management Accounting Systems, Perceived Environmental Uncertainty and Decentralization on Managerial Performance: A Test of Three-Way Interaction. Accounting ［J］. Organization and Society, 1994, 19 (4/5): 413 – 426.

［211］ Gupta A K. SBU Strategies. corporate-SBU and SBU Effectiveness in strategy implementation ［J］. Academy of Management Journal, 1987 (3): 477 – 500.

［212］ Hammer M R, Bennett M J. Wiseman R. Measuring intercultural sensitivity: The Intercultural Development Inventory ［J］. International Journal of Intercultural Relations, 2003, 27 (4): 421 – 443.

［213］ Henderson P W, Peterson R A. Mental accounting and categorization

[J]. Organizational Behavior and Human Decision Processes, 1992, 51 (1): 92 - 117.

[214] Hess T, Matt C, Benlian A, et al.. Options for Formulatinga Digital Trans formation Strategy [J]. MIS Quarterly Executive, 2016, 15 (2): 123 - 139.

[215] Ittner C D, D. F. Larcker. Assessing empirical research in managerial accounting: a value-based management perspective [J]. Journal of Accounting and Economics, 2001 (32): 349 - 410.

[216] Jacob Birnberg. Management Accounting Research and Practice as We End the Twentieth Century [Z]. Working Paper, Canada, 1999.

[217] Jeremy Hope, Robin Fraser, Beyond Budgeting: Questions and Answers [N]. Beyond Budgeting Round Table, 2001.

[218] John Burns, Juhani Vaivio. Management accounting change [J]. Management Accounting Research, 2001, 12 (4): 389 - 402.

[219] Johnson H T, R. S. Kaplan. Relevance Lost: The Rise and fall of Management Accounting [M]. Harvard Business School Press, 1987.

[220] Jones M A, Mothersbaugh D L, Beatty S E. Why customers stay: measuring the underlying dimensions of services switching costs and managing their differential strategic outcomes [J]. Journal of Business Research, 2002, 55 (6): 441 - 450.

[221] Jones M A, Reynolds K E, Mothersbaugh D L. The Positive and Negative Effects of Switching Costs on Relational Outcomes [J]. Journal of Service Research, 2007, 9 (4): 335 - 355.

[222] Joshi A M, A. Nerkar. When do Strategic Alliances Inhibit Innovation by Firms? Evidence from Patent Pools in the Global Optical Disc [J]. Industegic Management Journal, 2011, 32 (11): 1139 - 1160.

[223] Kaino B J, Waweru K M, Omondi H R. Users' Perceptions on the Effectiveness of Enterprise Resource Planning System in Enhancing the Performance of Accounting Information Systems of Public Universities in Kenya [J]. Journal of

Business Studies Quarterly, 2015, 23 (13): 136 – 137.

［224］ Kaplan R S, D. P. Norton. The Balanced Scorecard: Measures that Drive Performance ［J］. Harvard Business Review, 1992, 70 (1): 71 – 79.

［225］ Katherine L. Christ, Roger L. Burritt. Material FlowCost Accounting: A Review and Agenda for Future Research ［J］. Journal of Cleaner Production, 2014 (13): 78 – 89.

［226］ Lambert R A. Contracting Theory and Accounting ［J］. Journal of Accounting and Economics, 2001 (32): 3 – 87.

［227］ Liu D, Chen S, Chou T, et al.. Resource fit in digital transformation ［J］. Management Decision, 2011, 49 (10): 1728 – 1742.

［228］ Luft J L. Long-term Change in Management Accounting: Perspectives from Historical Research ［J］. Journal of Management Accounting Research, 1997 (9): 163 – 197.

［229］ Markus Granlund. Management control system integration in corporate mergers: a case study ［J］. Accounting, Auditing and Accountability Journal, 2003, 16 (2).

［230］ Meffert J. Digital @ scale: the playbook you need to transform your company ［M］. Shanghai: Shanghai Jiao Tong University Press, 2018.

［231］ M. Holmlund, J. A. Tomroos. What are relationships in business net work? ［J］. Management Decision, 1997, 35 (4): 304 – 309.

［232］ Mia L, R. Chenhall. The Usefulness of Management Accounting Systems, Functional Differentiatin and Managerial Effectiveness ［J］. Accounting, Organizations and Society, 1993, 19 (1): 1 – 13.

［233］ Michael Bamidele Fakoya, Huibrecht Margaretha van der Poll. Integrating ERPand MFCA Systems for Improved Waste-reduction Decisions in a Brewery in South Africa ［J］. Journal of Cleaner Production, 2013 (12): 45 – 51.

［234］ Mikalef P, Pateli A. Information technology-enabled dynamic capabilities and their indirect effect on competitive performance: findings from PLS-SEM and fsQCA [J]. Journal of Business Research, 2017, 70 (1): 1 – 16.

[235] Mouritsen, J. Thrane, S. Accounting, network complementarities and the development of inter-organisational relations [J]. Accounting, Organizations and Society, 2006 (31): 241 – 275.

[236] Nambisan S, Lyytinen K, Majchrzak A, et al. . Digital Innovation Management: Reinventing Innovation Management Research in a Digital World [J]. MIS Quarterly, 2017, 41 (1): 223 – 238.

[237] Onishi Y, K. Kokubu, M. Nakajima. Implementing Material Flow Cost Accounting in a Pharmaceutical Company. Environmental Management Accounting for Cleaner Production, Eco-Efficiency in Industry and Science, 2008 (24): 395 – 409.

[238] Ostrenga M R, Probst F R. Process Value Analysis: The Missing Link in Cost Management [J]. Journal of Cost Management, 1992, 6 (3): 4 – 13.

[239] Otley D T. The contingency theory of management accounting: achievement and prognosis [J]. Accounting, Organizations and Society, 1980, 5 (4): 413 – 428.

[240] PAIB. Enterprise governance: Getting the Balance Right [N]. CIMA and IFAC, 2004.

[241] Papaspyropoulos, K. G. et al. . Challenges in Implementing Environmental Management Accounting Tools [J]. Journal of Cleaner Production. 2012, 29 – 30 (5): 132 – 143.

[242] PCAOB. Audit Standard No 2: An Audit of Internal Control Over Financial Reporting Performed in Conjunction with An Audit of Financial Statements [N]. 2004.

[243] Pfeffer, J. , Salancik, G. R. , The External Control of Organizations [M]. Harper & Row, New York. 1978.

[244] Porter M E, Heppelmann J E. How smart, connected products are transforming competition [J]. Harvard Business Review, 2014 (11): 96 – 114.

［245］ Porter M E, Heppelmann J. How Smart, Connected Products Are Trans forming Competition ［J］. Harvard Business Review, 2014, 92 (11): 64 –88.

［246］ P. Tiessen, J. H. Waterhouse. Towards a descriptive of management accounting ［J］. Accounting, Organizations and Society, 1983, 8 (2): 251 –267.

［247］ Quinn M. Stability and Change in Management Accounting over Time- A Century or So of Evidence from Guinness ［J］. Management Accounting Research, 2014, 25 (1): 76 –92.

［248］ Rappaport A. , creating shareholder value: a guide for managers and investors ［M］. New York: The Free Press, 1986.

［249］ Relich M. The Impact of ICT on Labor Productivity in the EU ［J］. Information Technology for Development, 2017, 23 (4): 706 –722.

［250］ Robert H. Chenhall, Frank Moers. The role of innovation in the evolution of management accounting and its integration into management control ［J］. Accounting, Organization and Society, 2015 (47): 1 –13.

［251］ Robin Cooper, Robert Kaplan. How Cost Accounting Systematically Distorts Product Cost: Accounting and Management: Field Study Perspectives ［M］. New York: The Free Press, 1987.

［252］ Ryan R M, Deci E L. Self-determination theory and the facilitation of intrinsic motivation, social development, and well-be-ing ［J］. American Psychologist, 2000, 55 (1): 68 –78.

［253］ Scapens. Understanding management accounting practices: a personal journey ［J］. British Accounting Review. 2006, 38 (1): 1 –30.

［254］ Shank J K, Govindarajan V. Strategic Cost Management: The New Tool for Competitive Advantage ［N］. The Free Press. 1993.

［255］ Sheilds M D. Research in Management Accounting by North Americans in the 1990's ［J］. Journal of Management Accounting Research, 1997 (9): 3 –61.

［256］ Simmonds K. Strategic Management Accounting ［N］. Management Accounting (CIMA), 1981, 59 (4): 26 –29.

［257］ Simons R. Accounting Control Systems and Business Strategy：An Empirical Analysis ［J］. Accounting, Organizations and Society, 1987, 12 （4）：357 – 374.

［258］ Simons R. Control in an Age of Empowerment ［J］. Harvard Business Review, 1995, 20 （4）：80 – 88.

［259］ Simons R L. Levers of control：How managers use innovative control systems to drive strategic renewal ［J］. Harvard business review, 1995.

［260］ Spector Y. Theory of Constraint 2. Methodogy Wherethe Constraint is The Business Model ［J］. International Journal of Production Research, 2011, 49 （6）：3387 – 3395.

［261］ Suleiman M. Abbadi & Rasha T. Abbadi. The Determinants of Working Capital Requirements in Palestinian Industrial Corporations ［J］. International Journal of Economics and Finance, 2013, 5 （1）：65 – 75.

［262］ Takeda H, Boyns. Management, accounting and philosophy The development of management accounting at Kyocera, 1959 – 2013 ［J］. Accounting, Auditing & Accountability Journal, 2014, 27 （2）：317 – 356.

［263］ Tang G L, Zhang S W. Reconsideration on the Conceptual Boundary of Corporate Financial Management—the Separation and Integration of Financial Management and Management Accounting ［J］. Finance Research, 2017, 21 （15）：125 – 126.

［264］ Teece D J, Business models：Business strategy andinnovation ［J］. Long Range Planning, 2010 （43）：172 – 194.

［265］ Theodore H. Moran, International Political Risk Management：Exploring New Frontiers ［M］. Switzerland：World Bank Publications, 2011.

［266］ Tiessen, J. H. /Linton, and J. D. , The JV Dilemma：Cooperating and Competing in Joint Ventures ［J］. Canadian Journal of Administrative Sciences, 2000, 17 （3）：203 – 216.

［267］ T. Matt C, Benlian A. , et al. . Options for Formulating a Digital Trans formation Strategy ［J］. MIS Quarterly Executive, 2016, 15 （2）: 123 – 139.

［268］ Tosi H. , R. Aldag, R. Storey, On the Measurement of the Environment: An Assessment of the Lawrence and Lorsch Environmental Uncertainty Subscale ［J］. Administrative Science Quarterly, 1973 （18）: 27 – 36.

［269］ Tsai W. Social Capital, Strategic Relatedness and the Formation of Intra-organizational Linkages ［J］. Strategic Management Journal, 2000: 925 – 939.

［270］ Tucker B, Parker L. In our ivory towers? The research-practice gap in management accounting ［J］. Accounting and Business Research, 2014, 44 （2）: 104 – 143.

［271］ Tversky, Kahneman D. Prospect Theory: An analysis of decision under risk ［J］. Econometrical, 1979 （47）: 263 – 291.

［272］ Wayeru N M. Predicting Changing in Management Accounting Systems ［J］. Global Journal of Business Research, 2008, 28 （1）: 25 – 41.

［273］ Woermann N, Rokka J. Timeflow: How Consumption Practices Shape Consumers' Temporal Experience ［J］. Journal of Consumer Research, 2015, 41 （6）: 132 – 165.

［274］ Zott C, Amit R, Massa L. The Business model: recent developments, and future research ［J］. Journal of Management, 2011, 5 （7）: 1019 – 1042.